网络媒体
智能化与生态发展研究

曹开研　王辉　朱昱　王博通／编著

Research on Intelligentization and
Ecological Development of Online Media

人民邮电出版社
北京

图书在版编目（CIP）数据

网络媒体智能化与生态发展研究 / 曹开研等编著.
北京 ： 人民邮电出版社, 2025. -- ISBN 978-7-115
-67656-6

Ⅰ. G206.2-39

中国国家版本馆 CIP 数据核字第 20259ZT260 号

内 容 提 要

　　AI 与互联网深度融合，给媒体行业的创新发展和转型升级提供了新工具、新视角与新思路。在信息内容生产方面，机器学习和自然语言处理等技术催生出基于人机交互、人机协同工作的全新内容生产方式，实现了文本、视频、图片等媒体内容的自动生成。本书共 8 章，主要内容包括 AI 与互联网深度融合——大模型井喷式发展、虚拟数字人产业崛起、平台热榜与短视频热点分析、网络综合治理与政府信息公开、网络新闻事实核查行业的嬗变、多元向上的网络文化逐步形成、互联网信息国际传播、未成年人网络保护等。

　　本书适合媒体从业者和新媒体研究人员阅读。

◆ 编　　著　曹开研　王　辉　朱　昱　王博通
　　责任编辑　韦　毅
　　责任印制　马振武

◆ 人民邮电出版社出版发行　　北京市丰台区成寿寺路 11 号
　　邮编　100164　电子邮件　315@ptpress.com.cn
　　网址　https://www.ptpress.com.cn
　　固安县铭成印刷有限公司印刷

◆ 开本：700×1000　1/16
　　印张：17　　　　　　　　　　2025 年 6 月第 1 版
　　字数：245 千字　　　　　　　 2025 年 6 月河北第 1 次印刷

定价：89.80 元

读者服务热线：(010)81055410　印装质量热线：(010)81055316
反盗版热线：(010)81055315

本 书 编 写 人 员

曹开研　王　辉　朱　昱　王博通

王　楚　潘宏远　梁　昕　张童童

前 言

如今，拿起手机浏览朋友圈、"刷"短视频，已成为我们日常生活中的一部分。在透过手机屏幕了解无数人的喜怒哀乐，感受诗和远方的时候，也许我们没有意识到，自己也在被当下的媒介环境和内容所塑造。

在这个风起云涌的世界，我们用了无数词汇来描述世界的宏大和变迁。殊不知，在各类网络应用高度嵌入我们生活的时代，我们感知世界直观的载体居然是一块小小的手机屏幕。手机是现代生活的总入口，这个说法一点也不夸张。除了通过网络购买日常生活所需，网络中的其他大量内容也无时无刻不在塑造着我们的观念和态度。我们看到了很多情绪化的语言、时髦的表达，却没有看到我们对世界的判断其实早已融入其中。

在互联网时代，"我是谁？"这个古老的命题再次被提及，我们在流动的社交场景、丰富的网络体验中实现了自我身份的构建。

技术的力量也在推动网络变得智能，进化方向总是无限贴近人的需求。以太坊联合创始人加文·伍德提出了 Web 3.0 的概念。尽管目前 Web 3.0 的发展仍处于初级阶段，但其基本框架和方向已现雏形。新一代互联网形成了一种以区块链技术为底层支撑、以数字身份为信任基础、以数字生产和数字交易为主的形态。当前，围绕 Web 3.0 的实际应用和组织结构不断涌现，为数字经济的发展创造了新机遇。

一方面，进化永远不会停止，这就是互联网的本质。另一方面，"连接"是互联网的活力源泉。和传统社会里主要依靠人与人见面打交道不同，互联网用"连接一切"的方法重新构造我们的生活方式。"连接"形成了人与人通过网络打交道的新方式，创造了新的生活场景。

当前，新闻热搜成为社交媒体时代舆论监督的新形式，热榜聚合当下最受关注的新闻及话题，形成开放的公共空间，激发网民参与话题讨论的兴趣和热情，也使他们成为推动政策优化、促进法律完善的主要力量。AI大模型井喷式发展，生成式人工智能东风席卷全球，科技大厂、中小企业、科研院所、高等学校纷纷入局，试图在这块已成"兵家必争之地"的新蓝海中占据有利位置。而AI大模型与互联网深度融合，逐渐成为社会化生产与生活的支柱性技术之一。从虚拟歌手"洛天依"到短剧偶像"柳夜熙"，虚拟数字人的模样越来越真人化，个性越来越独特化。从图文到视频，从音乐创作到影视参演，从人工编排到智能生成，随着虚拟数字基础设施的不断完善，AI数字人走进了我们的日常生活……

"历史孕育了真理，它与时间抗衡，保存了人们的实践；它是往昔的见证，当今的教训，未来的借鉴。"作家塞万提斯在书写堂吉诃德可笑的"骑士英雄梦"时也写出了对历史的看法。网络的历史亦然。我们选取了互联网信息发展中的热点和亮点，进行专题探讨，以记录我们对网络的研究和思考。

在编写本书的时候，我们尽可能用日常的语言来描述风起云涌的智能化网络世界，旨在让每一位读者都能看懂。

历史亦在近处，希望我们的研究思考，能够帮助更多的人更好地认识网络、协调与网络的关系，让我们共同建设生态良好的网络空间。

曹开研

2025 年 2 月

目 录

第一章

AI 与互联网深度融合——
大模型井喷式发展

2022 年 11 月 30 日，美国人工智能研究公司 OpenAI 发布的聊天生成预训练转换器（Chat Generative Pre-trained Transformer，ChatGPT）一夜爆火。作为一款具有强大文字处理和人机交互功能的人工智能（Artificial Intelligence，AI）大模型，ChatGPT 以现象级的速度"出圈"。有数据显示，在 ChatGPT 发布后仅 2 个月，其用户数量就破亿，发展速度远超 TikTok、Instagram 等互联网应用，迅速成为风靡全球的新一代 AI 产品。随着 ChatGPT 大火，一方面，大模型在智能问答等领域的广泛应用，客观上助推了 AI 由"幕后"走向"台前"，改变了人们检索和使用信息的方式，给各行各业带来了深层次的冲击；另一方面，AI 产业的发展也带来了新商机、新希望和新动能，各大互联网巨头开启"秀肌肉"模式，渴望尝到 AI 带来的甜头。国内的深度求索、百度、阿里巴巴等公司纷纷推出 DeepSeek、文心一言、通义千问等大模型产品，国外的谷歌、亚马逊等公司下大力气并斥资研究 Gemini、PaLM2、LLM 及 Olympus 等多个模型。由此，被赋予期待与可能的 AI 与互联网深度融合，在给人类的生活和生产方式带来影响的同时，也给媒体行业的创新发展和转型升级提供了新工具、新视角与新思路。

第一节　AI 大模型元年，世界向着智能化创新迈进

2023 年被业界称为"AI 大模型元年"，AI 大模型（以下简称大模型）借助生成式人工智能（Artificial Intelligence Generated Content，AIGC）的东风席卷全球。科技大厂、中小企业、科研院所、高等学校纷纷入局，试图在这块已成"兵家必争之地"的新蓝海中占据有利位置。AI 大模型与互联网深度融合后，依托全球海量数据，通过重构传播生态、改变信息交互模式等方式，在内容生产、新闻推荐、舆情监测等领域发挥重要作用，逐渐成为社会化生产与生活中的支柱性技术之一。

一、智能化技术内涵的发展与革新

关于人工智能（AI）的阐释，最早可追溯至英国数学家阿兰·图灵（Alan Turing）于 1950 年提出的"图灵测试"。该测试旨在评估机器的智能化程度。图灵从专注人类行为的角度出发，认为"如果一台机器能够与人类展开对话（通过电传设备）而不被辨别出其机器身份，那么这台机器就具有智能"。同年，图灵预言人类会创造出可能具有真正智能的机器。继图灵测试提出后，美国达特茅斯学院于 1956 年举行了史上第一次人工智能研讨会，首次提出了"人工智能"这一术语，这被认为是人工智能诞生的标志。此次研讨会的设想是制造一台可以模拟或学习人类所有方面的智能的机器，并且这些方面可以被这台机器精确地描述。笔者通过梳理相关资料发现，早期有几种认可度较高的关于人工智能的定义，比如，"人工智能是与人类行为相似的计算机程序""人工智能是会学习的计算机程序""人工智能是根据对环境的感知，采取合理行动并获得最大利益的计算机程序"。但随着芯片迭代升级，算力不断提高，自然语言处理等技术日趋成熟，仅仅依靠制造模仿人类的机器已不能完全满足当下需要。特别是与互联网深度融合后的人工智能被赋予了新属性，也需要被重新定义。

从现代应用的角度来看，流行定义下的人工智能处处体现着

实用主义思想。如中国信息通信研究院曾将人工智能定义为"用机器模拟、实现或延伸人类的感知、思考、行动等智力与行为能力的科学与技术"。OECD（Organization for Economic Co-operation and Development，经济合作与发展组织）于 2023 年 11 月通过了人工智能的新定义，认为"人工智能系统是一种基于机器的系统，为了明确或隐含的目标，从接收的输入推断如何生成输出，例如预测、建议或可能影响物理或虚拟环境的决策。不同的人工智能系统在部署后的自主性和适应性各不相同"。早在 2019 年，OECD 理事会就将人工智能定义为"一种基于机器的系统，可以针对给定的由人类定义的目标，生成影响现实或虚拟环境的预测、建议或决策"。定义更新反映的是过去几年人工智能产业的迅猛发展，更新后的定义将作为 OECD 成员和其他地方立法和监管的基础。自此，"大模型"这个此前几乎只为人工智能领域从业者所知的专业概念，正日益成为被人们反复提及的高频词。而经过两年多的演进，大模型步入全面应用阶段，其落地场景和商业化引发业界重点关注，市场也逐渐对大模型祛魅并回归理性。中国信息通信研究院发布的《人工智能发展报告（2024 年）》认为，人工智能应用持续走深向实，大模型已在金融、医疗、教育、零售、能源等多个领域实现初步应用，并产生了明显的经济效益和社会效益。此外，关于大模型未来发展路径的讨论持续升温，大模型的商业化落地、大模型与小模型的选择、应用方向等成为业界关注的热门话题。笔者通过分析认为，人工智能经历了机器学习模型、深度学习模型、预训练模型和大规模预训练模型 4 个发展阶段。而随着大模型产品在产业应用、商业化开发等方面持续落地，由大模型底层技术支撑的 AIGC 模型也呈现出快速发展和持续创新的趋势。业内公认的比较有影响力的 AIGC 具体应用和产品包括谷歌投资研发的大规模预训练语言模型 BERT、OpenAI 的生成式预训练模型 GPT 系列等。多数 AIGC 模型从预训练角度出发，在大规模文本语料数据库和强化学习、对抗学习等训练技术的加持下，不断优化升级，并能更深刻地理解人类不同指令的含义、处理多元化主题任务。业界普遍认为，AIGC 指的是一种通过 AI 技术来自动或辅助生成内容的生产方式。通过输入指令，人类让

AI 去完成冗杂的编写代码、绘图、建模、写作等任务，从而生成内容。2023 年 8 月 15 日，由国家互联网信息办公室、国家发展改革委等 7 个部门联合发布的《生成式人工智能服务管理暂行办法》正式施行，将 AIGC 定义为"具有文本、图片、音频、视频等内容生成能力的模型及相关技术"，明确了其内在本质，对推动人工智能产业发展具有重要的意义。随着 AIGC 监管政策"靴子落地"，各大厂商通过备案的大模型产品也陆续上线，面向所有用户开放。中国信息通信研究院 2024 年 7 月发布的《2024 全球数字经济白皮书》提到，截至 2024 年第一季度，全球大模型有 1328 个。中国互联网络信息中心发布的《生成式人工智能应用发展报告（2024）》显示，截至 2024 年 7 月，我国完成备案并上线、能为公众提供服务的生成式人工智能服务大模型已达 190 多个，为用户提供了丰富的选择空间和差异化体验，生成式人工智能与各行各业正在加速融合。全球的人工智能正朝着全方位商业化、加速企业数字化、改善产业链结构、提高信息利用率等新方向迈进。

二、智能化技术指征的配合与促进

当前，人工智能已广泛渗透并应用至医疗保健、交通运输、教育培训、娱乐休闲等多个领域，极大地推动了数字经济发展。党的二十届中央委员会第三次全体会议通过的《中共中央关于进一步全面深化改革、推进中国式现代化的决定》中多处提及"人工智能"。例如，在健全因地制宜发展新质生产力体制机制方面，要求"建立未来产业投入增长机制，完善推动新一代信息技术、人工智能、航空航天、新能源、新材料、高端装备、生物医药、量子科技等战略性产业发展政策和治理体系"；在健全网络综合治理体系方面，要求"完善生成式人工智能发展和管理机制"；在完善公共安全治理机制方面，要求"建立人工智能安全监管制度"；在完善推进高质量共建"一带一路"机制方面，要求"继续实施'一带一路'科技创新行动计划，加强绿色发展、数字经济、人工智能、能源、税收、金融、减灾等领域的多边合作平台建设"。2023 年 10 月，在第三届"一带一路"国际合作高峰论坛期间，中国正式发布《全球人工智能治理倡议》，这充分体现了在习近平总书记"人类命运共同体"和"网络空间命运共同体"理念的指引下，中国对以人工智能等技术为标志的全球新一轮科技与产业革命，展现出的负责任态度、引领精神和使命担当。

可以说，在新时代，无论是推动 AI 系统及大模型的规范发展与应用，还是倡导高质量数据与计算新范式，实际上都在强调 AI 技术变革的本质，即算法、数据与算力三大基础要素的精巧配合与相互促进。笔者通过总结发现，AI 发展具有以下技术指征。

（一）算法技术不断取得突破，呈现多元并行特征

AI 基于自身不同的技术特性和应用场景在各个领域得到广泛应用。在技术研究层面，机器学习、深度学习、自然语言处理及计算机视觉等算法技术不断进步与整合，这在客观上推动大模型从支持文本、图片、音频、视频等单一模态下的单一任务，逐渐发展为支持多模态下的多种任务，能更为全面地展现信息全貌。从发布 ChatGPT 拉开 AI 竞赛序幕，到发布 GPT-3.5 和更具创造性的 GPT-4，再到发布 o1 完整版与 Sora 正式版，以及最新的推理模型 o3 和 o3 mini，OpenAI 不断精进其大模型产品。其他知名 AI 开发商也在利用日益先进的技术，推动大模型产品迭代升级，如谷歌推出了其旗舰模型 Gemini 的新版本，其信息处理速度是上一代的两倍，并且能够"思考、记忆、规划，甚至替代用户采取行动"。元宇宙平台公司正在积极训练下一代多模态 AI 大模型 Llama 4，于 2025 年 4 月发布，在视觉理解、动作识别等领域表现优异。可以说，随着算法技术的不断进步，大模型在自然语言处理、机器翻译、智能推荐等各领域得到了广泛应用。有关各大模型的研究正从侧重单一模态下参数量的提升向注重多模态下信息的整合与深度挖掘转变，希望通过精细的算法训练与设计，让大模型更准确地捕捉和分析多模态信息间的关联，继而实现多模态语料的输入与输出。

（二）大模型基于海量数据加速发展，数据智能化特征凸显

数据是大模型训练的原料，拥有海量数据意味着大模型训练能够

基于更多的实例进行学习，继而实现更多智能化场景和应用。毕马威公司发布的《人工智能全域变革图景展望：跃迁点来临（2023）》指出，数据智能指的是从数据中提炼、发掘、获取有揭示性和可操作性的信息，从而为人们基于数据制定决策或执行任务提供有效的智能支持。数据智能融合了数据处理、数据挖掘、机器人学习、人机交互、可视化等多种底层技术，可划分为数据平台技术、数据整理技术、数据分析技术、数据交互技术和数据可视化技术等。笔者通过梳理相关资料发现，大模型的数据智能化特征主要体现在以下 3 个方面。一是参数规模不断扩大，促进模型性能实现质的飞跃。例如，GPT-4 的参数规模已达到 1.8 万亿，较 GPT-3 的参数规模（1000 亿）提升了 10 多倍。这种变化也使得大模型在处理复杂任务、生成高质量文本、进行复杂推理和回答开放性问题方面的优势更加明显。二是高质量数据获取正成为大模型能力跃升的关键。谷歌大脑创始人、AI 领域权威学者吴恩达曾提出构建"以数据为中心的 AI"，并预测 AI 领域的下一个重大转变方向是从大数据转向小数据、优质数据。但实现数据质量的提升绝非易事，高质量数据匮乏可能成为一种常态。以 GPT-3 为例，其开发文档显示，45 TB 纯文本数据经过质量过滤之后仅留存 570 GB，有效数据仅占 1.25% 左右。对大模型开发商而言，有意识地减少互联网公开数据集，增加高质量数据的比重已是大势所趋。三是先进的算法和技术推动大模型训练、多模态数据处理与融合技术日趋成熟。一方面，海量、多模态数据持续应用于大模型预训练，有效提升了大模型的理解和推理能力。另一方面，各大模型在海量数据处理方面采用先进的算法和技术，展现出了强大能力，并在不断优化。腾讯研究院发布的《2024 大模型十大趋势——走进"机器外脑"时代》指出，生成式 AI 的训练集群规模已步入万卡量级，正在向 10 万卡迈进。根据对国内外 100 多个开源大模型的分析，预计未来几年，大模型将迎来从"可用"到"好用"的演变。随着大模型的应用端不断丰富，更智能的工具需要更多的数据进行训练。阿伯丁大学、麻省理工学院、图宾根大学等高校的 6 位计算机科学家预测，到 2026 年，用于 ChatGPT 等大模型训练的高质量语言数据或被耗尽，届时将没有新的训练数据可供使用；

Gartner 则预测称，到 2030 年，AI 合成数据将彻底取代真实数据，成为大模型训练的主要数据来源。

（三）人工智能算力持续取得突破，市场及产业链迎来发展期

随着社会数字化转型的持续深入，算力已成为支撑和推动数字经济发展的核心力量，运用于各行各业，对推动科技进步、社会发展等发挥着重要的作用。狭义的算力是指设备通过处理数据，实现特定结果输出的计算能力；而广义的算力则是指对信息的处理能力。算力可分为基础算力、智能算力和超算算力 3 种，它们分别对应基础通用计算、人工智能计算和科学工程计算。其中，人工智能算力主要应用于大模型训练及推理。芯片是人工智能算力的核心，主要包括通用型芯片 GPU（Graphics Processing Unit，图形处理器）、半定制化芯片现场可编程门阵列、专用型芯片专用集成电路、神经拟态芯片等。据 OpenAI 的数据，大模型训练所需算力每 3 ~ 4 个月增长 1 倍，增速远超摩尔定律（每 18 ~ 24 个月增长 1 倍）。随着 GPT-4 等大模型的不断发展，算力需求还有望进一步大幅增长。中国信息通信研究院发布的《中国算力发展指数白皮书（2023 年）》也曾推测，在算力上每投入 1 元，就将带动 3 ~ 4 元的经济产出。这意味着，大模型和 AIGC 的发展增加了智能算力需求，也将给计算市场及相关产业链带来了发展机遇。

三、智能化技术应用的落地与合规

（一）媒体纷纷拥抱大模型，AI 技术应用需合规透明

2024 年，新华社国家高端智库发布的《人工智能新时代新闻媒体的责任与使命报告》显示，2024 年全球 10.2% 的媒体建立相应机制，将 AI 技术引入生产流程；41% 的媒体正在积极探索 AI 技术应用，鼓励和支持部分新闻业务板块应用 AI 技术。境内外各大媒体平台以合作接入、投资自研等方式应用大模型。AI 技术加速发展，客观上推动

媒体融合并进入智能化快速发展新时代。

（1）AI 技术渗透至信息的采编播发等各个环节，有效提升媒体的传播力。自 AI 技术问世以来，从文生文、文生图到文生视频等，其功能不断掀起讨论热潮，也引发了媒体人对失业的担忧。但随着各大传媒机构对 AI 应用场景的探索深化，借助 AI 探索转型发展路径日渐成为媒体人的共识。这不但缓解了媒体人的焦虑情绪，更实现了 AI 赋能媒体内容生产全过程。在 AI 的助力下，《人民日报》在 2024 年两会期间推出的短片《江山如此多娇》、新华社制作的 AIGC 创新视频《看数据　晒晒政府"成绩单"》、中央广播电视总台推出的系列动画片"千秋诗颂"等受到好评，着实吸引用户眼球。美国《华盛顿邮报》和《今日美国报》正在开发自己的 AI 工具。特别是《华盛顿邮报》，不但宣布建立两个跨部门 AI 协同机制，同时还在 2024 年 7 月首次推出 AI 聊天机器人，用于回答用户提出的关于气候的问题。

（2）部分新闻机构选择与 AI 科技公司合作共赢，探索版权保护新路径。随着 AI 发挥的作用不断变化——从数据收集、整理和分析、交叉查证，到写稿、编辑，再到重新定义新闻行业，业界展开了关于 AI 版权保护的讨论。对新闻行业而言，AIGC 的版权归属问题复杂，国内外目前还没有明确的相关法律规定。2023 年 12 月，《纽约时报》在纽约的一家法院对 OpenAI 和微软提起诉讼，打响了新闻机构向 AI 科技公司维权的第一枪。2024 年，《纽约每日新闻》《芝加哥论坛报》《奥兰多哨兵报》等新闻媒体纷纷加入起诉 OpenAI 和微软的行列，指控其非法复制它们的文章训练 AI 模型。在国内，北京互联网法院也于 2024 年 6 月 20 日开庭审理了全国首例涉及 AI 绘画大模型训练著作权侵权案。面对 AI 科技公司可能的侵权行为，新闻机构选择起诉对方还是与之合作，在一定程度上与其商业模式有关。2023 年 7 月，美联社成为第一家与 OpenAI 签署合作协议的新闻机构。OpenAI 可以用美联社的文本档案库内容来训练 AI 模型，作为回报，美联社可利用 OpenAI 的技术和知识。2024 年 5 月，《华尔街日报》母公司新闻集团与 OpenAI 签订为期 5 年的内容授权协议。谷歌和法新社的合作伙伴 IMATAG 就如何保护数字资产的版权提出了相应的解决方案，包括使

用水印技术、元数据技术等。

（3）加强对 AI 生成信息的规范与引导，筑建"真实性防火墙"。彭博社首席数字官茱莉亚·贝泽尔（Julia Beizer）认为，媒体的定位是为用户提供基于事实的信息，但 AI 并不足以作为准确的信息源。这也意味着，一旦 AI 无法获得有效的真实信息，AI 将会成为虚假新闻的发源地。清华大学新闻与传播学院新媒体研究中心 2024 年 4 月发布的报告《揭秘 AI 谣言：传播路径与治理策略全解析》指出，对 AI 的不当使用使得 AI 谣言量高速增长，报告发布前近半年，谣言量增长 65%，其中经济与企业类 AI 谣言量的增速甚至高达 99.91%。美国新闻可信度评估与研究机构在 2023 年底发布的一份报告显示，利用 AI 代理创建的假新闻网站在 7 个月内从 49 个增至 600 多个，"AI 正在成为下一个'错误信息超级传播者'"。为解决虚假信息难题，全球范围内，新华社、路透社、英国广播公司、美国全国公共广播电台等机构制定了 AI 行为规范和指南，防范 AI 在媒体行业应用中可能带来的违背真实性的风险。英国广播公司和美国奥多比、谷歌、英特尔、微软等公司联合创立内容来源和真实性联盟。该联盟围绕为数字媒体提供内容真实性标签和历史溯源信息服务系统开展工作。

可以说，AI 的出现不仅对信息传播方式产生了影响，更带来了信息传播工具的巨大变革。预计在新 AI 时代背景下，传统媒体如何转型升级、如何与 AI 相融合、如何更加合规地运营将成为业界关注的重点与焦点。

（二）社交媒体与 AIGC 加速融合，多场景应用提升内容生产效率

作为信息传播的重要载体，社交媒体在增强信息传播效果、赋能媒体转型等方面日益发挥着重要作用。特别是随着智能化技术赋能社交媒体，社交媒体的信息传播和舆论引导效果大增。

笔者通过梳理相关资料发现，受商业驱动、价值取向等因素的影响，微博、小红书、抖音、快手、知乎、哔哩哔哩（以下简称 B 站）等社交媒体呈现出多场景应用 AI 打破内容的生态壁垒、有效提升用户

黏性等特征。微博推出了明星 AI 情感伴聊功能，AI 助手可学习明星的语调和表达方式与粉丝互动等。微博 COO（Chief Operating Officer，首席运营官）王巍表示，微博已实现利用 AIGC 辅助高效生产内容、生成个性化定制内容、提升商业运营效率等。相对来讲，内容平台在对话式 AI 领域的投入更加审慎。小红书、快手等平台则更多地将 AIGC 应用于内容创作与平台治理上，如小红书在创作界面中上线图生图、智能生成图文等功能，快手的 AI 对话助手功能更强调检索能力。在互联网社区，B 站中各大"UP 主"的评论区频频出现"AI 视频管家""视频 AI 小助手"等，它们能第一时间为网友总结视频内容，被网友称为"AI 课代表"。可以说，国内的社交媒体正在极力拥抱 AI 技术，从关注内容运营角度入手，不断扩展信息传播领域，提升用户的参与感、成就感和幸福感。

与国内的社交媒体相比，国外的社交媒体在拥抱 AI 技术方面呈现出风潮化、自动化、迭代化等特征。从产品影响范围来看，应用 AI 技术已经成为一种风潮，如 LinkedIn 宣布使用 AI 帮助用户撰写帖子，Snap 推出聊天机器人 My AI，Spotify、YouTube 等也在运用 AI 技术。从产品使用效果来看，智能自动化带来的效益明显，如埃隆·马斯克（Elon Musk）在社交平台 X 上宣布推出 Grok 对话式 AI 系统，该系统能够实时响应用户，并利用 X 的数据回答用户的问题。另外，Meta 发布的《影响 2024 商业发展的五大社交媒体趋势报告》指出，因 Meta 利用 AI 为广告产品赋能，提高了广告商运营的自动化程度，50% 以上的广告用户正在使用 Meta 新推出的 Advantage + Creative 工具优化广告创意中的图像和文本。还有统计显示，88% 的营销人员声称社交媒体营销帮助他们获得了更高的曝光率，60% 的营销人员声称社交媒体营销帮助他们提高了销售额。从产品升级速度来看，更新迭代逐渐加快。如 Meta 发布聊天机器人 Meta AI，它能和用户互动或生成图片；仅仅两个月后，Meta 更新了 Meta AI 的新功能，包括搜索、群组创作图片，并推出专门生成图片的网页版本，更新后的 Meta AI 甚至可美化 Facebook 和 Instagram 上店铺图片中的产品外观。

当前，AI 应用已成为全球多个社交媒体的基本组成部分。智能自动化技术与社交媒体的无缝整合有助于减少人工操作，提高用户的参与度，从而提升社交效果。根据市场调研公司 Gartner 发布的《2024 年十大战略技术趋势报告》，AIGC 模型正在全民化，预测到 2026 年，超过 80% 的企业将使用生成式 AI 的 API（Application Program Interface，应用程序接口）或模型，或在生产环境中部署支持 AIGC 的应用。考虑到 AI 在优化社交内容和开发特定数据内容方面的卓越能力，预计这一数据量将实现飞跃式增长。未来，AI 必须能够深刻理解人类行为的细微差别，并快速识别和标记潜在的破坏性内容，确保所生成内容的平衡性和多样性。

第二节　AI与互联网深度融合，为高质量发展赋能

从全球范围来看，随着 AI 与互联网深度融合，AI 技术被引入各个领域，帮助重构生产流程，推动学界和业界的数字化变革与转型，覆盖经济金融、医疗卫生、教育教学、智能制造、网络安全等多个领域，给用户带来了更多的便利与创意。

一、万物互联下智能化推动数字化变革

当前，随着我国数字化基础设施建设不断完善，新一代 AI 技术已成为推动科技跨越发展、产业优化升级、生产力整体跃升的驱动力量。万物互联的大背景下，各式各样的 AI 应用进入生产生活，服务千家万户。受供需两端的推动，AI 技术创新成果已大规模地从实验室研究走向产业实践与场景应用，在推动服务升级、产品研发、模式创新等方面带来切实成效，AI 产业化进程驶入"快车道"。中国互联网络信息中心发布的《生成式人工智能应用发展报告（2024）》显示，我国生成式 AI 产品用户规模已达 2.3 亿人，相关企业超过 4500 家，AI 核心产业规模已接近 6000 亿元，产业链覆盖芯片、算法、数据、平台、应用等上下游关键环节。我国生成式 AI 发展前景广阔，为社会的高质量发展提供了新动能。

在经济金融领域，万物互联下的 AI 效应持续释放，客观上助推了数字化红利的进一步释放和现代化经济体系的基本构建。在政策引导、技术驱动、行业实践的共同作用下，AI 应用取得重大突破：人民银行、科技部等部门不断出台 AI 战略规划和一系列配套政策，力求通过 AI 实现对现代化经济体系的基本构建；国家金融监督管理总局、各大金融机构等主体力求通过完善行业政策、优化组织协调和联动机制等方式，更精准地实现 AI 助力金融领域高质量发展。

在医疗卫生领域，AI 提高了机构和人员的工作效率，降低了医疗成本，改善了医疗资源不足的状况。世界卫生组织（World Health

Organization，WHO）发布的报告指出，随着可用的医疗数据不断增加以及分析技术快速发展，WHO认识到AI有潜力通过加强临床试验改善健康结果，改进医疗诊断、治疗、自我保健方式和以人为本的护理模式；帮助卫生保健专业人员补充知识、提升能力。WHO的论断从应用的角度诠释了智能化医疗在医学研究、智能诊疗、制药研发及健康管理等方面发挥的作用。从技术性的角度来看，AI医疗还包括利用相关技术实施基因测序、药物性能测试、电子病历制作、智慧问诊、病灶识别等精细化内容。

在教育教学领域，目前智能化教育已全面覆盖"教、学、考、评、管"全产业链条，有助于最大限度地挖掘学生的潜力，有益于教师因材施教，推动了教育细分产业的加速落地。具备教育评测、拍照搜题、智能阅卷、AI自适应学习等功能的产品得到了大规模应用，受到教师、学生的一致好评。比如，科大讯飞AI学习机内置了可大幅提高学习效率的"小初高AI同步精准学"系统、可有效帮助提升语文、英语水平的"AI听说读写"系统，以及可促进养成良好学习习惯的"AI专属学习计划"系统，成为国内学习机市场上受孩子和家长欢迎的产品。

在智能制造领域，以AIGC为代表的新一代AI技术助力新能源汽车、芯片等"卡脖子"关键技术发展，推动相关产品质量日益提升、人工成本大幅下降。有数据统计，到2024年底，我国AI技术体系包括大数据和云计算、IoT（Internet of Things，物联网）、5G/6G、智能机器人、智能芯片、自动驾驶、VR（Virtual Reality，虚拟现实）/AR（Augmented Reality，增强现实）、计算机视觉、光电技术、智能推荐、语音识别、区块链、大模型、空间技术、生物识别、网络安全、自然语言处理、算力网络、人机交互、操作系统、AI框架、知识图谱、多模态、具身智能24个技术类别，AI技术正日益呈现出更专业、更通用的趋势。

在艺术创作领域，通过深度学习算法和大数据分析，AI能够理解和模仿不同艺术风格，生成具有创意的作品。这些作品涵盖绘画、音乐、电影、文学等，不仅丰富了艺术创作的手段，也满足了人们的精神文化需求。在AI时代，用AI进行艺术创作，是围绕数据、算法和编程进行的创造性表达，给人们理解艺术创作的定义、功能和社会意义提供了新思路。

在网络安全领域，AI 技术正在重构业务应用，重新定义网络安全，重塑网络安全格局。依托算法、算力、数据的持续突破，AI 与各种技术结合，能够自动、智能地检测、分析和应对安全威胁，已渗入提升安全运营效率、增强网络安全应急响应能力、改善网络安全防御效果等方面。

需要注意的是，新技术对社会的发展往往是一把"双刃剑"，AI 技术正是如此。人们对 AI 怀有复杂心理：一方面，对 AI 为社会创造出更多精神财富与物质财富寄予厚望；另一方面，担忧 AI 或对劳动力市场造成负面影响。在医疗领域，英国、美国、澳大利亚等国的卫生专家在《英国医学期刊》发表联合署名文章，认为 AI 的发展可能会对人类健康造成负面影响。WHO 也曾呼吁将 AI 用于公共医疗时要谨慎，称 AI 用于决策的数据可能会有偏差或被滥用。而在辅助学术论文写作方面，有人认为 AI 只是提高写作效率的工具，有人则持审慎态度，认为 AI 易引发大规模的学术造假。《自然》杂志针对全球博士后的一项调查发现，约有 1/3 的受访者使用 AI 来优化文本、生成或编辑代码、整理文献。

二、智能化技术赋能网络信息发展

可以说，与人工智能结合的互联网重塑了信息生产的整个流程，改变了信息传播的链条环节，涵盖了信息的采集、生产、分发、分析等过程。以手机为视听终端，综合运用互联网、大数据、云计算、人工智能等技术的"第五媒体"以传播范围为突破口，重构了曾由传统媒体构成的非定向传播格局，并通过算法推荐使信息实现了针对目标人群的精准传播。

（一）智能化与信息获取

互联网蕴藏着包括文本、图片、视频等在内的海量数据，媒体借助 AI 技术对全网的结构化数据、非结构化数据和流数据等进行采集，能更自动、更全面地分析数据，快速挖掘线索和有效关联信息，发现隐匿的趋势和规律，有效提升信息获取与采集效果。以媒体智能化为例，过去媒体需耗费大量时间与精力，从不同网站、论坛及社交媒体等渠道挖掘信息，但随着 AI 的发展和应用，媒体的信息采集、线索挖掘能力大幅提升，AI 更能够适应现代快节奏的工作，并成为选题策划、媒体采访的有效助力。从信息采集的角度来看，AI 主要被媒体运用在信息搜集、舆情研判、数据分析等信息生产的前期准备环节。随着 ChatGPT 的出现，AI 已经进入 AIGC 新阶段。国内的人民网、新华社等主流媒体正在探索 AI 在新闻采集过程中的关键作用，更加注重 AI 的舆情监测功能，致力于促进 AIGC 在行业安全应用中的主流价值语料库建设，展现出助力"用主流价值导向驾驭算法"的能力与潜力。相比之下，西方媒体更加注重 AI 的信息搜集能力，美联社、路透社、《华盛顿邮报》、英国广播公司、《泰晤士报》等境外媒体相继推出使用 AIGC 的计划，并利用 ChatGPT 等 AI 工具制作内容，提供个性化产品，并以此提高用户的参与度。而在完成数据收集后，需依靠专业的工具以及人员对其进行清洗、转换和标注等，从而提高数据的质量和可用性，最终实现信息内容的智能化生产。

（二）智能化与信息生成

万物互联时代，以网络为载体、以 AI 技术为支撑的信息生产和加工模式逐渐代替了传统的人工模式，具备智能化、多元化及精准化等特点。在信息内容生产方面，网络内容生产的自动化决策比重越来越高，依托机器学习和自然语言处理等技术，基于人机交互、人机协同工作的全新内容生产方式得以产生，实现了文本、图片、视频等媒体内容的自动生成。比如，金山办公发布的"WPS AI"能提供起草、改写、总结、润色、翻译、续写等功能。用户启用"WPS AI"后，由 AI 生成的内容可直接嵌入文档正文，并按照当前文档所支持的格式进行实时渲染，还支持多轮对话。通过多次、连续的自然语言输入控制生成内容，继而提高用户的创作效率。在信息形态呈现方面，随着大模型的普及，互联网行业突破传统限制，AI 生产的绘画、音乐、诗歌、影视作品等逐渐兴起，特别是 VR、AR、全息影像等产品形态增强了用户的沉浸感、在场感和互动感。比如，抖音成立了新的 AI 部门——Flow，该部门全力投入 AI 赛道。抖音旗下的剪映推出了名为"即梦 AI"的 AI 创作平台，其可以根据用户输入的文字生成图片、视频等。此外，抖音还尝试测试新的带货功能"值得看看"、推出"机器人开发平台"项目的公测版等，允许用户自主创建属于自己的聊天机器人。TikTok 则上线了一款基于大模型的智能助理工具 ChitChop，集多场景于一体。随着 AI 的发展和普及，其在信息生产中的大规模应用也将推动生产成本的降低和生产效率的提升。通过智能化和多元化的方式，AI 可解放更多的生产力，并为用户生产更多高质量、有价值的信息。

（三）智能化与信息传播

随着各界对 AI 的探索运用与重视程度不断加深，算法推荐、语音交互、计算机视觉等技术与 IoT、大数据、VR、区块链等技术高度融合，正在重塑信息传播的新生态，推动着传播要素和传播逻辑的变革。一是信息传播主体的圈层化。在智能化时代，借助 5G、元宇宙、大数据、AI 等技术，各组织机构、社会团体及个人均可成为智能化的信息传播源头或传播主体，并推动信息自动分发方式优化和用户体验改进等，具有群体化、圈层化的特征。反过来，信息传播中的受传者也由于上述原因，与信息传播的源头或主体对应，呈现出圈层化、主动化的特征。据国外调研机构 Salesforce 的调查，生成式 AI 的用户主要为年轻群体。二是信息传播形式的去中心化。当前，信息正以视频化形式大量输出。中国互联网络信息中心发布的第 55 次《中国互联网络发展状况统计报告》显示，截至 2024 年 12 月，我国网络视频用户规模达 10.7 亿人，占网民整体的 96.6%。网民更倾向于生产和传播碎片化、娱乐化、圈层化和生活化的信息，这打破了传统信息传播的单向、线性格局，也使得信息内容传播形式具有去中心化的特征，信息传播者和受传者之间的界线逐渐变得模糊。三是信息传播媒介的多元化。信息传播的媒介已从传统的报纸、杂志、广播、电视等拓展至短视频平台以及微博、微信等社交平台，受众可参与信息的生产，并通过视频、直播等多种形式的渠道接收和传播信息。在全国两会、杭州亚运会等重要活动期间，各大主流媒体充分发挥智媒优势，设立 AI 数字人（虚拟主播、虚拟偶像、虚拟讲解员、虚拟导游等）形象，运用 5G、AR、VR 等前沿科技传播信息，突破时空限制，提升了信息的实效性，使受众获得了沉浸式体验。四是信息传播反馈效果的精细化。随着大数据技术和智能推荐算法的应用，媒体平台和创作者能更好地了解受众的需求和反馈，精准定位目标受众，通过调整算法，及时优化内容推荐、广告投放等策略，并提供更具吸引力和个性的内容。抖音推出的数字营销工具——AI 获客系统，借助 AI 技术和融合多种数据源的能力，能帮助企业更精准地找到潜在客户，提高获客率。亚马逊利用 AI 推出改善消费者网购体验、提高服装产品转化率的新方法，包括提供 AI 个性化尺寸建议、为品牌卖家提供 Fit Insights 工具、AI 标准化尺码表以及凸显消费者有关尺码的评论。需要强调的是，不论 AI 如何赋能信息传播，始终离不开人的引导。在当下和未来相当长的一段时间，AI 赋能信息传播的最大作用是解放和发展生产力。

（四）智能化与信息分析

圈层化的信息传播和接收主体、多元化的信息传播媒介客观上加大了受众对非结构化数据内容的识别和掌握难度。在助力信息审查与过滤方面，互联网信息体量庞大、内容良莠不齐，并且常常以多种形态展现，这增大了人工审核与比对数据的难度。平台基于 AI 对海量数据的深度学习，结合算法对特定场景建立相应的分析模型，对文本、图片、视频、音频内容进行智能分析，可高效、准确、全面地审核与过滤信息。目前，抖音、小红书等社交平台已开始对疑似 AI 生成的图文、视频内容进行标识，并提示用户注意分辨真假。而在打击犯罪领域，AI 也正被多国警方用在刑侦方面。公安部、科技部联合印发通知，部署推进科技兴警三年行动计划（2023—2025 年）。通知强调，要深入推进重大项目实施行动，通过关键核心技术攻关、共性应用技术研究等，布局智慧警务基础支撑、公共安全智能治理等领域重大项目。在助力舆情监测分析方面，AI 通过对特定领域或事件的信息的抽取、挖掘、聚类、分析及可视化等，深入了解舆论的观点态度及情感倾向，为决策者提供有效的决策方案。区别于早期由"关键词"搭配"与、或、非"的判断逻辑进行数据检索的舆情监测分析，智能化的监测分析通过自然语言处理对内容进行多维度识别，从而极大地提升了舆情研判的准确性，能实时反映舆论态势，评估和预测舆论趋势。频频见于报道的案例当属美联社与 NewsWhip 合作开发的新应用，可帮助专业人员追踪内容的使用和传播情况，并分析内容如何提升用户的社交参与度，从而调整内容策略，以更好地满足用户的需求。国内也涌现出了一大批具有高精度的模型，它们能有效地为政府和相关企事业单位服务。如上海企业蜜度的"蜜巢"（一款智能舆情分析大语言模型），在用户输入关键词后，能在两分钟左右自动生成相关新闻的"热点速报"，包含事件概况、数据概况、舆论观点、研判建议 4 个板块；大河网舆情监测系统通过分布式智能调度采集系统，对全平台 30 余万条信息源实时进行数据监测，已形成智能预警、数据定制等多种特色服务，服务 120 多家党政机关、企事业单位。预计未来的智能化信息分析应用将突破传统二维数据的传输形式，除了支持视觉图像和文本信息，还支持语音识别、视觉识别、VR、AR 等新技术，为用户提供更多优质和高级的应用场景。

三、网络信息智能化现实路径与选择

（一）从"人际"到"人机"：智能化的信息交互模式变革

随着深度学习等 AI 技术不断融入互联网的发展过程，人与人之间的交际关系正逐渐改变，具备人机交互功能的智能化机器角色逐渐社会化，人与机器的联系也愈发紧密，这也推动了智能化的信息交互模式变革。有分析认为，在 AI 的赋能下，计算机越来越"像"人类，甚至在某些方面超越了人类。特别是 VR、AR、情感计算等新一代的人机界面交互出现，在客观上也推动了人机交互从以往的"以信息技术为媒介的人与人之间的交互"转化为"人与人之间＋人与机器之间的交互"。随着时间的推移，人机交互越来越接近现实世界中人与物、人与人的交互，涉及人在生理、认知、情感、社会、文化等方面的属性，其深度和广度亦在不断增加，人工智能产品的社会属性越来越强。比如，微博推出了一款 AI 自动回复机器人——"评论罗伯特"，用户只要发布 10 字以上的原创微博或者 @ 评论罗伯特，就有机会得到其回复。此外，前有微软小冰，后有百度贴吧上的"贴吧包打听"、抖音评论区的"AI 小快"等，它们都是平台为提升用户活跃度推出的社交机器人。

可以说，从广义上看，目前我们所指的人机智能交互还局限于人机相互作用的起点阶段，要想真正实现人机交互的最终目的，达到"人机物交融"状态，还需不断丰富相关物质条件，变革和提高人机技术涉及的硬件生产水平，涉及包括智能传感、智能芯片、算法模型等在内的智能媒介基础层，自然语音交互、图像识别、人脸识别在内的智能技术层，以及 VR、无人驾驶、智能音箱、陪护机器人等系列智能产品在内的应用层。此外，数据、芯片及算法模型等软件也是智能化的关键，更是人机交互的核"芯"。

（二）从"万物互联"到"万物智联"：智能化的信息交互技术演进

近年来，IoT 技术持续进步，从医疗设备、智能家居到建筑智能及工业自动化，涉及多个行业及领域，IoT 设备的数量呈爆炸式增长，IoT 也已经发展到智能 IoT。从万物智能互联的角度来看，由于散布在各个物理节点的"物"把各类硬件设备、传感器模块以及丰富的互联方案与垂直应用"缝合"，加之 5G、云计算、AI 等各项技术也在不断加快万物互联的进程，客观上消弭了物理世界与数字世界的鸿沟，促进了信息交互技术的发展，也实现了物与物、物与人的"万物智联"，并能对物品和行为过程进行智能化感知、识别和管理。国际市场调研公司 IDC 发布的《全球物联网支出指南》提出，将 AI 和 IoT 技术相结合，可以使得 IoT 设备更加智能化和自动化，从而提供更好的服务和体验，涉及智能制造、智慧农业、智能建造、智慧环保、智慧城市、数字乡村、智能交通、智慧能源、公共卫生、智慧文旅、智慧家居和智慧健康等领域。此外，IDC 发布《中国物联网连接规模预测，2023—2027》，预计中国 IoT 连接量 2023—2027 年的复合增长率约为16.4%，中国物联网规模将保持快速发展。

从网络内容智能化的角度来看，不同社交媒体的信息交互、多元的信息交互模型也在影响用户的信息交互行为，并逐渐向不同行业和领域拓展延伸。人工智能物联网（Artificial Intelligence & Internet of Things，AIoT）的信息交互模型更具有代表性和广泛性，应用物模型、网络及内容三者构成并联动的信息体系，在整个运行过程中已经形成涵盖所有参与者的信息交互闭环。随着相关技术的日益成熟，越来越多的企业将研究 AIoT 视为其主要发展方向。以小米为例，截至 2024 年 9 月 30 日，小米 AIoT 平台已连接 IoT 设备（不包括智能手机、平板计算机及笔记本计算机）数达 8.61 亿，已拥有 200 多种智能家电大类，成功覆盖 95% 以上的生活场景。未来，随着 6G 智能化业务、沉浸式产业和数字孪生技术等新业态的不断发展，AIoT 将通过数据与 AI 驱动实现"万物智联"，满足越来越多的商业场景个人需求，这也对网络信息交互和网络终端设备升级提出了更高的信息处理要求。

（三）从"转型升级"到"融合发展"：智能化的信息交互新趋势

AI 技术的高速发展和广泛应用给多元的网络信息注入了新生力量：一方面，提升了新闻报道和信息传递的效率，持续推动相关产业融合发展；另一方面，催生了全媒体、多模态产品形式的创新，以及交互化、精准化、场景化的服务开发，并不断催生新业态。可以说，智能化为网络信息交互的转型升级与融合发展带来了曙光。

一是网络信息内容智能化生产更高效和个性化。随着人机交流的逐步深入，AI 将更加深入地与网络信息内容生产相结合，带来更高效、个性化的内容生产方式。未来，AI 将更加智能化，能够更好地理解用户需求，提供更精准的内容推荐，这也将使得内容间的界限愈发模糊、竞争愈发激烈，从而倒逼内容生产规模大大提升，更好地满足当代社会的多元化需求。同时，AI 技术还将推动行业的创新和变革，传统行业需要更好地利用 AI 技术提高内容生产的质量和效率。如新闻媒体可以通过机器学习和深度学习技术自动地分析网络信息、自动地生成内容等，继而更加精准地向用户推荐新闻内容。

二是网络信息智能化融合更具交互性和沉浸感。随着深度学习等相关技术的应用，未来的 AI 技术在内容生产中将极大地发挥促进跨界融合和创新变革的作用，并将增强网络信息内容的交互性和沉浸感，信息生产者可以通过 AI 与 VR/AR 等技术相结合的方式，创造性地推出新型产品，用户可以以更直观、更生动、更沉浸的方式接收信息。

三是网络信息智能化分析更数据化和精准化。数据化是 AI 发展的核心要素，做好数据化的基础工作，才能更好地应用 AI 提升信息内容的生产效率和行业影响力。一方面，相关组织机构需建立符合本部门、本行业发展的信息内容采集体系，对各类新闻、政务等行业高价值数据进行采集、挖掘和规范化整合，借助 AI 采集积累技术打造专业内容源头机构。另一方面，要借助 AI 和大数据技术，提供网络信息内容管理、检索及舆情监测等服务，精准推送相关信息，并实现内容源头机构的结构化转型。

四是网络信息智能化管理更科学化和规范化。智能化背景下，网络信息发展强调的是网络给现实社会带来的利益或效益增量，强调的是与传统行业深度融合催生的新业态，是社会要素的丰富性和需求驱动的多样性，并以此构建与各类网络主体共同参与的科学化治理机制。一方面，随着微博、微信、微网站等与 AI 的融合，网络信息传播快、影响大、覆盖广、社会动员能力强等特点更加凸显，网络内容、传播特点和网民心态更加复杂，网络空间的社会形态属性愈发突出。另一方面，对网络新业态的管理应顺应科学化、规范化的内在要求。在 AI 框架下，可考虑从理论导向、网络氛围、信息立法、技术防控和制度建设等方面入手，提高网络信息智能化管理水平，维护国家安全、意识形态安全、文化安全、社会安全，促进 AI、大数据等新一代信息技术为设备赋智、为企业赋值、为产业赋能。

第三节　互联网加持 AI 边界扩展，安全监管渐成共识

自 OpenAI 推出 ChatGPT 掀起 AI 浪潮以来，AI 的发展速度及其对行业的渗透程度与日俱增，特别是大模型的持续迭代打破了原有 AI 技术限制，让人们感受到了其给生产、生活带来的便利。从全球范围来看，世界各地及各个行业均在积极推动大模型研发和应用，AI 正以一种肉眼可见却难以预料的速度发展。值得注意的是，在给人们带来惊喜之余，AI 也不断衍生出新的安全风险，包括隐私泄露、数据权属不明、算法技术滥用等。这些风险不仅可能对个人或组织机构的利益造成威胁，还可能对整个社会的公平稳定乃至国家安全产生负面影响。AI 安全已成为主流议题之一，中国、美国、欧盟、英国等世界主要经济体纷纷着手通过发布行政命令计划、开展调查评估、实施技术分析限制等措施，推动和完善对 AI 的安全监管。

一、互联网智能化融合的安全风险

随着人工智能不断迭代演进，网络治理面临新情况、新问题、新挑战，影响全球经济格局、发展格局、安全格局。中国信息通信研究院在 2024 年 1 月发布的《全球数字治理白皮书》中提到，人工智能引发的风险是全局性、系统性和国际性的。AI 可能给个人带来数据偏见、技术滥用等风险，给企业带来侵权赔偿、商业秘密泄露等风险；给社会带来扩大数字鸿沟、冲击就业市场、危及公共安全等风险。本节从互联网与智能化融合的角度，着重探讨 AI 所引发的网络安全风险、数据与隐私保护风险、伦理道德风险、虚假信息风险及知识产权风险等。

（一）网络安全风险

随着 AI 的发展，网络信息技术加速迭代升级，也向网络安全保障提出了更高要求。当前 AI 模型研究正进入海量数据"投喂"阶段，

而获取海量数据所引发的网络安全风险难以预测。目前，有黑客恶意操纵 AI 模型，衍生出新的网络攻击技术，如发送钓鱼邮件、传播恶意软件等。这使得攻击的智能化、多样化、隐蔽化特征凸显，攻击性与破坏性大增。IBM 公司的研究表明，生成式 AI 模型已非常擅长编写看似高度可信的钓鱼邮件，并且可以为黑客节省大量时间。研究人员只用了 5 分钟就让 ChatGPT 写出了一封钓鱼邮件，并且成功欺骗了部分员工，使其陷入了邮件困境。此外，随着公众对生成式 AI 模型的兴趣越来越浓厚，黑客越来越多地使用类 ChatGPT 主题的诱饵，在 Facebook、Instagram 和 WhatsApp 上传播恶意软件。2024 年 8 月，英国《金融时报》援引的一项研究显示，世界 500 强企业中将 AI 视为业务潜在风险的企业的比例较两年前显著提高，已超过半数，凸显了这项新兴技术可能引发的全面产业转型。而黑客入侵计算机网络系统和联网设备的方法不断增加，这使得网络安全威胁日益多样化。值得注意的是，在引发安全风险与威胁的同时，AI 也可以被积极利用，"AI 对抗威胁"的手段，成为维护国家安全、社会稳定和经济发展的利器。如通过专家系统、人工神经网络等技术，AI 能够自动地识别和响应安全威胁，并提高网络防御的效率和准确性。同时，AI 还可以通过学习和模式识别，有效地识别异常流量和潜在的安全风险，处理大量复杂数据，及时阻断攻击，为改善网络安全状况提供强有力的技术支撑。

（二）数据与隐私保护风险

AI 技术所引发的数据隐私泄露风险主要集中在模型的训练和使用过程中。在数据的收集和处理方面，除了互联网上的海量数据，用户在使用大模型时，其输入的内容亦被用于训练该模型。同时，部分大模型被曝存在严重安全隐患，甚至因开源库中的漏洞，用户能够看到其他用户的对话历史记录。亚马逊、微软等多家互联网巨头已提醒员工，禁止向 ChatGPT 等大模型应用分享敏感数据，微软更是在其内部提示禁止员工使用部分 AI 工具。此外，大模型的训练依赖于海量数据，其中可能包含来自互联网的公开数据或用户生成的内容，这些数据可能包含个人身份信息、敏感数据或其他机密信息。由于大模型的训练数据集不透明，无法完全了解其是否存在隐私泄露的风险。

（三）伦理道德风险

随着 AI 的发展，其所引发的伦理道德风险也正受到越来越多国家的重视。联合国教科文组织曾明确指出当前 AI 发展面临的伦理道德风险，称"AI 技术正在飞速发展，但在道德伦理层面却没有取得太多进展。一些国家开始认真思考这个问题，但还没有建立法律框架来规范今后在全球范围内开展的伦理研究工作"。AI 之所以会引发侵犯隐私、剥夺自由意志、制造"信息茧房"、导致歧视偏见等伦理道德风险，根本原因是人类对 AI 的驾驭能力有限和运用 AI 的方向存在偏差。一方面，用户在使用 AI 技术时，常常被算法圈住，从而被标签化、圈层化与茧房化。特别是采用智能算法的新闻类、社交类平台通过 AI 技术在内容分发上实现"精准制导"，只提供用户感兴趣、有价值认同的内容，这加剧了社群区隔，阻碍了主流意识形态整合。另一方面，AI 发展面临放大偏见与歧视的紧迫问题。欧盟委员会执行副主席玛格丽特·维斯塔格（Margrethe Vestager）表示，与导致人类灭绝相比，AI 发展带来的歧视问题在眼下更为紧迫。

（四）虚假信息威胁

随着深度伪造技术的成熟，深度伪造的视频、音频、图像、生成文本会给个人、社会和国家安全带来威胁，引发意识形态安全风险。达沃斯世界经济论坛在《2024 年全球风险报告》中把"错误信息和虚假信息"列为其后两年全球面临的五大风险之一，而将"网络攻击""人工智能技术引发的不良后果"列为全球面临的最大风险。近年来，非法滥用 AIGC 技术、AI 换脸技术实施电信诈骗的案例频频曝出；由 AI 合成的展示美国五角大楼爆炸的照片或视频等在互联网上大肆传播并引发热议。"单纯"的 AI 在恶人手中迅速"黑化"，沦为在网络上犯罪分子牟利的工具和帮凶。此外，作为一项颠覆性的技术，AI 也正在塑造未来的地缘战略力量格局和社会发展愿景，在军备竞赛、国家战争中广泛应用，影响国际传播、公共外交及全球互联网舆论斗争。

（五）知识产权风险

当下，AI在越来越多的领域得到应用，衍生出一系列知识产权风险，其中最为典型的就是侵权风险。从2015年以《新京报》《广州日报》等为代表的新闻机构针对今日头条、一点资讯等新兴聚合类资讯App采取维权行动，到2024年以来，大模型在国内外引发了新的侵权问题，特别是关于AI声音、AI图片、AI视频等领域的侵权案件接连不断，即便是OpenAI、Anthropic等"AI大厂"，也不可避免地卷入知识产权诉讼纠纷。随之而来的是在法律界饱受争议的议题，即：应用AI技术的法律边界在哪里？用于大模型训练的数据是否存在侵权问题？如何处理AI技术发展对法律带来的挑战？这些有关AI技术侵权的"灵魂拷问"正成为当下需要深入思考的严肃议题。随着大模型、AIGC技术的快速进步，其在内容创作、信息处理、数据挖掘等方面的应用将更加广泛，这无疑为商业实践和司法实践中的知识产权保护工作带来了更为严峻的挑战。

二、互联网智能化安全监管的典型范式

为防范AI发展过程中可能带来的社会风险，近年来，全球主要经济体及国际组织对AI的监管明显增强，相关指南、规范等陆续出台或提上议程。但总体看来，受制于全球AI监管格局碎片化、区域化、分散化的客观因素，主要经济体及国际组织在AI及其治理的基本概念、价值理念和路径策略等方面均存在分歧，全球层面的AI监管合作尚未取得具体成效。根据波士顿咨询集团（BCG）2024年12月中旬发布的《人工智能成熟度矩阵》，在接受评估的全球73个国家和地区中，加拿大、中国、新加坡、英国和美国名列前五，被归类为"人工智能先驱"；"人工智能稳定竞争者"包括韩国、法国、德国、以色列、日本等23个国家和地区；巴西、印度、沙特阿拉伯和阿拉伯联合酋长国等被列为"新兴竞争者"；其他国家和地区则相对落后。

（一）欧盟：推出全球首部人工智能监管法案，意在引领全球人工智能竞赛

2024 年 3 月 13 日，欧洲议会以压倒性票数通过全球首部人工智能监管法案——《人工智能法案》，旨在提升欧盟人工智能产业的规范性和透明度，加强对人工智能技术的治理与监管，推动人工智能有序发展。2024 年 5 月 21 日，欧盟理事会正式批准《人工智能法案》。外界普遍认为，作为全球首部全面的人工智能法规，《人工智能法案》实施后将对全球人工智能产业链产生深远影响。《人工智能法案》确立了人工智能的适用范围和域外效力，并指出欧盟人工智能系统或基础模型应遵循以人为本、尊重人权，避免意外伤害，应符合现有的隐私和数据保护规则等 6 项原则。同时，基于人工智能的不透明性、复杂性、对数据的依赖性等特点，《人工智能法案》将人工智能系统的风险划分为不可接受风险、高风险、有限风险和极低风险 4 类。总体上，《人工智能法案》在人工智能适用范围确立、人工智能系统风险分级管理、通用人工智能模型管理、执法与处罚等方面，为整个人工智能产业链上的相关方提供了一个合规框架。值得注意的是，《人工智能法案》目前是全球首部人工智能领域的全面监管法规，针对其中的算法透明度、通用人工智能护栏、禁止使用人工智能的场景等内容，各国后续立法时可根据本国实际情况逐条参考，确定保障措施和例外条款。时任欧盟委员会内部市场委员的蒂埃里·布雷顿（Thierry Breton）曾表示，欧盟成为第一个为使用人工智能设立明确规则的组织，《人工智能法案》不仅是规则手册，也将成为欧盟初创企业和研究人员引领全球人工智能竞赛的助推器。此前，欧盟委员会于 2021 年提出《人工智能法案》提案的谈判授权草案，严格禁止"对人类安全造成不可接受风险的人工智能系统"，要求人工智能公司对算法保持控制，提供技术文件，并建立风险管理系统。同时，每个欧盟成员国都应设立监督机构，以确保这些规则得到遵守。欧盟内部立法往往具有很强的溢出效应，如《一般数据保护条例》（GDPR）已逐渐成为全球范围内各国建立数据保障机制的重要参考。一旦得到欧盟成员国和议会的正式批准，

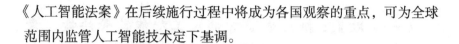

《人工智能法案》在后续施行过程中将成为各国观察的重点，可为全球范围内监管人工智能技术定下基调。

（二）美国：倾向软监管规范引导，以促进AI发展为主要目标

美国在监管人工智能方面仍以软监管为主要措施，并将与欧盟、中国等经济体争夺人工智能发展主导地位列为主要目标。在实质性的法律法规出台之前，美国政府希望用"自愿承诺"的方式，实现保障人工智能技术安全、可靠和透明的目标。2023年7月和9月，美国白宫两次召集亚马逊、谷歌、Meta、微软等公司，呼吁其"自愿"就应对人工智能风险做出一系列承诺，推动人工智能技术安全、可靠、可信发展。2023年10月30日，美国总统拜登签署了《关于安全、可靠和可信地开发和使用人工智能》的行政命令，提出依据8项指导原则和优先事项推进人工智能的开发和使用，包括为人工智能制定新的安全标准，保护美国人的隐私，促进公平和保障公民的权利，维护消费者、病人及学生的权益，支持工人，促进创新和竞争，提升美国在海外的竞争力，确保政府负责任且有效地使用人工智能。2024年2月，美国国家科学技术委员会（NSTC）发布了新一版关键和新兴技术清单，涵盖先进计算、先进制造、人工智能、半导体与微电子等18个技术领域。2024年7月，美国国会通过《内容来源保护和防止编辑及深度伪造媒体完整性法案》，旨在解决人工智能生成内容的"深度伪造"泛滥问题。美国两党参议员在同年7月底还提出了《人工智能创新未来法案》，旨在为美国在人工智能和其他新兴技术发展方面继续保持领先地位奠定基础。2024年10月24日，美国政府公开发布首份关于人工智能的国家安全备忘录，旨在确保美国在抓住人工智能的发展前景和管理人工智能风险方面发挥领军作用，鼓励联邦政府采用人工智能来保障国家安全，并寻求塑造围绕人工智能使用方式的国际规范。除了该备忘录，美国政府还发布了《国家安全领域推进人工智能治理和风险管理框架》，对此前针对非国家安全任务的指南进行了补充。该框架为实施上述备忘录提供了指导，包括要求建立风险管理、评估、问

责和透明度监督机制。随着美国新一轮大选落下帷幕，特朗普在第二任期内对人工智能监管的态度倾向也值得关注。基于特朗普在此前担任总统的 4 年里先后发布了两项命令，呼吁在工业领域和学界优先发展人工智能，并概述了联邦政府使用人工智能的原则，有分析认为其可能更倾向于刺激人工智能领域激进发展。

（三）中国：制度与技术监管同频共振，为全球治理贡献智慧

2023 年 8 月 15 日起施行的《生成式人工智能服务管理暂行办法》是我国促进生成式人工智能健康发展和规范应用的专门立法，界定了生成式人工智能的基本概念，规定了生成式人工智能服务提供者的制度要求，为生成式人工智能的健康发展指明了方向。2023 年 10 月 18 日，中央网信办发布《全球人工智能治理倡议》，从发展、安全和治理 3 个维度出发，提出了 11 项倡议。2023 年 11 月，中美元首在旧金山会晤后达成的 20 多项共识里，有一项专门针对人工智能做出了阐述——中美双方同意建立人工智能政府间对话机制。11 月，在首届全球人工智能安全峰会上，中国和其他 28 个国家及欧盟共同签署了《布莱切利宣言》。该协议是全球首份针对人工智能的国际性声明，对增进全球各国对前沿人工智能带来的机遇和风险的共同理解，以及各国共同努力应对 AI 的挑战起到了积极作用。2024 年 7 月，2024 世界人工智能大会暨人工智能全球治理高级别会议在中国上海举行。会议通过的《人工智能全球治理上海宣言》倡导建立全球范围内的人工智能治理机制，支持联合国发挥主渠道作用，欢迎加强南北合作和南南合作，提升发展中国家的代表性和发言权；鼓励国际组织、企业、研究机构、社会组织和个人等多元主体积极发挥与自身角色相匹配的作用，参与人工智能治理体系的构建和实施。此外，中国和美国、法国等通过建立高层级对话机制，推动人工智能监管共识达成。2024 年 5 月，中美人工智能政府间对话首次会议成功举行。5 月，中法两国发布《中华人民共和国和法兰西共和国关于人工智能和全球治理的联合声明》。在 2024 年 7 月召开的第 78 届联合国大会上，143 个联合国会员国协商一

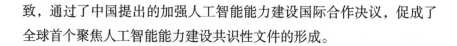

致，通过了中国提出的加强人工智能能力建设国际合作决议，促成了全球首个聚焦人工智能能力建设共识性文件的形成。

（四）其他经济体：政策措施百花齐放，从不同角度抢占人工智能领域的制高点

作为最早发布人工智能国家战略的国家，加拿大于 2023 年 3 月宣布更新了《人工智能与数据法案》（AIDA）的配套文件，以规范人工智能开发和应用活动。2023 年 3 月和 4 月，英国政府先后发布《促进创新的人工智能监管方法》《生成式人工智能使用指南》。同年 5 月，英国首相里希·苏纳克（Rishi Sunak）与 DeepMind、OpenAI 等机构负责人会晤，商讨人工智能监管框架；2024 年 2 月，英国科学、创新和技术部向英国议会提交《人工智能监管的创新方法：政府的回应》，明确其目标是成为人工智能安全开发和部署的全球领导者。2024 年 5 月，英国政府宣布将提供 850 万英镑的政府研究资助金，用于提高社会对人工智能技术开发所带来风险的抵御能力。2023 年 5 月，德国实施《基于人工智能向数据经济转型的国家倡议》（NITD），以改善德国人工智能创新的框架条件；11 月，德国联邦教研部（BMBF）发布《人工智能行动计划》，规划了 11 项具体行动。2024 年 10 月，在 2024 德国数字峰会上，数字化平台"欧洲数据中心"宣布成立，旨在帮助欧洲摆脱对海外数据提供商的依赖并为人工智能模型训练提供数据支持。2024 年 2 月，俄罗斯总统普京修改了第 490 号总统令《论俄罗斯联邦人工智能的发展》，更新了《2030 年国家人工智能发展战略》。该战略提出，人工智能技术开发和使用的基本原则之一是维护俄罗斯的技术主权，确保俄罗斯在人工智能领域具有必要水平的独立性。2024 年 12 月，"人工智能世界之旅"国际会议在俄罗斯莫斯科开幕，会议宣布成立国际人工智能联盟，号召 18 个成员国共促人工智能公开透明发展。

（五）国际组织：强调发展负责任的人工智能，期待出台一揽子国际规则

2023 年 2 月，OECD 发布《国家人工智能计算能力建设蓝图》，

为政策制定者提供了 3 个维度的国家人工智能计算建设指南。2023 年
9 月至 2024 年 7 月，OECD 讨论并审查了关于人工智能的未来潜在优
势、风险和政策要求的各项研究与专家见解报告。报告提出了 66 种潜
在的政策方法，并提出了助力实现理想人工智能未来的十大政策优先
事项。2024 年 3 月，联合国大会通过首个人工智能决议——《抓住安
全、可靠和值得信赖的人工智能系统带来的机遇，促进可持续发展》；
7 月，联合国大会通过中国起草的"加强人工智能能力建设国际合作"
决议；9 月，联合国未来峰会通过包括《全球数字契约》和《子孙后代
问题宣言》在内的《未来契约》，为推动全球人工智能治理确立了方向。
2024 年 11 月发布的《二十国集团领导人里约热内卢峰会宣言》提出
"负责任、包容和以人为本"的人工智能治理原则，强调"促进有利于
创新的人工智能治理"。2024 年 10 月发布的《金砖国家领导人第十六
次会晤喀山宣言》同样支持联合国发挥更大作用，突出"金砖 +"机
制在推动发展中国家人工智能能力建设方面的作用。中国坚定支持联
合国在多边治理中的核心地位，在贯彻落实《全球人工智能治理倡议》
的基础上，提出《人工智能能力建设普惠计划》，成立中国—金砖国
家人工智能发展与合作中心，促进普惠发展，缩小数字鸿沟。2024 年
12 月，为了安全利用生成式人工智能，七国集团（G7）就相关框架基
本事项达成协议。2024 年 11 月，世界互联网大会乌镇峰会开幕，其
以"拥抱以人为本、智能向善的数字未来——携手构建网络空间命运
共同体"为主题，聚焦人工智能可能带来的全球性风险与挑战。2024
年 2 月，东南亚国家联盟发布《人工智能治理与道德指南》，旨在授权
东盟的组织和政府负责地设计、开发和部署人工智能系统，并提升用
户的信任度。

三、互联网智能化监管的形势与困境

当前，全球互联网智能化监管的形势与困境主要体现在人机深度
融合、数据与技术迭代、发展不平衡与理念分歧、网络威胁持续演进
与变种、"小多边""小圈子"关系复杂等多个方面。

（一）人机深度融合面临多重挑战，认知对抗与机器对抗并行

随着 AI 迅速发展及其应用领域的扩展，人机交互技术扮演的角色愈发重要，在提高效率、优化个性化体验和增强现实感的同时，也面临着自然交互、隐私与安全以及技术融合等方面的挑战。在自然交互方面，语音交互、手势交互、视觉交互、脑机接口、感知交互正逐渐兴起，这标志着人机交互的发展方向正从传统的视觉、语音交互转变为由 AI 驱动机器人"大脑"向"人脑"认知思维发展的自然交互。在隐私与安全方面，AI 在训练过程中过度收集信息，这实际上是人为造成了更多信息泄露的潜在风险。特别是在现有的算力和算法高度聚集的情况下，AI 在内容生成过程中会对用户决策、偏好进行"窥探"，同时通过推送进行校验。由此，必须注重数据保护和隐私合规，确保信息的安全性和隐私性。在技术融合方面，需要开展跨学科、跨行业、跨技术、跨业务领域的研究和合作，推动 VR 技术和人工智能技术融合、生物技术与人工智能技术融合等，实现混合智能发展。把机器人多模态的感官感知全部融合起来，实现不同技术的融合和协同仍面临诸多困难。在当前阶段，仍需谨慎处理人类与 AI 机器人之间的交互，并根据不同的语境和场景对其进行适当的解读。

（二）数据与技术迭代增加监管成本，数字化转型已成必然

在海量数据互联的大背景下，AI 不断探索和创新应用场景、优化和调整算法模型、精准地处理和分析数据，数据与技术迭代作为 AI 领域的重要手段，正逐渐推动世界的数字化转型。但数据与技术迭代仍面临着挑战和问题，涉及数据隐私保护、算法的公平性和可解释性提升等。一方面，核心算力基础设施建设需要持续投入巨大的财力、人力，涉及国家、资本、科技巨头之间的竞争，这会在客观上导致算力集中。有分析指出，更大的 AI 模型也会带来更高的训练成本，包括雇用高科技人才的支出、使用大数据和大算力的经济成本等，而当模型

的参数规模增长 10 倍时，其性能往往得不到显著提升。另一方面，数据关联、数据共享尚未成熟，数据资源的价值未能被有效释放与充分发掘，而 AI 技术的发展又十分依赖于数据集的质量和数量，地缘政治甚至逐渐成为影响全球数据资源供给的重要因素。此外，在 AI 技术的加持下，元宇宙、区块链等相关技术在生活消费和公共服务等领域广泛应用，已经形成一批难以监管的新模式和新业态。

（三）发展不平衡与理念分歧扩大 AI 鸿沟，业界呼吁达成统一共识

AI 被誉为引领科技变革的通用型技术，同时也是一项颠覆性技术。目前，全球各国政府正在研究制定或已经出台相关战略，推动 AI 在民用和军事安全等领域的发展。值得注意的是，从全球已经形成的体系来看，AI 发展仍不平衡，在 AI 领域，发达国家处于中心，发展中国家和欠发达国家居于半边缘和边缘位置。未跟上 AI 发展步伐的国家，甚至可能无法应对 AI 对经济社会的冲击，比较典型的问题就是人口劳动力危机，其会对国际经济和安全秩序产生根本影响。联合国和国际劳工组织在 2024 年共同发布报告《关注 AI 鸿沟：塑造未来劳动世界的全球视角》指出，随着全球经济加速向人工智能驱动转型，欠发达国家面临着被远远落下的局面，这会加剧其与发达国家在经济和社会发展方面的鸿沟。AI 技术的不平衡应用正成为远超经济增速本身的关键性问题。国际电信联盟（International Telecommunication Union，ITU）的数据也指出，南方国家的互联网普及率仅为北方国家的一半，宽带接入速度普遍较低，数字技能培训体系尚不完善。这种差距使得南方国家在 AI 技术的应用与发展中处于劣势，进一步扩大了南北之间的数字鸿沟。有专家建议，不仅需要重视 AI 引发的与伦理、失业等直接相关的问题，更应注重全球 AI 治理问题，重视 AI 在全球层面发展不平衡、不平等的问题，呼吁国际社会助力广大欠发达国家更好地抓住 AI 发展机遇，在人才培养、技术转移和应用创新等方面达成共识。

（四）网络威胁持续演进与变种，推动智能安全产业迈入新阶段

引领新一轮科技革命和产业变革是 AI 的"A面"，让人惊叹、惊喜，但它的"B面"正引发一场看不见的网络威胁攻防战。多家科技巨头与组织机构纷纷发声，提醒注意 AI 引发的网络威胁持续演进与变种。在行业内部，2024 年 3 月，格莱斯顿人工智能公司发布《纵深防御：提高先进人工智能安全保障的行动计划》。该行动计划指出 AI 正呈指数级发展，可能会对人类构成"灭绝级威胁"，并要求美国政府必须迅速、果断地采取行动，以避免 AI 带来的重大国家安全风险。2024 年 5 月，超过 350 名人工智能领域的行业高管、研究人员和工程师签署并发表公开信，称 AI 可能给人类带来"灭绝风险"。世界经济论坛在 2024 年初发布的最新一期《全球风险报告》中称，虚假和误导性信息在尖端 AI 的加持下，成为全球经济面临的首要直接风险。与风险的产生相对应的则是相关安全产业的进步和飞跃。中国信息协会信息安全专业委员会指出，全球范围内 AI 引发的数据泄露、网络攻击、模式误导、学习反噬等安全风险日益凸显，已成为影响和制约 AI 高质量发展的障碍。

（五）纷繁复杂的"小多边""小圈子"限制发展，开展 AI 治理国际合作迫在眉睫

当前，全球 AI 治理呈现出明显的"小多边""小圈子"倾向，这严重限制了全球 AI 的发展步伐与治理成效。2023 年 5 月，七国集团发布的联合声明提到，要以价值观划线来推动前沿科技的发展，推动实施 AI 治理，意图构建科技"小圈子"，阻止中国参与 AI 等技术标准的制定。此外，据彭博社报道，2023 年底，荷兰芯片设备制造商阿斯麦（ASML）表示，在美国限制向中国出口芯片设备后，荷兰政府已吊销向中国出口部分芯片制造设备的许可证。同时，在美国的施压下，阿斯麦还取消了价值数千万美元的对华光刻机出口合同。而与之相反，中国作为世界 AI 主要的创发基地之一，走的则是一条 AI 发展、

AI 全球治理之路。美国斯坦福大学发布的 AI 指数报告显示，中国已经拥有全球顶尖的 AI 专家，在发表论文总量居于世界前十的机构中，中国的机构有 9 家。腾讯、阿里巴巴和华为等已经成为在全球 AI 研究领域排名前十的公司。各国应允许和承认差异化，摒弃"一家独大"的私念，共同制定推进 AI 发展的基本准则和规则，寻找共同的价值基础，让 AI 造福人类社会。

第四节　AI科技革命风起云涌，互联网与智能化融合迸发活力

近年来，互联网及软件行业的各种技术日新月异，行业趋势不断变化，AI科技革命也推动互联网与智能化融合并迸发出新活力，如何从技术层面和商业层面有效助力产业升级，成为行业关注的重点与焦点。

一、智能化应用与产业协同融合

当前，数字经济的快速发展给AI产业创造了良好的发展环境，提供了有效的技术支持。AI与5G、云计算、大数据、元宇宙等技术融合创新，成为赋能行业发展的新型基础设施，为数字经济发展和产业数字化转型提供底层支持，涵盖数字金融、智能制造、数字资产等多个领域。可以说，AI的引入从根本上改变了人、场、物的生产方式，从而实现了生产的规模化、批量化。国内外的智能化应用与产业协同融合发展主要体现在以下两个方面。

（一）自上而下的政策引导助力AI产业加速发展

为实现AI产业健康发展，美国、中国等国家纷纷通过政策立法、行政干预等手段推出了国家层面的AI顶层设计和战略支持方案。本节重点关注各国基层政府部门在AI宏观政策引导下支持和助力AI产业发展的举措。在国外，以美国为例，其通过企业自我承诺和自我规制的方式构建柔性的AI产业监管框架。部分州政府已经开启AI立法之路，加利福尼亚、伊利诺伊、得克萨斯和科罗拉多等州都在陆续推进相关立法工作，涉及面部识别技术、保险行业自动化决策、就业相关问题等。同时，美国国家超级计算中心和AI领域的诸多龙头企业联合组建了TPC（Trillion Parameter Consortium，万亿参数联盟）——由来自全球的科学家组成，目标是推进研发用于科学发现的AI模型。在国内，多地密集发布AI利好政策，以打造数字经济新业态。北京

市陆续发布《北京市通用人工智能产业创新伙伴计划》《北京市加快建设具有全球影响力的人工智能创新策源地实施方案（2023—2025 年）》《北京市促进通用人工智能创新发展的若干措施》等重磅文件，从鼓励与引导行业发展的角度，围绕创新发展共性需求，进一步统筹资源，全面推动人工智能自主技术体系建设及产业生态发展。上海市发布《上海市推动人工智能大模型创新发展若干措施（2023—2025 年）》，旨在推动上海市的大模型创新发展，营造通用人工智能创新生态，加快打造世界级人工智能产业集群。2024 年 5 月，广东省人民政府办公厅发布《广东省关于人工智能赋能千行百业的若干措施》，旨在促进人工智能产业高质量发展，加速形成新质生产力，构建现代化产业体系，赋能千行百业提质增效。

（二）AIGC 成为全球研发和业界关注的焦点

2024 年以来，全球范围内的大模型持续升级迭代，国外的 Sora 与国内的 Kimi、昆仑天工 AI 等都在不断推动 AI 进一步发展，科技巨头和企业纷纷跑步加入赛道，聚焦 AIGC 的研发。国内方面，具备雄厚资金储备和长期技术积累的科研院所及大模型企业对标国外大厂，着力推动通用大模型的创新突破和自主研发。据《华尔街日报》报道，中国 AI 创业公司发布的大模型表明，其追赶美国领先 AI 大模型的速度要比业内许多人预期的更快。如腾讯表示，其在 2024 年 11 月发布的"混合专家"（MoE）模型可媲美元宇宙公司推出的 Llama 3.1 模型；深度求索发布的大模型 DeepSeek 受到国内外的广泛关注；初创企业月之暗面表示，其开发的一款专注数学的模型在性能上已接近 o1 模型。国外方面，微软、谷歌、元宇宙等科技巨头也在加大对人工智能领域的投资。微软持续押宝 OpenAI，向其投入的战略资金高达上百亿美元。在 ChatGPT 推出后，微软迅速将其功能整合到自己的搜索引擎、办公软件等产品中。谷歌全面升级 Bard，推动重大部门重组，利用 AIGC 领域的成果强化谷歌智能助手等产品的功能。元宇宙公司宣布成立 AI 初创企业 xAI，并推出了旗下首个大模型——Grok，旨在与 OpenAI 对垒和挑战其主导地位。此外，随着 AI 研究的前沿转向，市场对高性能 GPU 芯片的强烈需求导致以英伟达为首的芯片公司大热。目前，英伟达的股价一路攀升，跻身万亿美元市值"俱乐部"；芯片厂商 AMD 公司也加入 AI 芯片竞争。

二、互联网与智能化融合趋势展望

新一代 AI 不仅自身在快速发展，而且与互联网紧密互动、融合创新，对经济发展、社会进步、国际政治经济格局形成等方面产生重大而深远的影响。预计未来的互联网与 AI 融合会产生更多新应用、创造更多新能力，推动经济社会高质量发展。

（一）带来新机遇，产业竞合与淘汰现象不断涌现

伴随计算机技术与 AI 技术的研发突破，新一轮的发展热点逐步显现。这些技术不断进步并加速融合渗透，推动生产方式、组织形态、商业模式等变革与重塑。一方面，AI 与互联网深度融合将赋予场景和应用更强大的语言学习和理解能力，提高网络态势感知与识别能力，改善数据传输存储等性能，由此产生的海量数据与内容亦将催生更多的新应用、新业态，开启虚实相融、产业互联、价值互联的新世界。人民网研究院推出的《智能互联网发展报告》指出，智能互联网在经济社会发展的各个领域都将开辟更丰富的应用场景。随着产业互联、虚实互联、价值互联的强化，公众的衣食住行、教育诊疗，企业的生产、销售、服务、办公，供应链的仓储、配送，社会治理的诉讼服务、政务服务、基层管理，科技研发与创新探索等都将加速推进，智能互联网行业应用持续拓展。另一方面，AI 与互联网深度融合将加速行业与产业的竞合与淘汰，实现行业的优胜劣汰。AI 技术的进步和市场化进度加快，吸引更多参与者入局，技术创新、人才招募、数据资源获取和市场份额占领方面的竞争日益加剧。这或许会导致部分入局者兼并和重组，加速行业资源整合和市场格局重塑。此外，由于受制于数据、技术、硬件等因素，各大 AI 开发商在数据共享、技术交流和模型优化等方面的合作也成为必然趋势。当下国内大模型产品的数量已远超现实需求，这势必引发市场淘汰机制。有专家表示，当前国内大模型

产品的数量还在爆发式增长阶段，但未来达到某一数量级后或会下降，出现边际递减效应，最终存活下去的大模型产品应有鲜明的技术特色和应用特色。

（二）引发新威胁与挑战，安全治理趋严、趋紧、趋难

AI 与互联网深度融合将持续挑战伦理道德、价值观念和法律规则，并对其产生一定影响，推动社会向着更加智能化、便捷化的方向发展。值得注意的是，在这个过程中，要防范由此引发的政治安全风险、意识形态安全风险、文化安全风险等，促进智能互联网可持续发展。一方面，新型威胁与挑战将在互联网和 AI 深度融合下变种和演化。在信息传播方面，AI 在互联网的加持下，持续成为西方话语在全球循环、放大及强化的助推器，成为其他国家话语国际传播的新障碍；在安全和伦理方面，需防范 AI 模型和技术被黑客滥用、算法黑箱、数据泄露等问题，同时要密切关注 AI 训练数据中可能存在的偏见问题。在产业结构方面，AI 驱动的产业结构智能化升级或带来就业层面的突出变化，并使得相关群体间的利益关系发生改变。另一方面，AI 为国家治理的上下互动、相互协调等提供重要工具，但也带来技术规范、科技伦理和社会风险等方面的问题及挑战，这使其成为新的治理对象，国家需及时制定规范，引导其有序发展。中国传媒大学新媒体研究院发布的《中国智能媒体创新发展报告（2022—2023）》指出，若人们只是机械地消费 AI 生成的内容，缺少深入思考和理解，将会导致浅薄化的信息消费，同时给行业监管带来巨大挑战。毕马威公司发布的《人工智能全域变革图景展望：跃迁点来临（2023）》指出，AI 安全治理呈现出趋严、趋紧、趋难三大特征。在此背景下，中国、美国、欧洲作为 AI 发展的领军国家和地区，正积极开展相关立法工作，呈现出政策法规先行、监管趋严等特征。

（三）实现网络智能化，"人机物"三元融合是关键

当前，越来越多的实体经济和新兴产业希望借助网络智能化实现

转型升级。在消费端，人们已不再满足于生活、社交、娱乐、电商消费等层次的 AI 应用现状，更多地转向追求 AI 驱动的精神层次的满足。诸如 AI 心理陪伴数字人、AI 社交机器人等产品应运而生，极大地丰富和满足了人类的精神需求。在产业端，在产业互联的基础上，实体行业的一些垂直类 AI 应用不断深化落地，推动产业逐渐走向数字化、智能化。市场分析人士也指出，从 AIGC 技术发展阶段和场景应用成熟度进行综合考量，面向商业端的垂直类行业场景的解决方案应用有望成为风口。值得注意的是，不论是在消费端还是产业端，实现网络智能化最关键的都是处理好"人机物"的融合关系。人是决策者和主导者，负责指导和控制 AI 的行为，并根据不同的语境和场景对其进行适当的解读和理解，AI 则根据预设的规则、算法和数据进行运算和决策。随着 AI 的发展，更复杂、更智能、具备更高级别交互能力的 AI 系统可能会出现，这需要我们更审慎地处理"人机物"三元融合的交互关系。

（四）助力 AI 治理国际化，建立全球监管框架势在必行

世界各主要国家已经把发展 AI 作为提升国家竞争力、维护国家安全的重大方略，加紧出台政策规划，围绕发展 AI 所需要的关键核心技术、顶尖人才、标准规范等展开积极部署，力求在新一轮国际竞争中牢牢掌握主导权。由此，全球 AI 治理也迎来了大变局。各国在 AI 监管的原则与方式上仍存较大差异，且由于 AI 政策与地缘政治、经济竞争等因素紧密交织，全球层面的 AI 监管合作目前仍未取得具体成果。各国对数据、算力和算法等新地缘政治战略资源的掌握能力的差异，也会打破国家间的力量平衡，导致国际政治经济新格局形成。这可能导致全球 AI 监管政策更加碎片化，增加相关企业的合规成本并阻碍创新，也可能产生监管漏洞，从而导致 AI 风险扩散。由此可见，建立全球范围的 AI 监管框架势在必行。

（五）催生通用人工智能，模型即服务成核心

当前，AI 正处于从专用智能迈向通用人工智能（Artificial General

Intelligence，AGI）的新发展阶段。与专注于图像识别、语音合成、自然语言处理特定任务领域的 AI 相比，AGI 更强调跨领域的知识和技能，能处理更加复杂的任务和问题，其应用领域也更加高端，包括军事、航空、科研等。可以说，AGI 作为 AI 的理想形态，拥有强大的信息理解、知识学习、场景适应和知识应用能力，在广泛的场景或任务中表现出与人类智能相同甚至更高的水平。模型即服务（Model as a Service，MaaS）是指以云计算为基础，将大模型作为一项服务提供给用户使用的新业态，能够降低 AI 应用开发门槛。中关村产业研究院指出，在商业模式方面，大模型推动了 AI 的工业化进程，正在重塑现有的商业模式，未来将形成以 MaaS 为代表的新型商业模式。腾讯研究院 2024 年 5 月发布的《向 AI 而行，共筑新质生产力——行业大模型调研报告》提到，一些与工作流程深度耦合的人工智能体（AI Agent）已经开始涌现，有望逐步发展为各行各业不可或缺的新型生产力工具。同时，随着 AI 应用的深入，模型的规模将持续扩大，类型将更加丰富，复杂性将不断提升，MaaS 将日益成为行业用户在云端享受智能服务的主流方式。

三、互联网与智能化融合再思考

当前，互联网已成为服务人类、促进人类发展的重要支柱，智能化系统被广泛应用在生产、生活的多个领域。随着互联网与智能化融合的逐渐深入，以人工智能为代表的前沿科技成为社会变革的重要内驱力，在产生新形态、新业态，促进新产业、新协作等方面发挥巨大作用。对于未来的互联网与智能化融合之路，笔者有以下几点看法。

（一）健全现行顶层设计和统筹方案，谋划智能化发展战略，引导产业、行业有序健康发展

政府作为推动智能化应用的主导者和推动者，应做到以下几点。一是通过出台相关政策法规，对与 AI 相关的技术和内容进行正面价值引导、监管并治理，对 AI 的研发者、管理者和使用者的行为进行规范。二是积极发挥统筹协调和示范引领作用，形成政府、社会组织、

企业、群众等多利益攸关方共同参与的发展格局，努力打造 AI 计算中心、AI 产业创新中心等先导示范区。三是开展相关领域的法规研究，在现有法规基础上制定、细化和完善网络智能化监管框架，明确使用智能化应用的边界、限制与责任；四是完善相关监督机制和配套制度，特别是对伦理道德、数据隐私、算法透明度等进行监督，确保相关内容符合道德和社会主流价值观；五是加强对公众在使用智能化应用方面的正面宣导，提高其风险认知和是非甄别能力，防范技术滥用、虚假信息传播引发的意识形态危机，避免信息茧房、算法利维坦等风险出现。

（二）以网络智能化融合为基石，加快 AI 与产业深度融合，打造人类新生存图景

随着互联网的触角向物理世界延伸，以计算机为代表的智能机器已不仅仅是人类的工具，它们已经融入人类的文化、经济与生活中，人机共生转向"人机物"三元融合。随着人机交流的逐步深入，人与机器之间的关系也将面临从需求式互动到情感交流的转变。一方面，要构建以人为本的 AI 产业范式，考虑基于云计算、大数据、物联网、移动通信、光子信息等技术，实现人机物交互融合，为公众提供高质量、低成本、安全可靠的个性化服务。另一方面，考虑通过人机协同合作，既关注网络互联、数据共享和信息技术应用，又更加强调人的主观能动性和作用。未来的网络智能化将不断促进人类社会发展，以促进"人机物"三元融合为方向，创新发展模式、生产方式和生活方式，塑造促进人类永续发展的知识文明形态。

（三）跟踪和关注新安全威胁，探索技术发展新路径，确保 AI 可管可控

为有效防范和化解网络智能化引发的安全风险，国家应确保将 AI 技术牢牢掌握在自己手中，继续探索技术发展新路径，构建符合国情的 AI 安全体系。一方面，推动建立 AI 安全标准，打造可信赖的 AI 安全框架，从满足安全保护的需求出发，整合 AI 安全技术与管理体系，

构建新时代下的 AI 安全体系、框架和标准。另一方面，推动 AI 相关软硬件技术自主可控，以确保传感器、智能芯片、基础算法等重点技术安全可控为发展目标，实施重大技术攻关工程。同时，从云计算、大数据和机器学习等关键技术入手，化解基础安全风险。在 AI 的基础层、技术层和应用层设计一体化、全方位的安全技术架构，探索 AI 应用的最佳安全实践，保障相关研究与产业化应用同步推进。

（四）顺应网络智能化发展新趋势，立足智能化创新研究，有的放矢、善治善为

当前，产业的发展重心已经开始向实现 "X+AI" 转移。随着传统行业数字化转型升级的推进，海量的数据和丰富的应用场景将为 AI 的发展创造空间。在行业层面，要持续推动技术向善，加强行业自律自治，促进网络智能化健康发展。一方面，确保产品的算法、软硬件及服务等可监管、可溯源；另一方面，行业组织应为防范相应的风险制定规范和保障措施，保障行业安全发展。此外，还可发挥组织、协会、联盟等的作用，优化和整合资源，推进资源的共建共享，实现产业的良性发展。在技术层面，在推进 AI 融入基础设施方面，通过 AI 融入计算中心、云平台及开放平台等手段，深度赋能大模型，提高 AI 在各行业的渗透率，继而扩大 AI 的服务及辐射范围。在人才创新培养层面，要通过支持和鼓励高等学校、科研院所和头部企业等参与主流 AI 框架搭建，通过共建联合实验室、卓越创新中心等方式，开展基于 AI 框架的理论教学、实验实训及项目合作等，切实做到 AI 应用有的放矢、AI 科技善治善为。

（五）深化互联网治理的国际合作，强化智能化标准体系建设，贡献中国智慧

目前，我国已初步建立起具有中国特色的网络智能化规范治理体系，但受制于全球大环境，该体系在技术水平、成熟度等方面仍存在短板和不足。一是要加强有关技术研究的国际合作，跟踪国内外最新技术成果，通过设立国外研究中心、参加国际交流会议、与先进国家

建立交流机制等方式，针对脑机接口、超人工智能等开展研究。二是要积极参与国际上关于 AI 相关标准的制定，在竞争中寻求合作共赢，制定共同遵守的 AI 道德规范，避免滥用、误用 AI，规避算法黑箱、数据隐私泄露、伦理道德冲突、知识产权冲突、信息茧房等引发的安全风险。三是立足实践问题，拓宽全球视野，构建出一套旨在"让技术造福人民"的中国治理体系，实现政治安全、社会稳定、技术创新的平衡，保障国家安全、公共利益和公民权利。

参考文献

［1］ 周苏，张泳 . 人工智能导论 [M]. 北京：机械工业出版社，2020.

［2］ 罗锦钊，孙玉龙，钱增志，等 . 人工智能大模型综述及展望 [J]. 无线电工程，2023（11）：2461-2472.

［3］ 张乾君 . AI 大模型发展综述 [J]. 通信技术，2023（3）：255-262.

［4］ 李旭光，胡奕，王曼，等 . 人工智能生成内容研究综述：应用、风险与治理 [J]. 图书情报工作，2024，68（17）：136-149.

［5］ 聂童 . ChatGPT 生成式 AI 的法律风险及合规 [J]. 互联网天地，2023（3）：29-33.

［6］ 郭全中，张金熠 . AI+ 人文：AIGC 的发展与趋势 [J]. 新闻爱好者，2023（3）：8-14.

［7］ 李白杨，白云，詹希旎，等 . 人工智能生成内容（AIGC）的技术特征与形态演进 [J]. 图书情报知识，2023，40（1）：66-74.

［8］ 陆小华 . ChatGPT 等智能内容生成与新闻出版业面临的智能变革 [J]. 中国出版，2023（5）：8-15.

第二章

虚拟数字人产业崛起

作为一种存在于网络空间中的虚拟存在，虚拟数字人拥有类似人类的多种特征和能力，如高辨识度的外观形象，高度个性化的语言、表情和流畅合理的肢体动作，甚至拥有自己的专属"人设"。虚拟数字人不仅可以复刻真人的音色，还能实时调整语调和节奏，预测文本情绪、赋予情感张力，在表情、语调、口型方面与真人达到高度一致，令人难以辨别。随着数字孪生、人工智能技术的发展，虚拟数字人产业快速崛起，取得了显著成果，但仍面临一系列挑战。比如，虚拟数字人可能引发社会伦理问题；虚拟数字人形象设计同质化现象严重，缺乏个性化创新；版权法律风险和隐私保障问题日益凸显。为应对这些挑战，虚拟数字人产业需要不断创新，提高技术水平，完善相关规则，确保健康有序发展。

第一节 虚实融生的行业发展现状

从 2001 年《青娜》正式登上银幕以来，中国的虚拟数字人产业已经走过了 20 多个春秋。从虚拟歌手"洛天依"到短剧偶像"柳夜熙"，虚拟数字人的模样越来越逼真，表情越来越丰富，个性越来越鲜明。随着虚拟数字基础设施的不断完善，用户对虚拟数字人的认可度不断提高，中国的虚拟数字人市场呈爆发式增长。

这种增长不仅证明了虚拟数字人产业拥有巨大的发展潜力，也反映出相关技术和应用取得了长足进步。而生成式人工智能技术及应用的涌现，为虚拟数字人产业的发展提供了更广阔的空间。在这一背景下，虚拟数字人产业的发展引起了广泛关注。

一、虚拟数字人的概念与能力

目前，关于虚拟数字人的具体定义，学界尚未达成共识。一般认为，它是一种集多种技术与创意于一体的新兴产物，涉及机器学习、游戏开发、艺术创作和人工神经科学等跨学科合作。有人认为，虚拟人指以数字形态存在的虚拟人物，它依赖显示设备而存在，但拥有和人相似的相貌、举止以及思想；而数字人则强调虚拟人物的三维立体感，也就是一个复杂的三维人体模型，可以在外观（如皮肤褶皱或头发纹理）上和运动（如高速移动和光影变幻）方面产生逼真的效果。

随着人工智能技术的发展，虚拟数字人逐渐拥有强大的交互能力，甚至可以理解现实世界中人类的复杂思想，从而不再是一种只能被动配合人类的简单工具。德国马克斯·普朗克研究所的专家们认为："虚拟人不仅仅是一种有用的人工制品。我们将其视为了解我们自己的工具。如果我们能在虚拟世界中模拟出一个虚拟人，其行为方式与真实的人类无异，那么我们就可以断言，我们已经捕捉到了人类的某些特征。"

二、虚拟数字人的产生与发展

有学者认为，作为一种模仿人的工具，虚拟数字人的原理最早可以追溯到仿生机械的诞生，这种机械设备往往与被模仿的生物具备一定的相似性，目的是帮助人类完成一些简单重复的工作。而随着生活水平的提高，人们开始要求仿生设备满足生活娱乐需求。1927年，世界上出现了最早的非玩家角色（Non-Player Character，NPC），这也被认为是数字人虚拟化人格的雏形。NPC与玩家操控的角色有着本质的区别，在屏幕中，它们仿佛拥有了真实生命，能够敏锐地捕捉到玩家在游戏中的一举一动，并据此做出独特而富有情感的反应。随着计算机技术，特别是人工智能的发展，NPC逐渐被塑造出自身独特的角色特征，像是拥有了真实的个性和情感。在玩家的眼中，NPC已经不再是简单的游戏元素，而是具有鲜明虚拟化人格特点的独特存在。

20世纪中期，美国平面设计师、计算机图形学领域的先驱威廉·费特（William Fetter）开始探索计算机动画中人物的透视基本原理，并成功将虚拟人物绘制成三维模型。威廉·费特在1964年计算机动画短片中刻画的飞行员（又称"波音人"），成为首个登上荧屏的数字人。到20世纪80年代，技术的进步让一些电影制作人看到了虚拟数字人电影的潜力。1982年，菲利普·伯杰龙（Philippe Bergeron）、纳迪娅·马格尼纳特·塔尔曼（Nadia Magnenat Thalmann）和丹尼尔·塔尔曼（Daniel Thalmann）共同制作了一部电影——《梦幻飞行》，该影片完全借助MIRA图形语言编程，描绘了一个人从巴黎飞越大西洋到达纽约的场景。1987年，为庆祝加拿大工程学会成立100周年，由加拿大贝尔公司和北方电信公司赞助的大型活动在蒙特利尔艺术广场举行。纳迪娅·马格尼纳特·塔尔曼和丹尼尔·塔尔曼为这次活动模拟了玛丽莲·梦露（Marilyn Monroe）和亨弗莱·鲍嘉（Humphrey Bogart）在蒙特利尔老城咖啡馆会面的场景，制作了名为《蒙特利尔的约会》的电影。《蒙特利尔的约会》对玛丽莲·梦露和亨弗莱·鲍嘉进行了细致的三维模拟，成为第一部呈现模拟明星的电影。

进入21世纪，中国的虚拟数字人产业进入快速发展期。2001年

10月，我国首部全数字电影短片《青娜》在中华世纪坛首映，尽管该影片只有5分钟，且未能取得理想的商业效益，却成功地填补了中国数字制作领域的空白。2012年7月12日，虚拟歌手"洛天依"正式"出道"，并成功改写了国产动漫娱乐产业的版图。从第一场线上个人演唱会，到在央视春晚的首次亮相，被誉为中国虚拟数字人"元老"的"洛天依"成功"出圈"。她凭借特有的表达方式，将中国经典文化与当代年轻人的潮流文化有机融合，赋予这种融合更多国际化意义，成为中国虚拟数字人产业的"破冰者"，也刺激更多创作者进入这一行业。

近年来，随着元宇宙的火爆，虚拟数字人产业进入加速发展期。罗布乐思（Roblox）公司共同创始人兼首席执行官大卫·巴斯祖奇（David Baszucki）认为："在元宇宙中，用户首先需要有一个虚拟身份的形象，不管是摇滚明星还是时尚模特。同时你还可以在元宇宙里社交，这必须是'具有沉浸感'的。"大卫·巴斯祖奇身体力行，将他主导运营的Roblox社区定义为多人在线3D创意社区，要求用户通过社区提供的编辑工具和素材创建自己的虚拟角色，与"社区伙伴"相互交流、共同成长。不少公司和个人都纷纷入局，开始打造属于自己的"虚拟数字人"。

也正因如此，虚拟数字人产业正逐渐从主要面向B端市场转为面向直接服务广大消费者的C端市场。在生成式人工智能快速发展之前，虚拟数字人被普遍认为是技术、人才密集型行业的产物，其产品需要专业运维团队来制作和维护，因而主要面向企业端用户，如社交媒体中的虚拟主播、服务行业中的虚拟前台等。而随着现代智能工具的发展，虚拟数字人产品已经利用基于物理的渲染技术实现了与普通用户的实时交互，其易得性大幅提高。同时，面向C端市场的虚拟数字人产品如雨后春笋般出现，涵盖教育、游戏、医疗等领域，由广大用户创作和使用的虚拟数字人将成为行业发展的新蓝海。

三、虚拟数字人的创作与分类

虚拟数字人的设计和运作涉及多种前沿技术，包括计算机图形学、物理引擎和渲染、深度机器学习和语音智能合成等。总体而言，虚拟数字人的创作可分为真人驱动型和人工智能驱动型。真人驱动型主要使用动作捕捉技术，即让动作捕捉演员穿戴动作捕捉设备进行实时表演，观看被同步到虚拟人渲染软件中的相关数据，再通过调整背景、镜头、序列帧范围、分辨率等操作，生成数字产品。而人工智能驱动型主要依赖人工智能技术自动生成，是大模型技术充分赋能的典型应用。近年来，随着机器学习的相关训练取得了重大突破，广泛易得的多模态数据（如新闻文章、社交媒体、音频、图片、视频等），算力更强、成本更低的 CPU 和 GPU 计算集群，以及相关领域的专业人才均呈现井喷之势，这促使这种类型的虚拟数字人取得了长足的发展。从理论上来说，如果有足够的数据和计算能力，深度学习模型将极其强大，可以生成无限接近于现实的视频、图片、音频、文本等。

虚拟数字人产业的多数从业者，特别是产品经理，深受二次元文化和现代审美的影响，同时虚拟数字人面向的主要消费群体也是"90后"，甚至"00后"的年轻一代，因此该行业形成了独特的年轻化产业生态。由于虚拟数字人是虚拟形象，不必拘泥于现实条件，因此年轻的创作者们赋予了虚拟数字人各种大胆的设计风格——既可以是二次元动漫风格，也可以是类人渲染、超写实或未来科幻风格。在视觉维度上，创作者既可以使用简单朴素的平面设计，也可以使用现代工业软件构造复杂的三维模型。

2024 年，虚拟数字人产业呈现出专业生产内容产业加速演进、用户生成内容模式多元创新、AIGC 内容迅速增加的发展趋势，其产品既可用于提供特定功能和服务，也可扮演特定角色。目前，活跃在主流市场的虚拟数字人可大致分为以下 5 类。

（一）时尚型——潮流前线的时尚达人

时尚型虚拟数字人有着能够以假乱真的人类样貌，配以各种潮流的穿搭，每天活跃于国内外各大社交媒体（如国内的小红书、国外的Instagram）。这类虚拟数字人主要以图文的形式向受众展示"科技美学"，如阿里巴巴首个虚拟员工 AYAYI、日本"网红"博主 IMMA 等。

（二）歌舞型——才艺俱佳的虚拟偶像

歌舞型虚拟数字人往往有着美妙的歌喉、精湛的舞技，甚至能够独立撑起一场晚会。运营团队打造这类虚拟数字人需要一整套动画制作解决方案，如由动作捕捉演员通过穿戴动作捕捉设备进行实时表演，再利用专业的渲染软件完成高清短视频的制作。此外，运营团队还需要有较强的歌舞创作力，可以源源不断地推出新作品以保持虚拟偶像的热度。这类虚拟数字人的发展时间较长，发展得较为成熟，如"出道"多年的老牌偶像"洛天依"、虚拟偶像团体 A-Soul。

（三）演员——独具个性的影视明星

2021 年 10 月 31 日，一位名为"柳夜熙"的"美女"用其抖音账号发布了一条长达两分钟的悬疑类视频，一夜之间"圈粉"百万。而她正是首个靠出演影视作品"出圈"的"现象级"虚拟数字人，引领了数字人短剧的潮流。这类虚拟数字人往往以短剧演员的角色出现，其出演的短剧在剧情编排和动画制作方面的水准不亚于院线电影，有的甚至还融入了多元宇宙的元素，完美展现了现实与科幻的碰撞。

（四）分身流——真实人物的虚拟分身

分身流虚拟数字人往往是名人在虚拟世界中的"数字化身"，目前多以明星的虚拟形象出现。由于和流量明星有着千丝万缕的联系，这类虚拟数字人天生就拥有一定的粉丝基础，而且它们的各项特征往往围绕明星在现实世界中的"人设"来打造，有一种特有的"鲜活感"。

（五）工具人——高效率的实干员工

"工具人"一般外表比较朴素，形象具有亲和力，往往是为了帮助企业或社会组织降低人力成本、提高运营效率而被制造出来的。这类虚拟数字人一般以"数字员工"的身份出现，根据不同需求具备不同的能力，如回答客服问题、处理简单的数据或报表等。如万科年度最佳新人奖的获得者——崔筱盼，在系统算法的加持下，实现了催办预付应付逾期单据高达 91.44% 的核销率。

第二节　生成式人工智能技术助力虚拟数字人产业快速迭代

2023 年初，沉淀已久的 GPT 大模型风靡全球，在全世界掀起了生成式人工智能技术发展的新浪潮。被赋予无尽想象和可能的生成式人工智能技术不仅影响人类的生活和生产方式，也为各行各业的创新发展和转型升级提供了新的工具与视角。作为当前生成式人工智能技术应用的重要载体，基于模仿人类而生的虚拟数字人产业自然成为这场变革中的前沿阵地。

一、生成式人工智能技术赋能虚拟数字人

生成式人工智能技术对虚拟数字人的赋能体现在两个方面。

（1）赋予虚拟数字人无须人工干预的自动交互能力，使其能够提供多模态交互体验。在传统的自然语言处理技术下，虚拟数字人与用户的交互方式局限于文本、语音等单一形式，而且严重依赖储存好的固定数据，主要产品形态为聊天机器人。随着生成式人工智能技术及应用向多模态的升级迭代，自然语言处理能力与计算机视觉、图片与音视频生成能力得到有效结合，基于庞大数据库训练产生的大模型具备了一定的"自主研判能力"，能够为用户提供拟人化的交流体验。

（2）帮助实现虚拟数字人的创建、驱动与内容生成"一站式"全流程。传统的虚拟数字人的核心技术流程主要包括计算机图形学（Computer Graphics，CG）建模和自然语言处理（Natural Language Processing，NLP）交互技术，前者运用计算机技术完成虚拟数字人外观设计，后者用于建立对话交互能力。随着生成式人工智能技术的出现，上述基础工作都可以由计算机来辅助完成。

以 OpenAI 公司的文本生成视频大模型 Sora 为例，该模型可以根据输入的文本指令生成一段画面清晰、细节合理、逻辑流畅的短视频。作为继 ChatGPT 之后 OpenAI 推出的又一划时代的产品，不少人认为

Sora 是第一个可以创造出真正具有"实用价值"的视频的大模型，理由如下。

（1）自动生成"长视频"。此前，Runway 或者 SDV、Pika 等程序只能自动生成 3~4 秒的"短视频"，实际上还停留在验证技术可行性的阶段，用户主要将其视为娱乐工具，Sora 则实现了用一句话生成 60 秒高清长视频，成为真正的生产力工具。

（2）移形换镜"多角度"。Sora 可以在生成的视频中呈现多角度的镜头，镜头切换流畅且符合逻辑，Sora 甚至还能模拟人工摄影中的运镜效果。

（3）细节模拟"真实感"。此前的生成式人工智能视频大模型被人诟病的一点是，难以实现对现实世界的物理理解，视频中物体的运动明显不符合现实世界的法则。而 Sora 的出现意味着 OpenAI 已经成功将物理引擎引入视频大模型领域。Sora 发布的多个视频显示，通过插入功能强大的游戏渲染引擎，该模型已经可以自主理解物体在现实世界中的存在，甚至能通过模拟物体运动时产生的光影变化、空气动力学对物体位移的影响以及展示静止物体的稳定性，为用户呈现复杂场景下的视差效果。

以 Sora 为代表的生成式人工智能技术日渐成熟，意味着虚拟数字人产业迎来了一个全新的"跃迁时代"。只要一个人具备良好的逻辑思维能力，就可以借助计算机技术创造自己喜爱的虚拟角色，甚至用其打造一部完整的虚拟数字影视作品。因此有学者认为，"人人都将拥有自己的'摄影棚'"。

当前，市场上已经出现了众多人工智能大模型。例如在中国，由波形智能、浙江大学和 APUS 专门为写小说训练的垂直领域大模型 weaver，其面向普通用户的 C 端产品蛙蛙写作，可以一键创造角色或者自动生成角色，还附带详细的角色介绍、个性化的台词甚至典型的故事情节。将这些信息导入已经生成的虚拟数字角色，赋予其生命力，一个近乎完美的 AI 虚拟角色就此产生。而要让虚拟数字人动起来，也并非难事。例如，使用 Visla 等专业软件，只要输入想要的内容，它就会自动生成符合文案的视频素材，之后再借助 HeyGen 等虚拟数字主

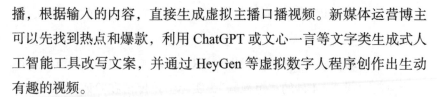

播，根据输入的内容，直接生成虚拟主播口播视频。新媒体运营博主可以先找到热点和爆款，利用 ChatGPT 或文心一言等文字类生成式人工智能工具改写文案，并通过 HeyGen 等虚拟数字人程序创作出生动有趣的视频。

通过生成式人工智能技术生产虚拟数字作品，不仅让虚拟数字创作的门槛大幅降低，更重要的是效率得以提高。只要稍加调整参数，虚拟数字人就可以在"数字流水线"上无限复制生成，大大降低了行业运营成本。以前，一个特点鲜明的虚拟数字人需要昂贵的动捕设备和渲染系统来雕琢，需要专业的运营团队来维护。而如今，借助最新的人工智能工具，一位普通的新媒体运营者也可以做到"一日三更"，甚至"一日十更"。

可以说，虚拟数字人产业已经可以做到自主生成，极大地释放了作者和运营团队的时间与精力。如今，虚拟数字人产业"扩大再生产"的最大制约因素是算力。而事实上，生成式人工智能技术的发展早就引起了互联网"大厂"对算力资源的争夺，也让相关行业的硬件设备生产商赚得盆满钵满。以英伟达为例，其生产的 A100、A800、H100等高端芯片被各大科技巨头视为训练人工智能的最强工具，其价格也一路水涨船高。在市场较疯狂的时期，一台由 8 张 A800 芯片组成的服务器，其价格可以在一周之内涨到 100 万元。2024 年伊始，最早"All in"元宇宙产业的 Meta 首席执行官马克·扎克伯格就宣布，要再次购入 35 万张 H100 芯片，使 Meta 持有的高端训练芯片数量达到 60 万张，以全力押注生成式人工智能大模型，引发了行业"地震"。此次采购费用高昂，展现了 Meta 在元宇宙时代拔得头筹的期待。

二、未来虚拟数字人的智能化趋势

未来，虚拟数字人产业将进入工具化、系统化、集约化的新阶段。在生成式人工智能技术的加持下，虚拟数字人产业呈现如下趋势。

（一）驱动方式迭代

从真人驱动型向人工智能驱动型迭代。真人驱动型虚拟数字人的面部捕捉、动作捕捉和音视频合成等均需要真人于后台配合完成。随着 AIGC 全面赋能虚拟数字人，人工智能驱动型虚拟数字人能够通过深度学习模型、神经网络渲染、自然语言处理等技术的有机结合，具有感知、表达等无须人工干预的自动交互能力，摆脱依赖真人的技术局限。同时，人工智能驱动型虚拟数字人具有根据不同应用场景进行相应的交互与内容创造的能力。

（二）应用领域拓宽

迈向工具化与系统化，拓宽应用领域。一方面，人工智能技术推动形成便捷开发、高效系统的底层技术新架构，"人工智能＋虚拟数字人"可以通过训练模型完成对不同行业知识图谱的学习与应用，为用户提供高效率、低成本的实时服务。另一方面，智能型虚拟数字人的应用领域较传统虚拟数字人更广泛，虚拟数字人未来有望从传统的虚拟偶像、游戏等核心领域，向外辐射至直播、电商、教育、医疗、文旅、社交乃至全行业。

（三）成本继续降低

走集约化道路，实现规模效益。首先，人工智能技术助力完成文本、图片、音视频等多模态内容的"一站式"智能化生成，有助于摆脱传统的真人技术对人力的依赖，降低人力成本。其次，随着底层技术新架构的工具化与系统化，虚拟数字人开发成本大幅下降，相关算法的优化迭代也将降低运营传播成本。最后，此轮大模型变革催生出的平台型基础技术架构，将大幅降低虚拟数字人的研发与推广成本，人工智能交互技术应用门槛的降低，也将带动虚拟数字人对多行业、全领域的覆盖，实现规模效益。

第三节　虚拟数字人产业问题显露

尽管虚拟数字人产业取得了显著成果，但仍面临一系列挑战。近年来，生成式人工智能技术在促进虚拟数字人产业大发展的同时，也导致隐藏的问题快速暴露出来，如虚假信息泛滥，大量信息真假难辨，甚至可能引发社会伦理问题；虚拟数字人形象设计同质化现象严重，缺乏个性化创新；版权法律风险和隐私保障问题日益凸显。

一、虚拟"分身"带来社会伦理问题

在科幻电影《流浪地球2》中，量子科学家图恒宇的女儿丫丫遭遇车祸去世，图恒宇欲将女儿的记忆永存于"数字生命世界"，让女儿在"数字生命世界"中度过完整的一生。而如今，随着虚拟数字人产业的快速发展，"数字生命"从科幻走入现实。不少人开始设想，通过建立虚拟"分身"，让身处异国他乡甚至已经过世的亲人朋友陪伴在自己身边。

2023年12月中旬，有媒体报道了我国金华市的一位父亲用AI"复活"儿子的故事，瞬间引发海内外公众的关注。这位父亲的独生子在英国念书时不幸意外过世，年仅22岁。夫妻俩陷入巨大的悲痛。随着网上关于ChatGPT和生成式人工智能技术的消息铺天盖地而来，这位父亲重燃希望，通过制作一个无限接近真人的数字形象，让儿子成功以"数字生命"的方式回到自己身边。如今，数字技术越来越成熟，用AI"复活"亲人的场景也从商业场域来到了家庭场域。

当前，市场上已经萌发出较强的用科技手段"复活"亲人的需求。重庆某技术团队负责人告诉记者，相关业务开展一年来，已收到2000多人的询问，帮助900多个家庭通过AI技术实现"团圆"，收费从几千元到上万元不等。

然而，随着用科技手段"复活"亲人的市场需求越来越大，虚拟"分身"被滥用也引起了一些专家的警惕。据媒体报道，电商平台上陆续出现一些推出"AI 复活亲人"服务的商家，有些收费仅几十元。"超级头脑"工作室创始人张泽伟认为，从 2023 年开始，每个人都可以实现数字永生，当不亚于人类的智能体被创造出来，如果你不能去消灭他，就只能选择与之共存。这无疑促使大众思考：当虚拟数字人全面侵入我们的生活，我们是否还能保持当前的社会及家庭秩序？当我们为虚拟数字人着迷的时候，会不会有更多的、真实的亲朋好友被我们遗忘？当虚拟数字人越来越逼真以至于真的拥有"自我意识"之时，我们是否还有驾驭人工智能的能力？

但反过来，虚拟数字人也为人们提供了独特的视角来审视自己。2023—2024 年，最知名的虚拟知识产权（Intellectual Property，IP）之一"柳夜熙"在开发短剧系列的道路上愈走愈远，从"AI 迷踪"系列到"数字某某"系列，"柳夜熙"一直在内容上寻找着与时下热点及时代情绪的契合点。"AI 迷踪"系列聚焦 AI 可能对人类社会道德、伦理、法制等带来的挑战，在各种出乎观众意料的反转中引导观众探讨诸多社会议题；"数字某某"系列则以虚拟人视角，讽刺人类对完美的种种追求，从完美女友、完美男友、完美员工再到完美小孩等，每一个"柳夜熙"制作的完美人类都以意想不到的方式"打脸"提出要求的人，经常看得人"汗流浃背"，也让人们从自己的数字"分身"上看到自身存在的问题，思考自己的世界观、人生观、价值观。

二、数字"新生"缺乏法律规范

随着虚拟数字人产业的快速发展，其社会影响也日益扩大。虚拟数字人产业需要承担起相应的社会责任，关注自身发展可能带来的问题，积极制定自律规范，加强自我监管，确保虚拟数字人在满足用户需求的同时，不损害社会公共利益；同时，政府和社会各界也应加强对虚拟数字人产业的监督和引导，相关部门需要主动作为，为"数字生命"厘清法律界限。

作为第一个为普通人定制"AI 数字人"的人，张泽伟已经帮助许多人创建了属于他们自己的"虚拟形象"，短短几个月就完成了 600 多单业务。这也带来了一些问题，例如，有些年轻客户选择在虚拟世界中复刻自己的偶像，虽然他们只是自娱自乐，但这种行为是否侵犯了现实明星的肖像权？有些中年客户让商家创造出自己的"年轻分身"充当自己的"AI助理"，甚至接人待客，那么这些"年轻分身"说的话能否作为商业承诺甚至法庭辩论的依据？作为自然人的数字"分身"，虚拟数字人及其附带生成的言论、文本的产权问题逐渐引起社会公众的注意。

此外，有学者提出，人们越来越难以区分真实和虚幻可能会引发一些社会认知挑战与心理影响。目前，许多虚拟数字人的制作用到了深度伪造技术，即被称为生成式对抗网络（Generative Adversarial Network，GAN）的机器学习模型，通过将图片或视频合并叠加到源图片或源视频上，借助神经网络技术进行大样本学习，将个人的声音、面部表情及身体动作拼接合成虚假内容。这就可能导致人们对自己看到的虚拟数字画面始终抱有怀疑的态度，感到困惑或不安，"有图有真相"的传统认知或将被彻底颠覆。

三、虚假新闻泛滥带来舆情困扰

随着文生视频大模型越来越成熟，其创作的虚拟视频也越来越逼真。相比于普通的图文，这种带有虚拟数字人的视频传播速度更快，感染力更强。当这种技术被用于生产虚假新闻时，所产生的社会破坏力会更加巨大。

众所周知，一些不法分子常常盗用他人的视频资料，处心积虑地打造虚假"人设"，以此吸引粉丝的关注与追捧，进而谋取流量收益。这种行为使得网络上的信息真假难辨，大量信息严重失真，给现代信息社会带来了严峻的"信任危机"。如今，以ChatGPT（生成文本）、Midjourney（生成图片）、Sora（生成视频）为代表的生成式人工智能大模型生成的内容越来越贴近现实，甚至已经能够"以假乱真"，这让社交媒体上的不良博主造假、传谣的成本和门槛变得越来越低。由于技术的复杂性与监管的滞后性，他们被追究法律责任的概率也比直接盗用他人资料者更低。而且，使用AI生成视频技术，灰色产业从业者可以批量化、个性化打造"水军"账号的虚拟数字人形象，通过"规模效应"获得更多的非法收益，这也加大了用户、平台和监管部门的甄别难度。

在现代社交媒体中，真实信息和虚假信息可以快速传播，从而产生信息级联。由于虚假新闻的存在，人云亦云最终导致"虚假覆盖真相"。事实上，否认错误信息往往会导致其更广泛地传播，人们的猎奇心理、对传统新闻机构的怀疑心理等，都会使虚假信息比真实信息传播得更快。深度伪造的新闻质量越高、制作越简单，就越容易以假乱真、混淆视听。长此以往，将对网络生态的健康发展以及社会的稳定和谐造成难以估量的负面影响。

此外，若有人刻意训练具有不良倾向甚至反社会的价值观的虚拟数字人，则会加速传播一些不利于社会和谐稳定的声音，加剧网络舆论场的撕裂。

四、粉丝效应导致群体集聚风险

近几年，生成式人工智能产品爆火，无论是文生图应用Midjourney，还是斯坦福团队开发的文生视频应用Pika，其最主要、最简单的使用途径是加入Discord社区。Discord社区原本是专为游戏玩家设计的社交平台，但随着时间的推移，越来越多的人发现在Discord社区可获得良好社交体验，因而逐渐将该平台扩展到商务及其他领域，使其成为一个多功能的社交平台。Discord社区主打开放与自由，允许第三方开发者利用Discord社区提供的应用程序接口编写程序，来创建具有特定功能的机器人程序（Bot），并将这些程序添加到Discord频道中。这意味着，Midjourney等产品运营商可以将自己的产品以特定程序的形式集成到Discord频道中，用户无须额外下载和安装应用程序，即可在Discord频道中直接获得相关服务。而且Discord频道的创建完全是免费的，用户可以在其中畅所欲言，这些都极大地便利了新生AI应用的推广和改进。例如在与Midjourney相关的频道中，一直有成员分享自己最新创作的作品，与其他成员交流创作技巧和经验，这无疑能增强用户之间的互动性和用户黏度。此外，Midjourney的运营团队有时也参与其中，在活跃气氛的同时收集用户

的反馈和建议，不断改进和优化产品。

但是，强调"自治"的 Discord 社区在便利用户的同时缺乏对信息的监管和审核，因此将会成为一个全新的舆情信息集散地。而且，由于具有共同的爱好，社群成员很容易成为线上好友，进而发展成有影响力的网络社团乃至线下联动组织，成为舆论场上不可忽视的力量。

五、行业过度竞争带来投资风险

一方面，以生成式人工智能为代表的网络技术快速迭代，导致原有的投资逻辑和投资模型不再适用，发布没几个月的模型很快被更新、更大、更快的新模型所取代。例如，Pika 刚问世时，不少人称其为"划时代的 AI 产品"，其公司仅成立 6 个月便实现了 3 轮融资，估值达到 2 亿～3 亿美元，公司创始人之一的郭文景也一度被誉为"华裔之光"。但随着 OpenAI 悄无声息地推出 Sora，不少用户发现，仅靠少量提示词便能生成 60 秒视频的 Sora 对 Pika 等 3 秒级的应用形成了降维打击，而且 Sora 在动画效果和细节雕刻上更加逼近现实。部分网民在社交平台上一边倒地夸赞起了 Sora，并分享 Sora 和 Pika 的生成作品对比图，还留言称"投资 Pika 的投资人心态崩了""Pika 就是一个投机项目，缺乏成熟的工程师团队，团队仅靠创意是无法做出好产品的"。据公开报道，2024 年，仅美国 AI 初创企业融资就达 970 亿美元，几乎占到美国全年初创企业融资总额的 50%，其中不少资金被用于训练各个领域的大模型。对此，中国信息通信研究院专家沈欣表示："AI 领域的后发优势特别明显，有的文生视频通过各种调优手段从 4 秒做到 15 秒，但当 Sora 的 60 秒视频出来时，前述公司所有的投入都打了水漂。所以，我们对一时的技术对比要保持谨慎，关注长跑的领先者。"

另一方面，虚拟数字人产业出现井喷现象，导致同一细分赛道内多个公司出现同质化竞争，让受众群体产生审美疲劳，投入产出比大幅降低。例如，账号"真的是苏小妹"在 2023 年正式推出了首部系列短剧"步天歌"。"苏小妹"在剧中化身元宇宙星官，围绕古代神秘星象图与一件件文物展开了一场场元宇宙冒险之旅，上演了虚拟现实版"星际穿越"。但比较遗憾的是，这样的"大制作"并没有"大力出奇迹"，收视率反而一路走低，点赞数从最初的 1 万多到后期仅有两位数，运营团队蒙受了不小的亏损。但"步天歌"系列短剧无论是在情节还是画面的制作方面都堪称精致，从中能看出创作者们投入了大量人力、物力、财力。这种令人感到遗憾的结果，很大程度上缘于虚拟数字人短剧这个赛道中已经充斥了大量竞争者，在"柳夜熙""天妤"等先行者的短剧"轰炸"后，类似的角色和情节已经不再新鲜，导致观众观看热情下降。

当前，虚拟数字人相关企业数量众多、市场集中度不高，行业竞争较为激烈。截至 2024 年上半年，我国现存与数字人相关的企业达 114.4 万家，仅 2024 年前 5 个月，新增注册企业就有 17.4 万余家。而且，目前国内虚拟数字人的核心技术水平较低，不仅"硬"的基础设施落后于发达国家，而且"软"的人工智能技术也较国外存在明显差距。综合来看，处于虚拟数字人产业上游的技术设备供应商的议价能力较强；下游的运营团队成本较高，议价能力一般，极易因发展方向判断失误导致投资失败。

六、虚拟技术革命加剧国家间竞争

科学技术是第一生产力，而当下，以生成式人工智能大模型为代表的新一代信息技术正在迅速涌现，也深刻地改变着国力对比和国际安全体系。

在世界经济论坛新经济与社会中心 2024 年 1 月发布的《首席经济学家展望报告》中，42% 的受访经济学家表示，到 2023 年底，生成式人工智能技术就已经具备真正的商业颠覆性，而且持相似看法的经济学家数量还在不断增加。此外，绝大部分（94%）首席经济学家认为，生成式人工智能技术带来的生产力提高将在短期内对高收入经济体产生显著的经济影响。这与对低收入经济体前景较为保守的看法形成了鲜明的对比，只有略占多数（53%）的经济学家认为这项技术可以在 5 年内给低收入经济体带来收益。

虚拟数字人产业的发展上升到了国家安全的高度。2023 年 1 月，美国布鲁金斯学会发布报告，建议美国及其盟友深入了解深度伪造技术及其在国际冲突中的使用方式。而随着生成式人工智能技术的进步和普及，一些小国、私营企业等非政府组织甚至普通个人都可能使用深度伪造技术。

我国很重视人工智能和虚拟数字人产业的发展对国家安全的影响。2021年11月18日，中共中央政治局审议《国家安全战略（2021—2025年）》时，特别强调要加快提升生物安全、网络安全、数据安全、人工智能安全等领域的治理能力。2022年11月25日，国家互联网信息办公室、工业和信息化部、公安部联合发布文件《互联网信息服务深度合成管理规定》，要求依法对深度合成服务使用者进行真实身份信息认证，加强深度合成内容管理。2023年7月10日，国家互联网信息办公室、国家发展改革委等七部委联合发文《生成式人工智能服务管理暂行办法》，实行包容审慎和分类分级监管，坚持发展和安全并重、促进创新和依法治理相结合的原则，并明确生成式AI实施算法的"备案制"。这些政策文件的发布起了重要作用，让我国在对人工智能、数字虚拟产业的伦理道德和规范管理上都走在了国际前列。但是，以上政策文件针对的是合法经营者，在快速发现不法分子的违法犯罪活动，特别是利用深度伪造的虚拟数字人进行诈骗等违法犯罪活动方面，仍缺乏系统布局。

第四节 虚拟数字人助力互联网产业升级

虚拟数字人产业作为元宇宙的"先导",是打通虚拟空间与现实世界的桥梁,具有广阔的发展前景和巨大的市场潜力。随着生成式人工智能技术的发展,虚拟数字人在网络生态体系中的应用将更加广泛。虚拟数字人可以作为舆情信息的传播者、解析者和引导者,助力网络舆情监控、分析和引导,成为实现网络信息健康有序传播的重要力量。同时,虚拟数字人还可以突破行业"次元壁",赋能其他传统行业,满足不同用户的需求。在这一过程中,政府、企业和科研机构需要形成合力,进一步加强虚拟数字人的功能研发和在不同领域的应用创新,以提高其在互联网产业升级中的价值,增强其作用。

一、虚拟数字人促进新闻业繁荣发展

一是显著提升新闻内容生产效率,推动传统媒体迭代升级。过去,新闻业经历了从图文报纸到电视网络的飞跃,而如今,新闻工作者们可以通过使用各种生成式人工智能技术,将新闻素材直接变成符合受众需求的视频内容,从而增加报道的多样性和灵活性。而且,借助 AI 工具,媒体机构可以降低对写作、排版,甚至摄影、录音等专业人才的需求,用更少的人手生产出更多、更优质的视频内容,实现降本增效。

二是赋予个体更大的传播能量,进一步改变传播生态。生成式人工智能技术就像昔日的"傻瓜相机",在为人们提供便利性的同时,也降低了新闻、影视等传媒行业的进入门槛,个体传播能力的增强将使得社交媒体变得更加强大。而且,受创业成本、用户习惯等的影响,虚拟数字人产业的从业者和消费者喜欢聚集在 Discord 等社区,有独特见解、特殊能力的社区意见领袖更容易引起普通人的关注,从而取得了在传统舆论生态中难以获得的影响力。

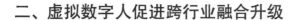

二、虚拟数字人促进跨行业融合升级

在科技飞速发展的未来，虚拟数字人产业的前行轨迹必然与其他行业深度交织。虚拟数字人本身只是代表新型生产力的工具，想要实现突破性的创新与全方位的发展，跨界合作必然是不可或缺的关键路径。例如，在当前的电商行业，直播带货热度居高不下，虚拟数字网红能够以新颖有趣的方式展示产品，通过直播互动、短视频推广等互联网手段吸引消费者的目光；在教育行业，随着在线教育的蓬勃兴起，虚拟数字教师的优势越来越明显，其能够依据学生的学习数据，为学生量身定制个性化的学习方案，随时随地答疑解惑；医疗行业也可能因虚拟数字技术的融入而发生变革。通过跨界合作，虚拟数字人将借助互联网的力量，为传统产业注入源源不断的新活力，真正实现"将所有行业用 AI 重做一遍"。

同时，虚拟数字人产业的发展仍面临诸多挑战。首先，技术瓶颈仍然是制约行业发展的关键因素，虚拟现实设备的舒适度、人工智能的智能化水平等有待进一步提升。其次，行业标准尚不完善，导致产品质量参差不齐，影响用户体验。最后，虚拟数字人产业的赢利模式尚不清晰，传统的娱乐变现手段难以维持企业的高速发展，不少初创企业生存压力较大。为应对这些挑战，企业应继续加大技术研发力度，实现关键核心技术突破。同时，加强标准化建设，制定统一的技术和产品规范，提升整体规范水平。此外，企业还需不断创新商业模式，探索可持续的营利路径。总之，虚拟数字人产业在经历井喷式发展后，将逐渐走向理性和成熟。未来，企业、政府和其他社会各方需要共同努力，推动虚拟数字人产业持续健康发展。

参考文献

［1］ 黄慎泽，吕欣 . AIGC 技术驱动下的高仿真虚拟数字人设计研究 [J]. 艺术设计研究，2024（6）: 95-101.

［2］ 徐英健 . AIGC 驱动下虚拟数字人的社会安全风险及其治理策略研究 [J]. 智能计算机与应用，2024，14（1）: 224-227.

［3］ 孟繁科 . AIGC 如何重塑数字人产业 [J]. 中国工业和信息化，2023（10）: 6-11.

［4］ 刘宁，陈梓霖 . 虚拟数字人的发展路径浅谈 [J]. 声屏世界，2023（13）: 8-10.

［5］ 郭全中 . 虚拟数字人发展的现状、关键与未来 [J]. 新闻与写作，2022（7）: 56-64.

第三章

平台热榜与短视频热点分析

进入社交媒体时代，个人掌握的传播工具越来越多，网民可以轻而易举地在社交平台上开设账号、发布信息，对社会的影响力越来越大。热榜是聚合网络热点的重要平台，也是网民获取热点资讯的重要入口。热榜能够反映各类用网习惯人群对新闻热点的关注焦点和兴趣偏好。不同商网平台由于定位、风格特点不尽相同，每日上榜的话题覆盖的内容领域也必然存在一定差异。基于对热榜的研究分析，可观照各平台的舆论生态和用户特征。网络直播兴起后，凭借较强的实时性和互动性受到社会热点人物的青睐。而短视频平台通过独特的传播机制塑造了"视频化生存时代"的拟态环境。热榜为用户提供了进入这一拟态环境的便捷通道，并决定话题、视频的可见性和曝光度。与此同时，微短剧市场规模快速扩张、内容题材更加丰富、制作水平不断提升，已经成为互联网视听娱乐市场上不可忽视的力量，展现出蓬勃的生命力和广阔的发展前景，也成为互联网多样化交流形态的重要组成部分。

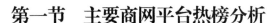

第一节　主要商网平台热榜分析

本节选取百度、今日头条、微博、抖音、知乎 5 个不同类型的典型商网平台，围绕各平台的热榜话题，从内容领域、话题类型、榜单功能等维度，分析热榜话题的特点及传播趋势，并对将热榜打造成理性的公共讨论空间提出构想。

一、主要商网平台热榜基本情况

本节选取的 5 个典型商网平台分属于搜索引擎、短视频平台、微博客平台、新闻聚合平台、问答平台等不同的平台类型。其中，百度是最大的中文搜索引擎，今日头条是我国最大的基于机器学习的个性化新闻聚合平台，微博是我国最早成立并且唯一存续的微博客平台，抖音是用户规模最大的短视频平台，知乎是我国最大的互联网问答平台。这 5 个商网平台覆盖了当前我国绝大多数网民，其热榜能够反映各类用网习惯人群对新闻热点的关注焦点和兴趣偏好。

（一）上榜话题总量：微博热搜榜话题总量高企

遍历上述 5 个商网平台，百度、微博的热榜显示为"热搜榜"，今日头条、抖音和知乎的热榜显示为"热榜"。5 个平台的热榜界面呈现的话题数量均为 50 个；除了知乎，百度、今日头条、微博和抖音还常设 1 个置顶话题。分析这 5 个商网平台的话题上榜规则，可以发现，平台算法均综合考察话题在搜索、互动、传播等方面的热度，并实时更新。不同商网平台由于自身内容特点不同，算法存在一定差异。例如，抖音在计算话题热度时，将在线时间衰减情况纳入计算公式，通过短视频浏览时长计算话题对用户的吸引力大小；而微博则赋予搜索量、阅读量、讨论量等更大权重。

笔者通过技术手段，获取并分析了各商网平台的上榜话题。以 2023 年为例，统计数据显示，微博上榜话题总量最高，达 14.8 万个，平均每日上榜405个热点话题；排在第二位的是百度，上榜话题总量达6.6万个，平均每日上榜181个；知乎紧随其后，上榜话题为6.3万个，平均每日上榜173个；今日头条和抖音的上榜话题总量持平，均为4.4万个，平均每日上榜121个，如表3-1所示。对比可见，在5个商网平台中，微博热搜榜每日热点话题更新的频次最高，围绕微博热搜榜形成的网络舆论场生态更加活跃。

表3-1　2023年主要商网平台上榜话题情况

商网平台名称	上榜话题总量／万个	日均上榜话题量／个
微博	14.8	405
百度	6.6	181
知乎	6.3	173
今日头条	4.4	121
抖音	4.4	121

（二）上榜话题量呈现时序性分布

从时间维度来看，各商网平台日均上榜话题量的月度分布情况受到当月国内外政治、经济、社会等领域热点事件和话题的影响。以2023年为例，微博、百度、抖音、今日头条的上榜话题量走势均在下半年特别是第四季度出现上扬，如图3-1所示，这与2023年下半年国内外各领域热点事件和话题频出密切相关。这些事件与话题包括：第三届"一带一路"国际合作高峰论坛、亚太经合组织（APEC）第三十次领导人非正式会议、在美国旧金山举行的中美元首会晤、金砖国家领导人第十五次会晤等重大国际会议活动相继举办，中国同世界其他国家、地区的关系发展牵动人心；成都大运会、杭州亚运会、女足世界杯、男足世界杯亚洲区预选赛等国内外重大体育赛事活动吸引网民全程围观，为中国健儿加油呐喊；冬季，冰雪经济热度升温，"南方人勇闯哈尔滨"成为网络热门话题，低温难消广大民众出游热情。

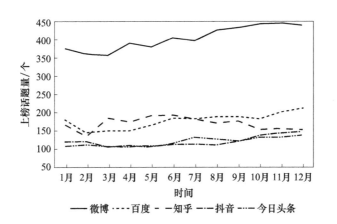

图 3-1　2023 年各商网平台每月日均上榜话题量

二、上榜话题内容领域分布

不同商网平台由于定位、风格特点不尽相同，每日上榜的话题覆盖的内容领域也必然存在一定差异。笔者选取今日头条、微博和知乎3 种不同类型的平台，按照话题阅读量（今日头条、微博）或热度（知乎）排序，获得各商网平台 2023 年登上每日热榜的前 100 个话题，并对这些话题按照"时政外交""经济运行""社会民生""科学教育""文体娱乐""国际动态"6 类内容分类进行梳理，如图 3-2 所示，由此可从侧面观照各商网平台的舆论生态和用户特征。

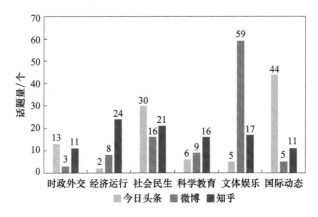

图 3-2　2023 年今日头条、微博、知乎登上热榜的前 100 个话题的内容分布情况

今日头条前 100 个话题的阅读量为 7400 万～1.5 亿次。分析发现，在这些话题中，"国际动态""社会民生""时政外交" 3 个内容的热点话题数量排在前 3 位，占比最高的内容领域是"国际动态"，接近一半。2022 年 10 月—2023 年 9 月，今日头条的平均月活跃用户规模高达 3.7 亿人，今日头条具有为大多数网民提供新闻资讯的突出功能。在今日头条的用户群体中，36 岁以上核心用户占比超 70%，男性、女性用户占比分别为 55% 和 45%，这也能侧面说明为何国际动态类、时政外交类话题在今日头条上有较高的关注度。

微博前 100 个话题的阅读量为 8.1 亿～60.5 亿次。在这些话题中，"文体娱乐"类话题占比较高，近 60%，其中，明星娱乐类话题有 48 个，显示出微博突出的泛娱乐化舆论生态。这也与微博自身在娱乐宣发方面的多年经营密切相关，在微博账号"微博综艺"2023 年 7 月 25 日发布的帖文中，微博官方自称具有"微博社交 + 媒体属性"双重优势，为自己打上"娱乐宣发和品牌营销第一阵地"的亮眼标签。"社会民生"类话题数量居第二位，有 16 个；"时政外交"类和"国际动态"类话题分别仅有 3 个和 5 个，显示出微博用户更倾向于关注和自身生活关系密切的话题，部分社会热点事件也在微博得到广泛讨论。

知乎前 100 个话题的热度为 2700 万～7373 万。在知乎前 100 个话题中，各内容领域的话题分布相对较为均衡，显示出网民对各类话题均保持一定兴趣度。值得关注的是，知乎中的"经济运行"类话题和"科学教育"类话题占比远高于今日头条和微博。科学教育类话题中，围绕先进科技进行讨论的话题占比超一半，并且形成较高的讨论热度。

三、商网平台热榜功能分析

（一）重塑新闻价值，赋能网民群体

热榜的出现，让广大网民在制造新闻的过程中更加占据主动地位。一般来讲，正是大量网民短时间内对话题的共同浏览、讨论、分享，推动特定话题受到广泛关注，并登上各个商网平台的热榜，凸显新闻

生产在社交媒体时代具有突出的众包属性。然而，在信息洪流的冲击下，网民的注意力总是容易被分散，因此，上榜话题也总在实时地被更新和替换。网民在新闻生产中扮演的角色也让登上热榜的话题具有高度的社交属性。具有冲突性、戏剧化和偏向社会性、生活化的话题更容易在社交平台引发关注，这在微博上榜话题中表现得更为突出。网民的参与也让上榜话题具有延伸性，类似的案例、细节的挖掘、话题的泛化等都导致各类话题随时可能引发舆情风险。

（二）加速事件处置，提升治理效能

新闻上热榜，成为社交媒体时代舆论监督的新形式。热榜聚合了当下最受关注的新闻和话题，形成开放的公共空间，激发网民参与话题讨论的兴趣和热情，也使得他们成为推动政策优化、促进法律完善的主要力量。对政府而言，话题一旦登上热榜，特别是榜单前列，就会突现裂变传播，在媒体、网民的参与下，在短时间内被加速曝光，及时、到位地回应舆论与处置事件成为一大挑战。通过分析可知，政府对大量热点事件的回应或通报往往在话题上热榜的当天就完成了。但同时，热榜在客观上将舆论期待和政府职能之间的矛盾放大：网民往往极为迫切地希望诉求被满足，而政策的制定需要深入分析和综合考量。要达到二者之间的平衡，政府需要更多地履行向公众解释、与之沟通的义务。

（三）制造信息茧房，产生关注偏差

纵观百度、今日头条、微博、抖音和知乎5个不同类型的商网平台，平台热榜话题的内容领域分布情况呈现较大差异，如今日头条以国际动态类话题为主，而微博以文体娱乐类话题为主，这就造成不同商网平台的受众之间存在信息差，惯常使用单一商网平台的用户在热点信息的获取方面容易呈现窄化趋势，不同商网平台热榜话题出现区隔化，有明显的信息壁垒。同时，不同商网平台在话题上榜规则方面普遍存在具有共性的价值困境。商网平台始终存在将商业价值凌驾于社会价值之上的倾向，话题的传播力超越公共性，成为被首要考虑的因素，从而导致在热点话题的生成环节，高公共性话题让位于高娱乐性、高生活性话题，一些话题始终难以进入网民的讨论视野。例如，北京、上海在城市角色、网民规模等方面具有优势，以这两座城市为背景的事件就比大量以三、四线城市和农村为背景的同一类型的事件更易登上热榜，被大众讨论。

四、多措并举构建商网平台热榜良好生态

（一）理性对待热榜舆情，科学强化商网平台治理

对地方政府部门而言，热榜舆情是了解社情民意的重要途径，但由于部分网民对热点事件的事实掌握得不全面，容易受到其他网民的情绪感染，舆论观点存在片面、极端化等倾向。因此，地方政府部门对热榜舆情应当做好甄辨工作，既要提高应对网络舆情及开展舆论引导的意识和能力，通过专业的舆情机构，针对热榜等重点商网平台板块开展舆情监测，提升舆情应对的主动性；又不能产生热榜恐慌，将撤下热点事件作为首要目标，而应当同步进行问题的解决与舆情回应，对于需要审慎处理的事件，不被舆情所困，用事实说话。对商网平台监管部门来讲，要以构建清朗的热榜空间为宗旨，对雇佣网络水军制造虚假热搜、用金钱购买热榜位置、利用算法漏洞干预热榜排名等新老问题，务必充分释放法律法规的震慑作用，第一时间督促各商网平台整改治理，采取法律、行政、经济等多重手段，切断热榜利益链条，提高相关机构的违法违规成本。

（二）主动规范热榜算法，构建公共讨论空间

随着用户获取新闻资讯的方式发生转变，对新闻进行筛选把关的重要职能已经由传统媒体部分让渡给了商网平台。然而，目前有些商网平台仍然存在将热榜作为一门生意运营的错误倾向，过多追求热榜的流量效应，导致部分热榜存在娱乐内容和争议性内容过多等问题，阻碍了热榜成为理性讨论空间。因此，商网平台应当主动落实主体责任，充分发挥把关人的角色作用，优化热榜算法，赋予具有积极价值

导向、社会公共效益的话题更高权重，摒弃唯流量是从的畸形商业逻辑，致力于将热榜打造成凝聚社会共识、促进理性沟通的公共讨论空间。另外，商网平台应当严格落实法律法规的各项规定，制定商网平台的行为规范，及时清理不当言论、撤销非法话题，铲除网络暴力、网络谣言等滋生的土壤。

（三）加大优质内容供给，优化网络舆论环境

近几年，传统媒体持续加快新媒体融合步伐，将新闻传播的端口延伸至微博、微信公众号、抖音、B 站等社交平台，并且在百度、今日头条等提供新闻资讯的平台开设账号。在热榜上，大量热点话题是由传统媒体的新媒体账号发起的。由于传统媒体在新闻生产过程中，将新闻的公共价值和对事实及新闻严谨性的追求放在更重要位置，传统媒体提供的话题质量普遍较高。与此同时，在商网平台上存在大量内容生产者，他们在网络社群或其他特定领域拥有一定的话语影响力。因此，传统媒体和专业网络内容生产者应当主动扛起塑造网络舆论环境的责任，一方面应当增加高质量新闻及话题在商网平台上的投放频次，为网民的话题讨论提供优质话题；另一方面应当主动介入热榜话题，特别是网民讨论出现异化、极端化等倾向的时候，通过理性评论引导网民科学认识问题，形成更加全面的认知。

第二节　短视频热点话题分析

当前，短视频应用加速普及，促使网民在快节奏的社会生活缝隙中以碎片化的手段享受闲暇、关注社会。中国互联网络信息中心的数据显示，截至 2024 年 6 月，全国 10.5 亿人使用短视频应用，占网民总量的 95.5%。分析短视频用户关注的热点话题的内容领域分布情况及其特点，有助于我们了解"视频化生存时代"舆论的形成规律，及时发现短视频平台特有的新的潜在风险，进而有的放矢地营造清朗的短视频舆论空间。

一、短视频平台热点话题内容领域分布情况分析：热榜里的拟态环境

短视频平台通过独特的传播机制塑造了"视频化生存时代"的拟态环境。热榜为用户提供了进入这一拟态环境的便捷通道，并决定了话题、视频的可见性和曝光度。抖音、快手等短视频平台的热榜一般分为聚合各领域热点话题的总榜以及本地榜、娱乐榜、社会榜等细分领域的热榜，每个热榜包括 50 个热度最高的话题，并在话题下聚合围绕该话题发布的短视频、帖文及网民的讨论。

为了把握短视频平台热点话题的内容特点和短视频用户的话题偏好，下面以短视频用户规模大的抖音为例，通过数据抓取技术，获得 2023 年抖音热榜上日热度值最高的 100 个话题。按照内容领域分类，这 100 个话题可划分为"时政外交""经济""社会民生""科学教育""文化娱乐""体育""国际动态" 7 个内容领域，如图 3-3 所示。其中，文化娱乐类话题占比达 31%，领先占比第二的社会民生类话题（22%） 9 个百分点，二者占据了抖音热点话题的半壁江山。体育类话题（15%）、时政外交类话题（10%）和经济类话题（10%）的占比均在 10% 及以上。科学教育类和国际动态类话题占比较低，分别为 7% 和 5%。

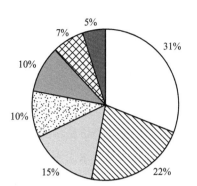

图 3-3　2023 年抖音热榜上日热度值最高的 100 个话题内容领域分布

近年来，文化娱乐市场重新焕发出生机与活力，线下演唱会的举办呈井喷之势，线上优质影视剧频获好评，助推文化娱乐类话题在热门话题占比中遥遥领先。

在社会民生领域，胡某宇失踪事件、"鼠头鸭脖"事件、"地铁偷拍"事件、烈犬伤人事件等引爆网络舆论场的热点事件均登上短视频平台的热榜，网民得以及时跟进事态发展；极端天气多发，台风、洪涝灾害、强寒潮等牵动广大网民的心弦，形成多个热议话题。

在体育领域，杭州亚运会、成都大运会、亚洲乒乓球锦标赛、2026 年国际足联世界杯亚洲区预选赛等各类重大赛事横跨全年，我国运动员的赛事战况在短视频平台热榜上实时播报，运动员抢跑等争议事件因其偶发性极易登上热榜，并将荣誉与规则之间的矛盾推向讨论视野。

涉及中美、中日间的军事外交事件因关涉我国核心利益，成为时政外交领域的热点话题。

在经济领域，与网民生活息息相关的消费经济贡献了超半数话题，作为电商新业态，直播带货的价格争议是其中舆论交锋最多的话题；数字经济是另一大话题来源，国产智能产品发布、造车新势力入局等话题映射出我国核心技术的崛起。

在科学教育领域，校园话题吸引了绝大多数网民的注意，这些话题包括教师节、军训、运动会、考研等，形成时间均在 9—10 月，显示秋季学期包含升学、就业、考研等多个重要节点，成为教育类热点话题的爆发期；神舟十七号发射等实时影像视频在短视频平台得到广泛传播，以航天为代表的自主科技成就点燃了网民的民族自信。

国际动态类话题中，涉日话题占比达 80%，并且高度集中于日本核污水排海一事，网民对日本进口产品及自身生存环境的安全焦虑陡然上升；值得一提的是，"越来越多日本人不愿当公务员"进入年度前 100 热门话题之列，显示他国年轻人独特的生活状态极易引发我国青年网民的情感投射，并激发我国年轻人对自身生存状态的思考。

二、短视频平台热点话题特点分析："可见性"的争夺战

在社交媒体时代，话题发挥着议程设置的作用，能否登上平台热榜影响着话题对网民的可见性及话题声量的大小。在短视频平台上，海量内容生产主体推出各类短视频，并制造话题，争夺热榜的 50 个位次，以求获得网民更多的注意力资源分配。分析短视频平台热点话题的内容及呈现特点，有助于我们捕捉短视频时代网民话题偏好的一些规律性迹象。

（一）泛娱乐化话题权重较大

纵观 2023 年抖音的热门话题，文化娱乐类话题占比超三成，是时政外交类话题占比的 3 倍多，超出社会民生类话题占比近 10 个百分点，显示短视频平台热榜呈现泛娱乐化倾向。在这些文化娱乐类话题中，包含演艺界明星或垂直领域网红的话题超半数，诠释了名人影响力带来的巨大吸睛效应。娱乐资本注意到短视频平台热榜能够快速带来流量与人气，纷纷将影视剧、演唱会等的宣发阵地向短视频平台强力转移。在资本的运作及明星粉丝群体的助力下，迎合大众感官需求和猎奇心理的词条登上热榜，用户看似在主动"刷"视频，实则配合资本完成了产品的增殖传播，在事实上成为资本和平台的无偿劳动者。有研究者提出："在资本逻辑和技术理性的合谋下，短视频嬗变为资本

增殖与技术统治的工具，逐步走上泛娱乐化传播道路。"浏览文化娱乐类话题是网民休闲消遣、缓解压力的重要途径，但泛娱乐类内容过多对青年网民的正向价值观养成存在消极影响。

（二）轻话题具有更强的传播力

短视频的出现和繁荣加速了社会叙事的微观转向。普通个体的生活经历、美食、美景等泛生活类话题，相比时政外交、经济、科学教育等领域的话题更让人感到轻松，更加契合网民打开短视频寻求精神治愈的初衷，因而更易获得关注。在抖音热门话题中，诸如"给电视冻到跳科目三了""这是厨师班吧"等轻话题凭借短短几十秒的原创短视频引发大量网民的情感共鸣，具有较高的热度。从视频形式看，轻话题有两种，一种呈现的是原汁原味的日常生活，视频往往由拍摄者直接取材于自己的生活，如现象级爆款视频"挖呀挖"；另一种呈现的是精心设计的滤镜化生活，拍摄者对拍摄内容进行提前构思，通过取材、剪辑等多道工序，打造出具有视觉冲击力的原创短视频。无论属于哪一种，轻话题都凭借短视频本身的沉浸感优势，让生活在一时一域的网民连接到了更多时空下的陌生人，为普通人的寻常生活增添了一份新鲜感和一定的意义。

（三）重大社会热点话题建构社会记忆

社交媒体平台从微博到短视频，一再强化网民话语表达的碎片化趋势。平台的算法推荐机制持续为网民定制化推送"我喜爱"的内容，加速了信息茧房的形成，也加深了"圈"和"层"之间的裂隙。而热榜的出现，以一致化的榜单内容打通各个网民群体，为构筑当代中国民众的社会记忆提供了重要的网络场域。在抖音热门话题中，不乏涉及吸引亿万网民关注的重大社会热点事件。这些事件震荡于现实世界，或具有鲜明的价值指向，或具有较强的话题性。在这些热点话题下，除了传统媒体的新闻报道，还聚合了大量网络意见领袖、普通网民，充斥着各类意见表达和情感流露，大量民众持续"围观"，以满足对事件真相的寻求和对社会舆论的好奇。视频化内容的呈现进一步增强了舆论的说服力。在图文、视频等信息流下，舆论逐渐交织、汇聚，形成主流意见。至此，重大社会热点事件的话题空间成为网民社会记忆成型的新的媒介空间，舆论在碰撞中还会生成如"指鼠为鸭"等新词来进一步固化网民的社会记忆。

三、短视频平台舆论生态分析：价值链条日益丰富

（一）主流媒体短视频布局日臻完善，舆论引导价值持续凸显

分析发现，"有用"超过"解压"，成为用户进入短视频平台的首要动机，其中，选择"获取新闻资讯、了解时事""增长见识、开拓视野""学习实用技能、生活常识"的用户占比均超四成。这就为主流媒体选择短视频平台作为舆论宣传的重要阵地提供了更加有利的社会心理环境。主流媒体通过自建视听类 App、运营第三方短视频平台账号矩阵、创新短视频表现形式等多种手段，推动新闻宣传短视频化。《人民日报》于 2023 年初正式上线视频客户端"视界"，以短视频为媒介强化服务功能创新。截至 2023 年底，"视界"下载量突破 2260 万次。据统计，主流媒体在抖音、快手、视频号 3 个头部短视频平台运营的账号数量超 3600 个。凭借强大的内容生产、策划、引导能力，这些账号频频制造爆款视频和话题。在抖音和快手获赞量前 100 名的作品中，超三成由主流媒体账号生产。主流媒体不仅在时事政治、突发事件等新闻类热点话题中以快速响应、权威解读占据绝对的公信力优势，还凭借着敏锐的话题捕捉力将新闻触角延伸至百姓民生、文旅消费等垂直领域，在多元化的内容呈现下，以高度的亲和力传播主流价值、凝聚社会共识。在县域旅游、古建筑热、"China Travel"等热点话题中，主流媒体生产的优质内容将讨论引向深入。

（二）长、短视频融合共生，文化传播价值日益被挖掘

短视频平台在微短剧、长视频两个维度同时发力，持续拓展内容

产品样态，丰富用户的观看体验。微短剧创作在抖音、快手、视频号等短视频平台呈现井喷现象，规模迅速扩大。2024 年，抖音播放量破亿次的微短剧达 21 部。微短剧在抖音、快手的用户渗透率均居首位，过半短视频用户看过 3 分钟以下的微短剧、"泡面番"（指每集时间很短的动画）等内容，快手微短剧日均活跃用户数达 2.7 亿人。在长视频方面，短视频平台通过鼓励内容创作者将短视频"变长"、与长视频平台开展版权合作等方式，开拓短视频赛道之外的内容品类。继 2022 年抖音创作者大会宣布抖音开放发布 30 分钟以上视频的权限，2023 年抖音创作者大会宣布加强对中长视频创作者的激励。2024 年 9 月，长视频已经成为抖音的一级入口。2024 年，抖音上时长超过 30 分钟的超长视频，在数量、播放、分享和收藏 4 个维度都实现超过 200% 的同比增长。同时，伴随着腾讯视频与抖音的合作，长、短视频生态共建的格局基本形成。长、短视频在语态、内容上一深一浅，形成互补，让传统文化、生活经验、知识科普等更多深度内容在短视频平台获得传播土壤，给用户提供了碎片化短视频难以带来的知识提升和精神成长。

（三）搭建社会认同与情感连接平台，社会价值持续彰显

在当代流动社会的背景下，短视频平台以高清的视频画面、丰富的内容供给为流动群体赋予在场感和社会参与感，让在城望乡一族离开乡土后，既与远方的家乡保持情感连接，又通过信息的便捷获得，更好地完成社会适应过程。这些群体中不仅有在外求学、打工的年轻人，还有随子女进城的银发老人。年轻人在他乡遭遇暂时性文化休克的时候，通过短视频重温"从此只有冬夏"的故乡风俗人情，慰藉淡淡乡愁；银发老人在进入陌生城市、不得不进行再社会化的时候，通过短视频寻求情感安慰，缓解身份焦虑。报告显示，2024 年，50 岁及以上短视频用户占比为 33.9%，较 2023 年提升 4.6%。短视频平台在中老年群体中的普及，降低了他们与社会连接的门槛，帮助他们拓展社交边界，积极应对环境和身份的转变。现代社会是一个高度区隔的社会，职业、教育、兴趣等因素将人群割裂开来。而短视频的出现，

让过去的无名者获得更大的话语权，尽管信息茧房仍一定程度上存在，但是推荐算法的迭代能够在技术上实现跨群体的文化接触，个体每一次的浏览行为本身都在消除既有的刻板印象和群体偏见。由此可见，短视频平台通过营造"线上视觉空间"，能够弥合线下情感和认知的缺憾，在多元化社会中赋能社会认同的实现。

四、短视频平台的潜在舆情风险及应对建议

以抖音为代表的短视频平台正大力发展短视频这一主赛道，持续发力于图文、长视频、直播等多个功能模块，将自身打造成超级应用，同时，内容上的舆情风险可能增加。

一是"随手拍"陷入隐私泄露及网络暴力争议。多起舆情事件的缘起都是网民在短视频平台发布"随手拍"视频，进而掀起对当事人的舆情风暴。相关数据显示，2023 年，"随手拍"视频在热门视频中占比最高，达到 23%。由于"随手拍"视频往往未经过当事人的同意，并且未对当事人进行打码等后期处理，在被大范围二次加工和转发后，极易令当事人陷入网络暴力旋涡。网上时常曝光"疑似地铁偷拍"事件，其根源往往在于大众对"随拍随发"导致隐私泄露的危机感。

二是短视频评论区潜藏滋生虚假信息及非理性声音风险。短视频评论区集纳了网民观看短视频的感想，字里行间流露着大量网民真实的情感。然而，短视频评论区也存在集纳负面内容、传播虚假信息的风险。2023 年底，小米汽车技术发布会揭开了小米汽车核心研发技术的神秘面纱，随之而来的却是短视频评论区的"公关霸凌"，攻击小米汽车产业链及自主研发技术的爆料在评论区出现并被大量转发，其中不乏恶意带节奏的留言。小米虽积极辟谣，但效果不尽如人意。热点类短视频同样面临此类困境，评论区的折叠评论和图片评论功能极易被网络水军利用，评论区算法推荐黑箱也加大了造谣攻击、恶意诋毁等负面评论被广泛传播的风险，不明真相的广大普通网民极易被人为制造的舆论裹挟，而短视频评论区也容易发展成社会负面情绪的"堰塞湖"。

三是图文内容增多，加大负面信息负载量。抖音自 2021 年发力图

文模块以来，通过流量扶持等方式推动了图文模块的快速发展。目前，图文内容主要出现在电商带货领域。在热点板块，图文帖子呈现增多趋势。分析相关图文内容可发现，图片多为事件现场视频关键画面截图、部分网络"大V"或媒体的报道评论截图，附有描述性文字，在下方文字区域附以关于事件来龙去脉更加详细的说明，并对帖文配以易调动网民情绪的背景音乐，增强感染效果。图文相对短视频具有更快的传播效率，文字性图片承载的信息量更大，在短时间内即可让网民捕获信息重点。"小作文"式爆料在二次、三次传播过程中，以图片形式在全平台扩散传播的情况频繁出现。

面对短视频平台存在的舆情风险，政府部门、平台企业、内容创作者及社会公众等各方面主体需协同发力，共同营造清朗的短视频空间。

一是标本兼治，加大监管震慑力度。近年，中央网信办开展"清朗·整治短视频信息内容导向不良问题""清朗·从严整治'自媒体'乱象""清朗·网络戾气整治"等多个专项行动，聚焦短视频平台等重点平台，集中整治价值导向失范、造谣传谣、恶意攻击谩骂等乱象，重拳打击违法违规的平台及账号，取得良好实效，有力维护了风清气正的网络空间。下一步，政府部门应针对短视频平台顽疾和新症，完善监管法律法规，加大执法规则透明度，巩固生态治理成果，标本兼治，净化短视频平台生态环境。

二是人机互补，压实平台全方位责任。一方面，短视频平台应当切实履行主体责任及社会责任，强化正向激励和审核把关，加大在内容审核、信息推送、举报受理、身份信息认证审核等方面的人力资源投入，主动补齐对平台内账号的管理短板，强化对违规传播链条、违规账号主体追溯问责，及时清理违法违规信息内容。另一方面，短视频平台应当升级技术策略，优化视频流、评论区等重点部位的算法推荐机制，平衡流量、用户偏好与社会价值之间的关系，增加优质正能量内容曝光频次，利用算法着力打破个体性及群体性信息茧房，积极弘扬正向价值，有效建立社会认同。

三是言行并重，强化各主体自律意识。短视频平台的内容创作者应当增强法律意识，明晰规则边界，严格遵守平台有关账号、内容等的制度规定，坚决不触碰法律底线，不发布违规内容，摒弃流量至上的不良风气，以优质内容获取真实流量。短视频平台的观看者既要提高鉴别力，对虚假信息及收割流量的内容保持警惕，第一时间举报不良信息内容；又要当文明的发言者，在对短视频等内容进行跟帖留言的时候，不随意编发恶意内容，不转发无法求证的内容，以点滴之力维护平台传播秩序。

第三节 网络直播类热点分析

当前，移动互联网和社交媒体高度普及，推动网络直播持续高速发展，进而导致网络直播成为网络舆情的主要生成地之一。本节分析2023年的典型网络直播类事件和话题，试图以此为窗口，进一步剖析网络直播带来的新的人际互动及社会认同范式，以及对网络综合治理构成的新挑战，并尝试从平台治理、主播行为管理及网民素养提升等角度提出降低网络直播舆情风险、促进网络直播健康发展的可行路径。

一、网络直播类热点内容分析

本节利用互联网平台热榜获取2023年全年网络直播相关的舆情话题及事件。互联网平台热榜实时聚合并动态更新全网最受瞩目的话题，是寻找和判断社会热点的重要依据，也是观察网络舆情发生与演变的有效途径。百度作为全球最大的中文搜索引擎，其热榜以数亿用户海量的真实数据为基础，大体反映了中国网民真实、客观的信息寻求行为特征，是社会舆情的重要参照系。因此，本节选取百度热搜榜作为分析网络直播类舆情的基础数据库。基于对百度热榜的信息抓取技术，在2023年全部上榜话题中，按照"直播"这一关键词进行搜索，剔除非网络直播话题，最终获得355个网络直播类热点话题。由于部分热点话题连续多日上榜，去重后，剩余211个网络直播类热点话题，涉及161个热点事件。这些话题的热搜指数为189万~498万，平均热搜指数为420万。

根据事件类型，这些网络直播类热点事件可分为"直播带货""直播乱象""直播间突发事件""明星名人直播""新类型直播""社会焦点人物直播""直播监督监管"等，相关热点事件数量及占比如表3-2所示。

表 3-2　网络直播类热点事件分类

事件分类	数量 / 件
直播带货	49
直播乱象	32
直播间突发事件	23
明星名人直播	22
新类型直播	13
社会焦点人物直播	12
直播监督监管	10
合计	161

　　具体来看，2023 年直播带货产业继续迅猛发展，前 10 个月直播销售额同比增长 58.9%，由此造成与直播带货相关的话题上榜数量最多，达 49 件（占比约 30%）。其中，涉及带货主播言行的有 15 件，典型如某主播在直播时称"699 元买不了一双袜子"，另有主播称"有时候找找自己原因，这么多年工资涨没涨，有没有认真工作"等，引起网民不满及愤怒情绪；涉及品牌直播间直播活动的有 13 件，典型如"老牌国货直播间纷纷疯狂整活""鸿星尔克直播间回应捐款"等；涉及带货产品的有 10 个，典型如"珠宝直播或成带货之王""得力直播间上架多个 79 元套装"等；涉及价格争议的有 6 个，典型如"网红直播卖 888 元的手机网上 630 元能买到""直播低价是打下来的还是演出来的"等。另有少量话题涉及直播品牌间不良竞争、直播平台新举措等。

　　直播乱象是网络直播类舆情高发的第二大事件类别，达 32 件（占比约 20%）。较为突出的直播乱象表现为低俗直播（9 个）、猎奇直播（6 个）和消费直播对象（6 个）。部分网络主播为了赚取流量，不惜违反法律法规、突破道德底线，相关事件如"'大学生'直播乱象：有人打擦边球"等；有的网络主播铤而走险，通过审丑、摆拍等"恶趣味"制造噱头来博取眼球，相关事件如"主播直播时被绑架？警方：摆拍"等；有的网络主播通过卖惨、蹭热点等方式，试图在赚取网民同情心的同时制造热度，从而快速营销牟利，相关事件如"深夜直播间里卖惨的老年人""当直播网红盯上了洪水灾区"等。舆论普遍对直播乱象表示不满，认为各类直播乱象违反法律法规、污染网络环境、扰乱社会风气，亟须重拳整治。2023 年，"3·15 曝光专骗老人'苦情'直播间""火爆直播间背后：水军操盘诱导下单"等 10 个直播监督监管类话题冲上百度热搜榜（占比约 6%）。这些"长牙齿"的监管举措、起底直播非法"生意经"的新闻报道，将网络直播的黑箱彻底曝光，令网民拍手称快。

直播间突发事件通常体现为直播间发生网民意料之外的情况，造成直播"翻车"事故，吸引大量直播间外的网民关注、讨论，从而发展为新的舆情热点。2023 年，这一类事件在百度热搜榜出现 23 次。其中包括主播身体突发不适（6 个），如"21 岁大学生彻夜直播后猝死"等；直播连线网友言行不当（2 个），如"女歌手直播被连麦网友辱骂"等；直播因故中断（3 个），如"男子直播时救落水儿童被指炒作"等。此外，还有诸如"女子回应刷直播看到老公小三同游""记者直播时身后高楼遭以军袭击爆炸"等小概率网络直播事件。

明星、名人自带光环效应，其一举一动更容易引发舆论关注，并且其在直播状态下往往能够呈现出更加鲜活的形象，因此吸引大量粉丝进入直播平台为其捧场。2023 年上榜的 22 个明星名人直播类话题中，涉及娱乐明星的 15 个，涉及体育明星的 5 个，涉及商界名人的 2 个。

社会焦点人物直播事件（12 个）中的主人公由于自身及与之深度绑定的热点事件的话题性，其言行举止被曝光，甚至引发新的争议。例如，2023 年上榜的社会焦点人物直播类话题中，某些人基于个人选择开启网络直播，但不被大量网民理解，甚至被恶意攻击。另有一些公众人物选择通过网络直播的方式与关心自己的网民直接交流互动，如淄博"鸭头小哥"直播向网民解释其关店原因，获得网民同情。

网络直播作为新兴事物，在 2023 年继续衍生出一些新类型直播（13 个），由于内容较为新奇，也往往形成关注焦点。比如"天宫之镜：直播中国空间站"的太空直播、"教师回应直播推学生简历走红"的就业直播、"小城里的男青年涌入相亲直播间"的相亲直播等，赋予了网络直播更多社会公共价值。

二、网络直播类舆情的特点分析

（一）主播的"超预期言行"成为舆情的主要来源

多起网络直播舆情事件的起因是网络主播在直播过程中"说了不恰当的话"。无论是直播带货还是聊天直播，网络主播都是直播间的灵魂人物。他们通过身体表演，塑造独特的人物形象，吸引观众观看并培养观众对其的信任感，引导观众在直播中的互动行为。网络直播间是主播与观众沟通的前台，在这个特定区域内，主播的言行受到自身"人设"和观众期望的双重限制。无论是主播在直播间遭遇外在不可控因素而出现的"反常"举动，还是主播无意识或有意识说出令观众不适的话语，都因为突破前台的"剧本和情境"而形成了舆情话题。特别是在主播违反"人设"，讲出令人不适的话语后，观众实时感受到对自身财力状况、生活状态等个人后台行为的冒犯，双方在直播间形成的和谐氛围就会被打破。然后观众斥责主播的越界行为，形成在全网讨论的舆情事件。

（二）直播时的"不当呈现内容"成为舆论争议焦点

网络直播已成为一种新型的传播媒介，发挥着传播媒介所具有的传递信息、观点、态度等的作用。主播的言行举止、直播间的话题内容和陈设布景无一不在向屏幕前的观众传播主播崇尚的价值理念，并在潜移默化中影响观众个人价值观和个人心态的塑造，进而波及整个直播平台和直播行业向社会呈现的价值理念和舆论氛围。"真""善""美"是人们最基础、最朴素的价值追求。然而，个别网络主播为了赚取流量并实现价值变现，往往反其道而行之，把"假""恶""丑"作为卖点和噱头，要么挑起观众的猎奇心理，要么试图消费观众的真实情感。一旦真实情况被媒体、监管机构曝光，巨大的信息差就会令观众感到被欺骗。因此，可以说网络直播的道德边界

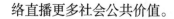

弱化是产生舆论争议的主要原因。

（三）网络直播成为社会热点人物的便捷发声窗口

社会热点事件中的主人公越来越多地以网络直播的方式表达个人诉求、回应舆论关切。在大众传播时代，新闻媒体受众范围广、议程设置能力强，而个人直接发表言论的渠道相对有限，接受媒体采访就成为发声的主要方式。进入社交媒体时代，个人掌握的传播工具越来越多，网民可以轻而易举地在社交平台上开设账号、发布信息，对社会的影响力越来越大。网络直播兴起后，凭借较强的实时性和互动性受到社会热点人物的青睐。他们越来越多地选择开启网络直播，向同情己方并且关心事件进展的网民及时更新信息。直播间的实时留言互动、"连麦"等功能将直播间塑造为人际交往空间，直播间的公开性又让其具有公共空间的功能。人际交往和公共效应的叠加，让热点人物能够快速积累社会信任资本，具备引导舆论的能力。然而，由于事件中的各方都能通过直播阐述"于我有利"的"事实"，因此，利用网络直播发声实际上增加了社会热点事件的话题复杂性和舆论延展性。

三、网络直播面临的舆情风险隐患

（一）观众对主播形成的社会关系想象并不牢靠

网络主播主要包括以推广、售卖商品和服务为主的带货主播和以聊天、互动为主的陪伴型主播等。带货主播和陪伴型主播都致力于通过付出情感劳动，与观众建立情感连接，让观众对其形成"准社会关系想象"，最终达到让观众购买特定商品、服务或者打赏的目的。在这一过程中，观众向网络主播投射个人的真实情感，并且在与主播的实时互动中获得情感慰藉。主播通过直播间与实时在线的观众建立起一个临时、松散但亲昵的亲密关系群体，观众在这个群体中找寻到社会认同感。然而，主播和观众之间的亲密关系并不牢靠，这主要表现在当主播未站在观众立场进行发声时，观众的被欺骗感和被剥夺感就会瞬间被激发出来，导致遮蔽在资方与消费者的根本关系上的布帘被撕开，观众对主播形成的社会关系想象迅速消失，观众变为理性消费者。观众通过放弃观看该主播直播、不再购买其推广品牌等"粉转路人"的行为，进一步打破对主播的亲密关系期待。这是由网络主播的资本逐利身份与同观众的亲密关系间不可调和的矛盾决定的，导致舆论反噬的风险始终存在。

（二）"后真相时代"网络直播面临真实性困境

英国学者赫克托·麦克唐纳在《后真相时代》一书中写道，背景是我们试图理解的世界复杂性的一部分，了解背景可以帮助我们解读事件，而背景也可以被人用于操纵和说服他人。网络直播运营者往往善于设置有利于实现自身意图的背景，影响观众的事实判断和行动选择。在2023年有关网络直播乱象的舆情话题中，涉及摆拍、卖惨、水军操盘等的话题较多。例如，某网红编造剧本，上演"直播途中被绑架殴打"的剧情以赚取流量，广大网民在公安机关发布情况通报后一片哗然。网络直播作为实时互动工具，为屏幕前的观众在客观上制造出"真实的在场感"，然而，摄像头实际上把主播身处的背景割裂为镜头内的背景和镜头外的背景。对于镜头外的背景，观众只能通过主播的"在场"讲述和场外声音来认识；对于镜头内呈现的人物及其语言、声音、布景等全部内容，观众除了接受，并没有更多途径去分辨哪些是直播团队精心编织的剧本、哪些是事实。一旦有过被主播欺骗的经历后，观众便会对屏幕内的直播内容充满戒备。正因如此，"男子直播时救落水儿童被指炒作"之类的话题登上百度热榜也就不足为奇了。网络直播客观存在的片面真相，加上不少网络主播刻意制造直播假象，导致网络直播在真实性方面面临信任危机。

（三）网络直播的沟通机制增大社会舆论动员的复杂性

对比微博、短视频等其他社交平台，网络直播在形成舆论、动员社会等方面的能力较为突出。这主要体现在直播形式和参与主体两方面。从直播形式来看，网络主播的肢体语言，向观众同步传递个人的表情、动作及其背后的情绪、情感，增强了个人观点和态度的感染力和穿透力。从参与主体来看，一方面，网络直播使得个体在信息传播中的地位空前提升，人人都可以注册成为网络主播，在直播中分享经验并表达立场和看法，从而获得符号资本和社会地位；另一方面，在直播中成长起来的新一代网红，通过培养粉丝获取商业利益，在社会话题和生活方式上也有一定的引导力，从而在事实上兼具了网络意见领袖的身份。2023年，某带货公司当红主播与公司高层的矛盾，就曾引发该主播的大量粉丝为其鸣不平，在网上形成舆论旋涡。由此可见，有影响力的网络主播已经具备了操纵网民情绪、左右舆论走向的社会动员能力，叠加其背后的资本意志，产生不良信息和不可控因素的可能性大大增加，不可避免对主流舆论形成冲击。

四、降低网络直播舆情风险的建议

（一）强化全流程管理，进一步加大对网络主播的规范力度

网络主播是网络直播类舆情的最大风险源，必须通过法律、行政、经济、行业等多种手段规范其行为举止。2022年6月22日，国家广播电视总局、文化和旅游部印发《网络主播行为规范》，规定了网络主播在提供网络表演及视听节目服务过程中不得出现的31种行为，给网络主播划定了行为底线和红线。在此基础上，应进一步细化完善对网络主播的监管举措，适当提高网络主播的准入门槛，探索建立网络主播分级分类持证上岗制度，加强对执业资质的认定和审核，通过一定的筛选机制提升网络主播整体素养；对出现违法违规行为的网络主播，在账号权限、礼物打赏、行政处罚等方面加大惩处力度，探索关联征信建立"黑名单"制度，有效释放法律法规的威慑力；注重培育正能量网络主播，引领积极健康的网络直播生态，将由网络主播不当言行引发的舆论事件发生概率降至最低。

（二）突出效能提升，进一步压实直播平台管理主体责任

直播平台是网络主播与观众沟通交流的平台，也是遏制负面舆情滋生的重要关卡。自 2021 年起，国家互联网信息办公室等部门陆续出台了《关于加强网络直播规范管理工作的指导意见》《网络直播营销管理办法（试行）》《关于进一步规范网络直播营利行为促进行业健康发展的意见》《关于规范网络直播打赏　加强未成年人保护的意见》等多部政策文件，直指网络直播突出乱象及问题，旨在压实网络平台主体责任。下一步，应提高网络直播监管的法律层级，整合部门规章及政策文件等，出台专门针对网络直播的法律法规，提升了对直播平台的监管效能及惩处透明度，督促直播平台完善舆情监管手段，探索适应网络直播业态的监管模式，特别是开发运用人工智能等新技术开展直播监管的数字化智能化手段，提升网络直播舆情的发现和处置效率。

（三）加强教育引导，进一步提升网民素养

直播平台和网络主播通过技术及功能优势，具有占主导地位的话语权，而普通网民在辨别直播真相、规避直播间诱导行为、维护自身合法权益等方面相对处于弱势。因此，政府、社会及个人三方需要共同努力，持续提升网民的网络素养和识辨能力。政府应当加强科普宣传，依托主流媒体网站、社会公益组织等，揭露网络直播乱象背后的"生意经""利益链"，引导网民清楚认识不法分子在网络直播平台的新型非法行径，避免上当受骗。网络直播行业组织应当指导直播平台本着对网民负责的原则，在注册、进入直播间、打赏、进群等各环节强制提示，并定期向网民推送真实的警示案例，增强网民对直播间非法营利行为的警惕性，并减少对直播间和网络主播的沉迷。网民应当理性认识网络主播对其打出的情感营销牌，合理安排观看直播的时间及在直播间的购买行为，并注重理性发声，提升自身在网络直播环境下的能动性。

第四节　网络微短剧传播分析

微短剧作为一种新兴的影视艺术形式，近年来在各大视频平台崭露头角，日益受到广大观众的喜爱。微短剧以竖屏观看为主，题材广泛，创作者们通过精练的剧情和高效的叙事手法，为观众提供了更多元化的视听选择。

当前，微短剧市场规模快速扩张，内容题材更加丰富，制作水平不断提升，商业模式日趋完善，头部作品频出爆款，行业规范逐步建立。可以说，微短剧为影视行业注入了新的活力，已经成为互联网视听娱乐市场中不可忽视的力量，展现出蓬勃的生命力和广阔的市场前景。

一、微短剧的发展历程

（一）萌芽阶段（2018—2019 年）

2018 年，在短视频平台的推动下，一批微短剧作者涌现，他们以搞笑、幽默、反转为特点，创作出一系列优秀的微短剧作品。在这一时期，微短剧以其短小精悍、节奏明快的特点，迅速吸引了一部分年轻观众的关注。观众们发现，在忙碌的生活中，这种几分钟到十几分钟就能看完的微短剧，既能够带来娱乐，又不会占据过多的时间。因此，微短剧在短时间内培养了一批忠实粉丝。

与此同时，各大视频平台也敏锐地捕捉到了微短剧的市场潜力，纷纷开始布局这一领域。2019 年，作为领先布局微短剧的平台之一，快手上线"快手小剧场"。此后，爱奇艺、优酷、腾讯视频等主流视频平台也都陆续推出了自己的微短剧频道，通过提供优质的资源和推广渠道，进一步推动了微短剧的发展。

在这一阶段，不少优秀的微短剧作品脱颖而出，成为市场上的佼佼者。例如，《陈翔六点半》以幽默诙谐的风格和贴近生活的剧情，赢得了广大观众的喜爱；而《生活对我下手了》则通过一系列短小精悍的故事，展现了现代都市人的生活百态，同样获得了不错的口碑。这些成功的案例不仅证明了微短剧的市场潜力，也为后续的创作者提供了宝贵的经验。创作者开始更加注重剧情的紧凑性和内容的创新性，力求在有限的时长内为观众带来更加精彩的故事。

（二）成长阶段（2020—2022 年）

在 2020 年之前，微短剧还属于新兴领域，作品数量有限，观众群体也相对较小。然而，随着网络平台的崛起和观众观影习惯的改变，微短剧逐渐受到关注。从 2020 年到 2022 年，微短剧经历了快速的发展，不仅数量激增，质量也逐步提升，成为观众喜爱的观影选择。2020 年被业界称为"网络微短剧元年"。同年 8 月，国家广播电视总局在备案系统新增"网络微短剧"板块，将其正式纳入视频剧集赛道。同年 12 月，国家广播电视总局又发布了《关于网络影视剧中微短剧内容审核有关问题的通知》，明确规定了微短剧的定义为"单集不超过 10 分钟的网络剧"，并对审核标准、审查细节等进行了规范和明确。2022 年 11 月，国家广播电视总局再次发布文件，将网络微短剧明确为单集时长从几十秒到 15 分钟左右、有着相对明确的主题和主线、较为连续和完整的故事情节的网络视听节目。这一系列举措为微短剧的发展提供了明确的政策支持。

在这一阶段，微短剧市场开始迎来井喷式增长。一方面，由于微短剧的生产周期短、成本较低，越来越多的制作方和创作者开始尝试进入这一领域。另一方面，各大视频平台也看到了微短剧的市场潜力，纷纷加大投入，推出了一系列优质的微短剧创作支持计划。如快手推出"快手星芒计划"，鼓励微短剧创作；腾讯视频发布"火星计划"，主打由 IP 改编的竖屏连续微短剧，从 IP、资金、流量等多维度助力创作者；优酷推出"扶摇计划"和"好故事计划"，全面加速微短剧精品化、规模化。在平台的支持下，这一阶段也涌现出多部优秀的微短剧作品。例如，优酷平台上的《千金丫环》在上线后迅速走红，成为当年备受关注的微短剧之一。该剧以精彩的剧情、出色的演员表演和精良的制作赢得了观众的喜爱和认可。此外，腾讯视频等平台也推出了一系列优质的微短剧作品，如《大妈的世界》获得了不俗的口碑和收视成绩。

（三）爆发阶段（2023—2024 年）

随着数字媒体的快速发展，微短剧在 2023 年迎来爆发式增长。这一年里，微短剧不仅在数量上实现了显著增长，更在质量上取得了突破性的进展，"短视频热潮"席卷互联网各大视频平台。从市场规模来看，2023 年微短剧行业持续发展，市场规模不断扩大。中国调查机构艾媒咨询 2023 年 11 月发布的《2023—2024 年中国微短剧市场研究报告》显示，2023 年我国微短剧市场规模为 373.9 亿元，同比增长 267.65%。数据显示，微短剧拍摄备案部数和集数均有大幅度增长，这反映了行业内对微短剧市场的重视和投入。同时，各大视频平台也加大了对微短剧的扶持力度，通过提供资金、资源和技术支持，鼓励创作更多优秀的微短剧作品。抖音和快手在微短剧领域都推出了独立的 App，以满足用户对微短剧内容的需求。

在内容创新方面，微短剧呈现出多元化、精品化的趋势。越来越多的创作者开始尝试将传统故事与现代元素相结合，打造既有文化底蕴又符合现代观众审美的作品。例如，《逃出大英博物馆》微短剧将文物拟人化，以独特的方式讲述了中国文物寻乡的故事，引发了广泛的共鸣和讨论。此外，还有《独女君未见》《虚颜》等作品，以独特的剧情和演员精湛的演技赢得了观众的喜爱。在商业模式上，微短剧也实现了创新。除了传统的广告植入和付费观看模式，微短剧还通过社交媒体、短视频平台等渠道进行传播和推广，吸引了更多的观众和投资者。总之，2023 年微短剧在数量、质量、内容和商业模式等方面都取得了显著的进展。未来，随着技术的不断进步和市场的不断扩大，微短剧有望在数字媒体领域崛起为重要力量，为观众奉上更多高质量、高水准的作品。

二、网络微短剧的发展现状

（一）网络微短剧的市场规模逐渐扩大

近年来，网络微短剧的市场规模呈现爆发式增长。从市场规模增长数据来看，2024 年，在第 11 届中国网络视听大会上，快手文娱业务部剧情业务中心负责人于轲称，2023 年微短剧市场规模近 400 亿元，接近电视市场体量的 70%，呈高速增长态势，5 年内微短剧市场规模有望突破千亿元。从备案数量来看，中国互联网络信息中心 2024 年 3 月发布的第 53 次《中国互联网络发展状况统计报告》显示，2023 年，微短剧拍摄备案量达 3574 部、97 327 集，部数和集数分别同比增长 9% 和 28%。2024 年春节期间，在电影、电视剧等视听内容混战中，微短剧凭借众多优秀作品吸引大众视线，受到行业与市场的广泛关注。随着技术的不断进步和市场的不断扩大，预计未来几年内，网络微短剧市场规模将继续保持高速增长的态势。

（二）网络微短剧的用户黏性快速增强

在用户黏性方面，网络微短剧同样表现出强劲的增长势头。首先是用户规模的增加。《中国网络视听发展研究报告（2024）》显示，超五成的短视频用户看过时长在 3 分钟以内的微短剧、"泡面番"等。2024 新榜短剧大会上发布的《2024 微短剧行业十大观察》报告显示，2023 年，快手和腾讯视频两大平台的微短剧用户规模分别达到 2.7 亿人和 2.3 亿人，显示出微短剧在吸引观众方面的强大能力。其次，观众观看时长也在增加。随着移动互联网的普及和智能手机性能的提升，观众越来越倾向于利用碎片化时间观看短视频内容。《中国网络视听发展研究报告（2024）》显示，移动端视频应用人均单日使用时长超过 3 小时，其中短视频应用人均单日使用时长高达 151 分钟，网络微短剧作为短视频的一种重要形式，其用户黏性自然随之增强。最后，网络微短剧的付费用户比例也有明显上升。《中国网络视听发展研究报告（2024）》显示，2023 年微短剧用户黏性快速增强，经常观看微短剧的用户占比达 39.9%，其中有 31.9% 的用户曾为微短剧付费。由此，可以看出用户对微短剧的认可和喜爱。付费用户比例的增加提升了微短剧的商业价值。

（三）网络微短剧的商业模式多样化

商业化探索是网络微短剧发展中的重要一环。当前，网络微短剧的收益模式虽不够完善，但是行业和平台已逐渐探索出分账、广告植入、充值等多元化的商业赢利模式。目前，微短剧发行平台可分为长视频平台、短视频平台、独立 App 以及小程序 4 类。其中，长视频平台大多采用分账模式，剧集上线后，平台根据点击观看情况，从会员费中抽取资金分给片方。以腾讯视频为例，其微短剧分账收入包括会员分账收入、广告分账收入和自招商分账收入。爱奇艺也采用类似的分账模式，通过会员付费分账来激励创作者。这种分账模式有效地将平台的利益与创作者绑定，促进了优质内容的生产。短视频平台既有需要会员付费的微短剧，也有通过广告植入、带货获利的免费微短剧。如化妆品品牌"韩束"，通过与某抖音网红合作推出的 5 部微短剧，不仅实现了高达 50 亿次的播放量，还实现了 33.4 亿元的交易总额。独立 App 不依赖于其他平台，可以为微短剧提供一个专属的展示空间，用户下载并安装独立 App 后，更容易形成使用习惯，这样有助于增强用户黏性。独立 App 可以通过应用内购买、广告植入等多种方式实现赢利。但真正让网络微短剧市场被冠名为"2023 年最赚钱的赛道"的则是小程序微短剧。这类微短剧单集时长在 1 分钟左右，通常会在各平台不断引流以吸引用户先免费观看，再在剧情关键转折点设置不同的收费节点，让用户付费观看后续内容。付费方式一般分为单集购买和全片购买。近年来，有关小程序微短剧"日进斗金"的"神话"也层出不穷，如上线 24 小时充值超过 1200 万元的小程序微短剧《哎呀！皇后娘娘来打工》；24 小时充值超过 2000 万元，8 天后充值突破 1 亿元的小程序微短剧《无双》……这些小程序短剧虽然剧情"土味"十足，但是却能吸引观众，让其持续充值。

（四）网络微短剧助力影视产业"出海"

随着全球短视频市场进入爆发期，网络微短剧产业链上下游企业开始将目光投向海外市场。一些优秀的微短剧作品通过精准的本土化改编和推广，成功进入了海外市场，赢得了海外观众的喜爱，"出海"潜力不断凸显。第三方数据平台 Sensor Tower 发布的《2024 年短剧出海市场洞察》报告显示，截至 2024 年 2 月底，已有 40 多款微短剧应用实现"出海"，累计下载量近 5500 万次，应用内购买收入达 1.7 亿美元。其中，由中文在线子公司 Crazy Maple Studio（枫叶互动）开发的微短剧应用 ReelShort 在海外市场上的表现尤为突出，截至 2024 年 2 月末，其全球累计下载量超 3300 万次，总收入达人民币 3.2 亿元，一度冲上美国 iOS 娱乐榜第一名，被美国《纽约时报》称为"在美国市场取得重大突破的中国应用"。点众旗下的出海短剧平台 DramaBo、九州文化 ShortTV、安悦网络 FlexTV 和新阅科技 GoodShort、畅读科技 MoboReels 等多款出海短剧 App 紧随其后，"一超多强"结构初显，微短剧"出海"平台建设逐见成效。

三、网络微短剧的特点分析

（一）网络微短剧的内容题材

在内容题材方面，网络微短剧展现出了鲜明的多样化特点。网络微短剧涵盖了多种题材，从都市情感、古装奇幻到青春校园、悬疑探案等，几乎无所不包。这种多样性满足了不同受众群体的需求，偏好不同内容和题材的观众都能找到自己感兴趣的网络微短剧。在微短剧的众多题材当中，青春爱情是主流。这类剧集通常充满了浪漫、温馨的氛围，具有轻松愉快的剧情，其受众主要是年轻观众，特别是年轻女性观众，因为其能较大程度地满足观众对美好爱情的憧憬和期待。古装玄幻也是备受观众喜欢的一类题材。该类微短剧以古代或架空时代为背景，融入奇幻元素，如仙侠、妖魔、穿越等，剧情往往充满想象力和神秘感，视觉效果突出。代表性作品如《东栏雪》，该微短剧通过精美的服饰、道具和场景设计，带领观众进入一个充满奇幻色彩的世界。悬疑类微短剧的市场潜力较大，其以解谜和破案为主线，剧情紧凑、悬念重重，能够激发观众的好奇心和思考欲望。

除了传统题材，许多微短剧开始关注社会议题，如性别平等、心理健康、家庭教育等，通过故事情节来传递正能量和价值观，引发观众的思考和共鸣。如 2023 年成功"出圈"的系列微短剧《逃出大英博物馆》，关注的就是海外遗失文物"回家"问题；微短剧《二十九》聚焦女性成长话题，讲述了两名都市女性在生活与职场中遭遇困境，相互救赎的故事。总体而言，网络微短剧在内容题材上展现出了极大的多样性和创新性，不仅满足了不同观众的需求，还推动了微短剧这一新兴艺术形式的发展。

（二）网络微短剧的创作特点与叙事结构

在创作特点和叙事结构方面，网络微短剧有其独特的风格。从创作特点方面看，首先，贴近现实生活是网络微短剧的一个显著特征。网络微短剧的题材和内容大多来源于现实生活，贴近观众的兴趣爱好和生活方式，能够引起观众的共鸣。与传统影视作品相比，网络微短剧制作周期较短。《2023—2024 年中国微短剧市场研究报告》显示，长视频平台的微短剧拍摄周期为 20～30 天，后期剪辑时间为 10 天及以上；短视频平台、小程序的微短剧拍摄周期为 8～10 天，后期剪辑时间为 7 天左右。这就使得微短剧在紧跟热点方面具有显著优势，编剧可以根据观众喜好随时保持题材的新鲜度。譬如，2024 年春节档热播的乡村穿越题材"女频"微短剧《我在八零年代当后妈》中便融入了许多 2023 年的"梗"，引发全网关注。其次，网络微短剧中的人物关系相对简单，人物形象扁平化，人物性格层次单一，人物某方面的特征常常被夸张地凸显。这是因为微短剧的观众往往是在碎片化时间中观看，他们更倾向于接受简洁明了的故事线，复杂的人物关系可能会增加他们的理解成本，影响他们的观看体验。除此之外，创作者在微短剧创作过程中会充分考虑观众的期待，打造符合观众口味的剧情和人物设定。当剧情发展符合甚至超出观众的期待时，观众就会获得

一种"爽"的体验。

在叙事结构上，网络微短剧注重情节的紧凑性和悬念的设置。由于时长较短，通常只有几分钟到十几分钟，因此编剧需要在有限的时间内讲述一个完整且吸引人的故事。这就要求剧情必须紧凑，悬念重重，以吸引观众的注意力并激发他们的好奇心。因此，网络微短剧的内容通常紧凑且情节起伏较大，通过"反转""逆袭"等高反差剧情不断制造戏剧冲突，推动情节达到一个又一个高潮，从而持续吸引观众的注意力。例如，在某些悬疑题材的微短剧中，编剧往往会在关键剧情处设置反转，让观众始料未及，从而增加微短剧的吸引力。

（三）网络微短剧的受众群体多元且集中

首先，从年龄分布来看，网络微短剧的受众主要呈现年轻化的特点。深圳中商产业研究院发布的《2023年中国短剧产业链图谱研究分析》称，从微短剧观众年龄来看，目前18～40岁的观众占比达83.5%，18～23岁的观众数量增长较快。美兰德视频网络传播监测与研究数据库发布的数据显示，2023年上半年热播微短剧的用户中，"Z世代"（15～29岁）群体占比高达64.8%，"Y世代"（30～39岁）群体占比达到24.2%，这显示出微短剧在年轻人中广受欢迎。从性别上看，微短剧受众呈现以女性为主流的特征。《2023年中国短剧产业链图谱研究分析》中的调查数据显示，网络微短剧的女性观众约占全部观众的70%。某些特定题材的微短剧可能更受女性观众的喜爱，如言情、都市生活等题材的微短剧往往能吸引大量女性观众。而男性观众更偏爱正能量、搞笑、连载动画、魔幻以及"扮猪吃虎"等"爽剧"题材。从受众地域分布来看，网络微短剧的受众在低线城市的渗透率相对较高，这可能与微短剧的内容属性和运营模式更适合下沉市场有关。2023年，深圳中商产业研究院发布的数据显示，从城市线级分布来看，网络微短剧在三、四线城市的观众占比较高，分别为22.6%和19.9%，下沉市场用户较多；其次是新一线和二线城市，占比分别为19.6%和18.7%。不过，随着微短剧市场的不断发展和规范化，其内容质量正逐渐提升，受众不断拓展。

（四）网络微短剧与观众互动的形式和效果

网络微短剧以其短小精悍、节奏明快的特点，满足了现代观众利用碎片化时间的需求。而在这一过程中，观众互动成为提升微短剧吸引力和传播效果的关键因素。观众互动在微短剧中的体现形式多种多样，其中较为常见且效果显著的互动形式包括弹幕评论、社交媒体互动、线上活动参与等。这些互动形式不仅拉近了观众与微短剧的距离，还极大地增强了观众的参与感和沉浸感。在数字媒体时代，弹幕评论已成为观众与视频内容互动的一种重要方式，特别是在微短剧领域。弹幕评论允许观众在观看过程中实时发表自己的看法、感受或吐槽，从而与剧集、其他观众以及创作者建立更为紧密的联系。它不仅为观众提供了一个实时表达情感、讨论剧情的平台，还为创作者提供了一个了解观众反馈、与观众沟通的渠道。在这个互动过程中，观众不再是被动的接受者，而成为剧集的共同创作者和推动者。除此之外，在社交媒体平台上，微短剧通过特定的标签或话题吸引观众分享感受。例如，某热门微短剧在播出期间，推出了专属的话题，引导观众在社交媒体上发布自己的观剧心得和见解。这种形式的互动不仅促进了观众之间的交流，还为该微短剧带来了更多的曝光机会。线上活动参与也是观众互动的重要形式之一。许多微短剧在播出过程中会设置投票、问答等互动环节，让观众能够直接参与剧情的讨论。这种互动形式多样且效果显著，不仅提升了微短剧的观赏价值，还为其在激烈的市场竞争中脱颖而出提供了有力支持。

四、网络微短剧存在的问题

（一）创作题材过于集中，内容同质化现象严重

内容同质化严重是网络微短剧的一个突出问题。目前，大部分微短剧的题材集中体现为爱情、喜剧、悬疑等类型，其他题材的微短剧占比过小，这导致观众的选择范围有限，容易产生审美疲劳。不少微短剧存在套路化剧情，即简单套用网文 IP 或者热门剧集的剧情，缺乏

新意和创意。这导致观众容易猜到剧情走向，失去观看兴趣。此外，微短剧中的人物形象往往脸谱化，缺乏鲜明个性和立体感。这导致观众难以与人物产生共鸣。微短剧内容同质化严重这一问题主要由三方面原因造成。一是创作门槛低。微短剧的制作成本较低、制作周期相对较短，这导致很多缺乏经验和能力的创作者进入市场，创作出大量低质量的同质化作品。二是商业利益驱动。一些平台和制作方为了快速实现赢利，往往选择制作迎合大众口味的同质化作品，缺乏对原创内容的投入。三是观众审美趋同。在碎片化时代，观众的注意力更加分散，更倾向于观看轻松搞笑、节奏明快的作品，这导致一些创作者为了迎合观众口味而选择创作同质化作品。

（二）价值表达存在局限，文化艺术价值待提升

当前，为了提高点击率和关注度，一些微短剧不惜走低俗、媚俗路线，充斥着暴力、色情等元素，这种迎合市场低俗口味的行为虽然可能在短期内吸引大量观众，却损害了微短剧的文化艺术价值和社会价值。为了体现微短剧的"爽"感，两性、地域、贫富等话题被拿来大做文章。在国家广播电视总局开展的微短剧专项整治行动中，《黑莲花上位手册》《李特助如此多娇》等一批微短剧由于过于追求"吸睛"而越过道德底线，被点名批评并下架。抖音上被下架的微短剧作品大多包含色情低俗、血腥暴力、格调低下、审美恶俗等内容。除了内容低俗，部分微短剧在内容上也缺乏深度和思考。由于制作周期短、成本低，一些制作团队可能更注重剧情的紧凑和刺激，而忽视了剧情的深度和内涵。这样的微短剧往往只由一个个孤立的情节串联起来，缺乏连贯性和深度。观众在观看过程中可能一时觉得新鲜刺激，却难以留下深刻印象，更别提进行深层次的思考了。这种价值观的局限不仅影响了微短剧文化艺术价值的实现，还可能对观众产生负面影响。对年轻观众来说，他们正处于价值观形成的关键时期，如果长期接触缺乏深度和思考的微短剧，他们的思维方式和价值观可能会受到不良影响。

（三）制作水平参差不齐，观众观影需求难满足

首先，由于制作周期短、投入成本低，一些微短剧在摄影、剪辑、音效等技术方面存在明显不足，画面粗糙、剪辑混乱、音效失真等问题时有发生。制作水平的参差不齐首先体现在视觉效果上。一些微短剧由于预算有限或制作人员技术能力不足，画面质量低下，甚至出现抖动、模糊等现象。这样的视觉效果不仅无法给观众带来美的享受，反而可能让观众感到视觉疲劳，降低观众观影时的舒适度。其次，剪辑和音效方面的问题不容忽视。在一些微短剧中，剧情跳跃、不连贯的情况时有发生。同时，音效作为增强观影沉浸感的关键因素，在一些微短剧中与画面割裂，甚至变成噪声，严重影响了观众的观影体验。除了技术层面的问题，制作水平的参差不齐还体现在剧本和表演上。一些微短剧为了追求快速上线和低成本，对剧本打磨和演员表演的要求并不严格。这导致剧情逻辑不严谨、角色塑造单薄、演员表演生硬或过于夸张。这样的作品很难引起观众的共鸣和情感投入，甚至可能让观众感到尴尬和不适。制作水平的参差不齐不仅影响了观众的观影体验，还可能对微短剧行业的整体形象造成负面影响。

（四）侵权问题时有发生，行业规范需持续加强

随着微短剧市场的快速崛起，一些不规范现象也逐渐暴露出来，严重制约了微短剧行业的健康发展。抄袭、侵权等乱象频发，不仅损害了原创者的权益，也影响了观众的观影体验和对微短剧行业的整体印象。抄袭现象是微短剧行业中的一个突出问题。由于微短剧制作周期短、成本低，一些制作团队为了追求快速上线和低成本，不惜采取抄袭的手段。他们直接照搬其他成功作品的剧情、角色设定，甚至镜头语言，简单地进行一些表面的改动后就冠以"原创"之名推出。这种行为严重侵犯了原创者的知识产权，也削弱了行业的创新力。一些制作团队在未经原创者许可的情况下，擅自使用他人的音乐、图像等素材，甚至直接盗用他人的作品进行改编。这种行为不仅侵犯了原创者的著作权，也损害了原创者的经济利益和声誉。同时，由于侵权行

为的存在，一些优秀的原创作品被恶意篡改、滥用，观众对微短剧行业的信任度降低。微短剧被盗版、搬运等版权问题也不容忽视。有业内人士表示，侵权者会将微短剧偷偷下载，再通过自有账号上传。此外，微短剧的盗版手段也"与时俱进"，比如有的侵权者会在直播间播放盗版微短剧，以此吸引流量。相比于传统的微短剧搬运，直播盗版微短剧更为隐蔽，难以被发现和取证。只有通过加强监管、提高行业自律和观众素质等多方面的努力，才能规避这些不规范现象，推动微短剧行业的健康发展。

（五）诱导消费套路繁多，消费者权益亟待保护

随着微短剧的火爆，一些平台和制作方为了牟利，开始在微短剧中植入大量广告，甚至通过虚假宣传、诱导消费等手段欺骗观众，引发了广泛的热议。一些微短剧在制作过程中，会刻意将某些商品或服务融入剧情，通过角色的使用、推荐等方式，诱导观众产生购买欲望。然而，这种诱导消费的行为往往缺乏透明度，观众很难分辨是剧情还是商业广告，从而在不知不觉中受到欺骗。在诱导观众充值方面，部分微短剧也有很多套路。一是低价诱导。例如，广告中宣传"9.9元解锁本剧全集"，但实际上观众在充值并观看了一部分后，可能需要再次充值才能继续观看。这种低价诱导的方式容易让观众产生误解，并在不知不觉中支付更多费用。二是自动扣费。部分微短剧在观众充值时会默认勾选"自动解锁下一集"或自动扣费的选项。由于这些选项通常不显眼，观众可能在不知情的情况下进行了确认。特别是对一些不熟悉电子支付的老年人来说，他们更容易受到这种消费陷阱的影响。三是利用虚拟货币进行充值。一些微短剧商家会设定自己的虚拟货币，如"金币""金豆"等，要求观众通过充值来获取这些虚拟货币以解锁剧集。这种方式不仅使费用计算变得复杂和不透明，还可能导致观众在不知不觉中产生更多消费。

五、网络微短剧未来的发展趋势

（一）内容创新

对微短剧来说，内容创新无疑是其最主要的未来发展趋势之一。在各级主管部门的政策引导及各类平台机构的扶持下，微短剧行业的精品意识不断增强，作品质量也在不断提升。与往年相比，在2024年春节期间就有不少优质的微短剧作品凭借内容创新突出重围，受到市场和行业的广泛关注。微短剧的题材也将从单一化走向多元化，不再局限于爱情、喜剧、悬疑等类型，而是拓展到更广泛的领域，满足不同观众的观看需求。当前，已有不少微短剧开始关注时代性和生活性，聚焦社会问题、乡村振兴、非物质文化遗产、生态保护等话题，为整个行业带来更多可能。例如，关注新时代乡村文旅的《飞扬的青春》、关注非物质文化遗产的《逃出大英博物馆》、关注生态环保的《我等海风拥抱你》……这些微短剧有别于其他内容同质化严重的微短剧，走出了"异质化"道路，增强了审美的现代性与民族性，增加了内容的深度。相信在未来几年内，会有更多贴合时代、贴合生活的精品微短剧涌现，带动整个行业对微短剧的题材和内容进行创新。

（二）技术赋能

随着互联网技术的快速发展，人工智能、大数据、虚拟现实等技术日渐成熟，并开始在微短剧领域应用，为微短剧的发展注入了新的活力。技术赋能将成为推动微短剧未来发展的关键力量之一。首先，AIGC技术将极大地提升微短剧的创作效率。它可以通过对大量数据的学习和分析，自动生成剧本框架、角色设定、情节发展等，为创作者提供丰富的素材和灵感。其次，AIGC技术将增强微短剧的互动性。利用AIGC技术的智能分析和预测能力，创作者可以实时追踪观众的行为和反馈，了解他们的喜好和需求。再次，AIGC技术还将为微短剧行业带来创新性的内容形式。创作者利用AIGC技术生成虚拟角色、场景和特效，可以为微短剧创造出更加逼真、生动的视觉效果，提升观众的观影体验。最后，AIGC技术可用于对微短剧进行多语言翻译，打破语言障碍，让更多海外观众欣赏到中国微短剧。例如，2024年2月，OpenAI发布的文生视频大模型Sora备受关注，有业内人士表示，以Sora为代表的文生视频技术有望降低我国网络微短剧"出海"成本中的制作成本（包括导演、演员、后期制作等方面高昂的人力成本），从而加速其"出海"步伐。

（三）行业规范

网络微短剧的市场规模正在逐步扩大，为了实现微短剧行业的持续健康发展，针对微短剧行业的监管举措将更加完善，监管力度也将更加强劲。首先，相关部门将出台更为具体和细致的政策法规，对微短剧的制作、传播、版权保护等方面进行规范。这将有助于营造一个健康、有序的市场环境，促进微短剧行业的可持续发展。其次，面向微短剧的内容审核将更加严格。为了确保微短剧内容的合规性和健康性，相关部门将加强对微短剧内容的审核和监管，通过技术手段和人工审核相结合的方式，对微短剧进行全面、细致的审核，确保其内容符合政策法规和行业规范的要求；同时，对违规内容将进行及时处理和处罚，以维护市场秩序。最后，微短剧行业将加强自律机制的建设，包括制定行业标准、加强版权保护、打击侵权行为等。行业内部的自我约束和规范将有助于提高微短剧的整体质量，减少低俗、暴力、侵权等不良内容的出现，保护观众的合法权益。

参考文献

[1]　徐剑，黄尤嘉.社交媒体之于新闻价值的发现与重构——基于奥运会热搜榜的分析[J].现代传播（中国传媒大学学报），2022，44（2）：17-24.

［2］　余绪鹏.“热搜政治”：数字媒体时代的政治形态 [J]. 宁夏社会科学，2023（6）：69-78.

［3］　陈龙，经羽伦. 从热搜榜看平台算法传播公共性建构的三重困境 [J]. 南京社会科学，2023（9）：100-110.

［4］　彭兰. 视频化生存：移动时代日常生活的媒介化 [J]. 中国编辑，2020（4）：34-40，53.

［5］　徐俊松，吴家华. 视觉文化视域下短视频泛娱乐化传播对青年价值观的冲击及应对 [J]. 江汉大学学报（社会科学版），2024，41（1）：66-75.

［6］　李智，张炳旭. 个体影像共筑社会记忆——探析纪录片《人生第一次》的微观叙事 [J]. 当代电视，2020（7）：58-61.

［7］　李明洁. 流行语：民间表述与社会记忆——2008—2011 年网络流行语的价值分析 [J]. 探索与争鸣，2013（12）：82-86.

［8］　唐艳芬. 论微博热搜的运行机制与改善路径 [J]. 传媒，2021（24）：51-53.

［9］　喻国明. 大数据分析下的中国社会舆情：总体态势与结构性特征——基于百度热搜词（2009—2012）的舆情模型构建 [J]. 中国人民大学学报，2013，27（5）：2-9.

［10］　傅守祥，王梦凡. 网络直播带货中社会互动的传播机制探析——基于身体表演性参与的视角 [J]. 教育传媒研究，2023（6）：76-81.

［11］　艾媒咨询. 2023—2024 年中国微短剧市场研究报告 [R]. 广州：艾媒咨询，2023.

［12］　中国网络视听节目服务协会. 中国网络视听发展研究报告（2024）[R]. 北京：中国网络视听节目服务协会，2024.

第四章

网络综合治理与政府信息公开

当前，各类新媒体的涌现和网络信息的快速传播使网络生态日益复杂。"泛娱乐化"的网络生态充斥着不切实际的言论和行为，加强网络综合治理，建立诚信网络空间迫在眉睫。政务媒体起着发布权威信息、激浊扬清、弘扬正能量的重要作用。随着以政务微博、政务微信以及政务短视频等为代表的政务新媒体在现代社会的经济、政治以及文化等领域中扮演着越来越重要的角色，其即时性、交互性、社交性、移动性等特点不仅直接改变了社会公众与政府之间的信息交流方式，也在很大程度上重塑了原有单向垄断的信息传播结构，并进一步改变了社会公众的生活和思维方式。

第一节　诚信是网络空间发展的生命线

互联网的基础在于信息共享。没有信息、没有共享，就没有网络。一个高质量的网络社会的形成，首先要有高质量的共享信息。即使网络社会和现实社会已深度融合在一起，网络社会也不能成为"飞地"，这是社会发展的需要，更是各利益攸关方的共同旨归。中央网信办发布的有关跟帖评论的一系列规定，是在新媒体环境下政府部门落实《网络安全法》的积极主动作为，有利于加强互联网内容建设，营造清朗网络空间。当下，网络空间新秩序构建亟须加强诚信体系建设，完善精细化管理措施，不断促进互联网治理能力和治理体系现代化。

一、网络诚信体系建设是网络空间治理的迫切问题

（一）网络失信行为成为新媒体环境下突出的社会问题

网络空间不是绝对的"自由王国"，不是杂草丛生的"黑暗森林"。新媒体环境下，失信行为成为突出的社会问题。追求没有限制的"绝对自由"、对小部分人利益的过度强调和缺乏审慎精神的情绪表达，实际上会导致社会公共性的丧失和治理的无序，误导社会舆论，抬高社会沟通成本。一些极端事件的爆发更是把网络论坛推入前所未有的道德困境，广泛引发社会责任划分争论，引发网民对网络社区信息安全的强烈需求。而每当遇到这种情况，"技术中立"往往成为互联网平台推诿的主要理由。中央网信办按"前台自愿、后台实名"原则，实施真实身份信息备案、定期核验，同时明确行为主体责任，顺应网民新期待和互联网发展新要求。此外，强调主流媒体和新闻门户网站发挥社会公器作用，避免为片面关注信息发布时效而跟风发布虚假信息，加强新闻事实核查，加强澄清解释，强化网络"大 V"与微信群主的责任，净化网络评论环境。这些举措将促使网民秉持理性精神，以更

多的同理心和负责任的态度参与公众表达。同时，网民从进行杂乱无序的表达变为发表负责任的建设性意见，也有利于政府部门将网络言论纳入决策议事过程。

（二）网络诚信建设需要宏观完善的治理体系支撑

当前，互联网在经济和社会中的基础性、战略性、全局性地位越来越突出。网络空间安全既是落实总体国家安全观的重要组成部分，也是经济发展的重要支撑、社会民生保障的重要平台。从政治角度看，恶性政治谣言可能成为引发政治风险的因素。从经济角度看，网络与信息安全是经济健康可持续发展的重要保障，事关能源、交通、金融、制造等经济命脉，直接影响社会生产、生活和经济稳定运行，也关系人民的切身利益。从社会文化角度看，网络论坛、微信等社交媒体承载了丰富的社会文化，网络舆情相互影响、相互交织，一旦被恶意利用，其负面影响很容易叠加放大。网络诚信建设需要宏观完善的治理体系支撑。只有形成完善的、可操作性强的网络诚信体系，网络作为先进文化表达的载体才能更好地发挥作用，实现网络资源的真正有效利用，并从更高层次保障网民的表达权、知情权、参与权。

二、网络诚信体系构建的维度探索

（一）完善符合互联网创新性特点的法律惩戒制度

在当前互联网的发展中，未知远大于已知，网络技术的快速创新和迭代使互联网应用的可能性无限增长。互联网法律空白的填补和操作规则的完善应当充分考虑互联网的创新性，考虑政府、企业、行业协会、网民之间的利益平衡。惩戒细化措施应适度预留弹性空间，实际执法层面应注重可操作性，需要规范解释一些相对抽象的法律条文。随着大数据、人工智能等对互联网应用的不断催化和自身的不断发展，互联网执法保留适度裁量权是必要的，但需要在相对规范的法律法规框架下，通过系统化的执法、遴选有针对性的司法判例来提高确定性。《中华人民共和国网络安全法》（以下简称《网络安全法》）的确立是互联网立法的开端，配套法律法规的制定是对互联网立法的进一步落实。可以预见，随着互联网与经济社会各领域的融合和互联网在各方面的深度应用，建立适应互联网空间新特点的一整套法律法规仍任重道远。相应法律法规的完善将夯实互联网诚信治理体系的基础，互联网空间也将由先发展、后治理的模式变为发展与治理同步、发展与安全并重的模式。

（二）利用大数据等技术手段建立态势感知体系与诚信评价系统

当下，加强个人信息安全保护是网络诚信建设的重要一步，实名制只要求用户在注册时使用真实身份信息，实际发帖评论时并不用对外公开真实身份，但保存于各大平台的实名认证信息仍然存在安全漏洞，提升个人信息安全保护能力尤为重要。虽然语音识别、指纹识别、人脸识别等多种智能技术的发展在逐步提升个人信息安全保护水平，但鉴于技术产品安全漏洞广泛存在、黑客攻击形式的变化多端，安全风险仍形势严峻，对网络安全的态势感知能力还需不断加强。短期内，可以通过加大网上巡查等方式维护网络信息安全。长期来看，可通过有效技术手段促进网络诚信治理体系的形成，比如建立大数据网络信息安全态势感知系统，更好地发现网络黑客攻击行为等；建立适合行业发展的诚信指标体系，明确行业诚信标准，实现良性动态管理。

（三）建立各方协同机制，形成共享共治的局面

网络社会的复杂性涉及多个利益攸关方，网络社会的治理模式不能是传统社会中单纯依靠政府监管的模式，而是多个利益攸关方共同参与、社会协同共治的模式。要营造风清气朗的网络空间，政府部门应当表达一种鲜明的"不中立"立场，果断出台政策，明辨是非标准；行业协会应组织互联网平台建立行业自律准则；广大网民要积极参与，推动行业正能量的积累。比如，行业组织应扮演好政府和网民间的协调员、润滑剂的角色，面对不良信息多现的情况，设立专门的举报中心；主流媒体如《人民日报》开辟《求证》栏目、新华社开辟《网闻求证》栏目等；一些门户网站如腾讯网，推出专业的辟谣栏目"较真"，

取得了良好的效果。建立畅通有效的举报渠道，有利于提高网民参与网络治理的积极性。广大网民举报监督充分反映了网络社会的突出问题，为政府部门提高治理水平提供了有益帮助。多方共治共享，形成网络诚信建设格局，将有效调整网络社会中各利益主体间的关系，完善各群体间的利益实现机制。

（四）着力培养网民媒介素养，形成负责任表达的理性氛围

网络成为当下人们最重要的文化载体和精神寄托。如果网络自由被滥用，各种粗制滥造、坑蒙拐骗的信息充斥网络空间，网络信息质量不断下降，人人身处垃圾信息世界，网络平台的活力和吸引力必然下降，互联网行业必将进入恶性循环。因此，网络诚信体系的构建，必须有效提升网民媒介素养，形成负责任表达的理性氛围。媒介素养是指公众在面对各种媒介信息时所具备的选择、理解、质疑、评估、创造和生产的能力。对广大网民而言就是，不轻易听信流言蜚语、不无中生有、不凭空捏造事实，利用好网络平台的优势，用好手中的"麦克风"，理性参与社会事件表达，多发表有建设性的意见。只有这样，才能形成良好网络生态。网络诚信体系建设应达到这样的目的：当我们进入互联网的时候，感受到的是真实的烟火气、理性的光芒，我们通过有价值的交流，产生更多情感共鸣和对生活真谛的体悟。

三、促进网民积极有序参与网络表达

信息化时代下，我国舆论环境发生了重大变化，具有更强的突发性甚至爆发性。虽然网民对表达自由有了更深刻的理解，但在实际操作中仍存在一些问题。一方面，网络信息互动、网络传播加速激发了对热点事件、热点话题的大范围讨论传播。舆论事件的舆论促生、舆论讨论和舆论回应3个阶段的持续时间呈现不断缩短的趋势。"泛娱乐化"的网络生态充斥着过度追求肤浅、空泛、不切实际的言论和行为，这也导致了网民理性判断能力的丧失。因此，信息化时代的媒介信息具有多元发展的特性，这就需要网民对人与人、人与事、事与事具有

更多元的解读和评价能力。但网民面对高速发展的互联网技术和融媒体时，在对媒介信息的甄别、思辨、批判等方面都存在发展不足的现象。另一方面，信息技术打破了原本由传统媒体层层把关的公共发言壁垒，网络舆论环境的发展存在"泛政治化"倾向。但政治议题要求政治评判者具有较高的表达素养和政治素养，某些人鼓吹战争的幼稚言论显然是对国家外交政策和外交原则缺乏认识甚至严重误解的体现，也显示出一些网民媒介素养的严重缺失。因此，网民在信息化时代更应该深入认知媒介，以提升信息甄别能力、筛选能力和思辨能力，从而形成更强的媒介信息分析能力。

（一）提升网民媒介素养

信息化时代的高速发展改变了公民政治参与的途径和形式，而网络空间的虚拟性直接导致网民在进行网络活动时无法得知网络交流对象在现实中的真实素养。尤其是学生普遍处于世界观、人生观、价值观尚未成形的成长阶段，对融媒体等新兴事物有着强烈的好奇心，对"玩梗"好奇但不一定能甄别个中不良信息，不理性的"玩梗"会在某种程度上酿成网络道德的滑坡。因此，学校、政府相关部门以及主流媒体应加强协作，通过教育和引导，培养网民对网络表达的责任感，提高和培养网民的网络道德意识，从而提升网民的媒介素养。尤其学校应当在思想道德教育等相关课程的教学中融入网络道德教育内容，选取典型网络舆论事件中的正面和负面案例，从网络道德、媒介素养的角度对其进行更深层次的解读。可以采取媒介素养课程"试点"的方式，在媒介接触范围较广的区域进行一段时间的实践，总结成功经验并研讨优化方案之后，让成果在更大范围内分享。在媒介发展较为落后的地区，可以定期开设学术论坛、专家讲座或者线上课程，教给该地区的学生基本的媒介素养知识，并且从硬件上为学生提供接触融媒体的机会。

（二）突出网络媒体引导作用

网络媒体在当下社会中扮演着多重角色，既要追求流量，又要关注普通网民的兴趣点，同时还要承担起相应的社会责任，帮助网民规范网络行为，提升媒介素养。在这一过程中，网络媒体需要把握好平衡，既要满足市场需求，又要坚守职业道德，积极承担社会责任。在舆论事件发酵时，网络媒体需要迅速反应，及时发布权威信息，避免谣言扩散。同时，网络媒体还需要审慎处理涉及网民负面情绪的信息，避免催生社会不稳定因素。网络媒体在发布信息时，需要三思而后行，既要保证信息的真实性，又要考虑其可能对社会产生的影响。除了及时处理舆论事件，网络媒体还需要推动网民的媒介素养提升。网络媒体可以通过开设相关课程、举办讲座等方式，帮助网民增强辨别信息真伪的能力。此外，网络媒体还要加强对新闻从业人员的培训，提高其专业水平和职业操守，确保信息传递的准确性和客观性。网络媒体的正向引导可以有效减少虚假信息的传播，使网民形成理性、客观的言论态度，提升网民的媒介素养和社会责任感。

（三）完善网络相关法律法规

网络空间是现代社会中人们生活的另一个重要场所，维护其秩序和安全的重要性与现实生活无异。正如我们在现实生活中需要法律的约束来维护社会秩序和安全一样，适用于网络空间的法律同样扮演着至关重要的角色。随着互联网的迅猛发展，网民的行为、活动以及隐私保护等立法问题亟待进一步完善。网民的行为和活动应当受到法律的规范，这不仅仅是为了维护网络空间的秩序，更是为了保障每一个网民的合法权益。无论是实施网络欺诈、发动网络攻击还是散布网络谣言，这些行为都应当受到法律的制裁。同时，随着大数据、人工智能等技术的广泛应用，个人隐私保护也面临着前所未有的挑战。如何在保护个人隐私的同时确保技术的正常应用和发展，是立法者需要深入思考的问题。此外，在应对社会突发事件时，相关法律更需要展现出科学创新的思维。传统的短期调控法往往只能解决眼前的问题，而无法从根本上预防类似事件的再次发生。因此，立法者需要以长远思维来制定相关法律，既要解决当前的问题，又要为未来的发展留出空间。为此，建立完善的政府回应分级机制显得尤为重要。这一机制要求政府对公众的网络政治参与活动的性质、时效性、严重性等进行多维度评估，从而确保政府的回应既及时又有效。同时，这也要求政府在与网民的互动中更加注重倾听民声、尊重民意，确保网络空间的和谐稳定。

（四）实现网络市场良性互动

实现网络市场良性互动是一个多维度、多层次的复杂任务，涉及市场机制、产业发展、主流意识形态以及它们之间的相互关系。在这个过程中，市场机制发挥着基础性和决定性的作用。一个健康、公正、透明的市场环境是网络市场良性互动的前提。在这样的环境下，供求关系、价格机制、竞争机制等能够充分发挥作用，推动资源的优化配置和产业的健康发展。其中，产业发展是网络市场良性互动的重要支撑。而主流意识形态则在网络市场良性互动中发挥着引领和塑造的作用。网络空间是亿万网民共同的精神家园，主流意识形态必须占据主导地位，引领网络文化的健康发展。加强网络内容建设，传播正能量，弘扬社会主义核心价值观，可以形成积极向上的网络文化氛围，为网络市场良性互动提供有力的思想保障。因此，促进产业发展与主流意识形态的正向互动，是实现网络市场良性互动的关键。这要求我们深入理解和把握市场规律，明确主流意识形态在网络市场发展中的引领作用。

首先，产业发展必须紧密结合市场需求和技术发展趋势，推动供给侧结构性改革，提高产品、服务的质量和效率。在这个过程中，主流意识形态应当引导产业朝着健康、可持续的方向发展，避免盲目追求经济利益而忽视社会责任。其次，主流意识形态应积极融入产业发展，通过加强网络文化建设、传播正能量、弘扬社会主义核心价值观等方式，为产业发展提供有力的思想保障和文化支撑。这不仅可以增加产业的文化内涵和附加值，还可以增强产业的市场竞争力和社会影响力。同时，我们还需要建立健全相关政策和法规，为产业发展与主流意识形态的互动提供制度保障，包括完善网络市场监管机制、加强网络信息安全保护、促进公平竞争等。这些政策和法规的实施可以规范市场行为，维护市场秩序，为网络市场的良性发展提供有力保障。最后，促进产业发展与主流意识形态的正向互动还需要我们加强宣传教育工作。广泛深入的宣传教育可以提高网民对网络市场发展的认识和理解，增强他们对主流意识形态的认同感。这不仅可以凝聚社会共识，形成推动网络市场发展的强大合力，还有利于实现网络市场良性互动，营造良好的社会氛围。

第二节　网络综合治理持续发力

全国网信系统严格执行相关法律法规，通过约谈问题网站，责令问题网站暂停功能或更新，下架违法违规移动应用程序，会同电信主管部门取消违法网站许可或备案、关闭违法网站，督促相关网站依法依约关闭违法违规账号等方式，持续大力查处各类网络违法违规行为。各级网信部门积极配合开展"清朗"系列专项行动，持续打击传播网络暴力、谣言信息、淫秽色情信息等违法违规行为，集中整治自媒体领域的不良导向问题，打击侵害企业合法权益、破坏营商环境的行为，治理未成年人网络环境，规范生成式人工智能应用，及时查处一批传播违法违规信息、扰乱网络传播秩序、社会影响恶劣的网站和账号。

一、持续推进网络执法，向不良导向内容亮剑

近年来，观看短视频逐渐取代传统娱乐项目，成为大众消遣娱乐的主要方式。一时间，各种内容、多样风格的短视频霸屏各大视频平台，推动了直播带货等新业态的发展。这背后牵扯巨大利益的流量正成为各短视频争夺的主要对象。一些主播为了博取粉丝关注，不惜通过弄虚作假等方式争夺流量，极大影响了主流价值观的传播，甚至滋生违法犯罪行为。2023 年，中国青年报社社会调查中心的一项调查显示，73.7% 的受访者"刷"到过低俗劣质短视频。

此前，"给住院婆婆吃泡面"系列短视频就曾引爆舆论，后经查证，此系列短视频纯属拍摄者为了爆火，和母亲配合，虚构住院场景拍摄而成。除了虚假短视频，不乏部分主播突破"下线"，在直播中夹带"软色情"内容，通过"直播 PK"卖惨、秀身材等获取高昂的打赏费用。一些恶意营销的短视频通常以打造冲突观点、演绎过激人设等形式，围绕当今社会易引发舆论热议的婆媳矛盾、男女对立等争议话题，刺激公众情绪，以达到流量最大化的目的。上述不良导向内容极易造成公众认知障碍，消解主流价值观，恶化网络生态环境。

直面问题，重拳出击，才能出效果。专项整治行动是向不良导向内容亮剑的重要手段。集中力量开展专项整治行动，可以迅速整治自媒体领域中的突出问题，形成强大的震慑力。例如，2024年4月，中央网信办曾开展为期两个月的"清朗·从严整治'自媒体'乱象"专项行动，聚焦社交、短视频、网络直播等类型的重点平台，针对"自媒体"造谣传谣、假冒仿冒、违规营利等突出问题，坚决打击、从严处置，营造清朗网络空间。在专项整治行动中，网信部门采取多种措施，如约谈有关平台负责人、责令整改、下架违规视频、处罚违规账号等，有效遏制不良导向短视频的传播，推动短视频行业的健康发展。此外，随着短视频的内容不断丰富和传播速度的加快，传统的监管方式难以满足需求，提升技术监管能力成为向不良导向短视频亮剑的重要支撑。网信部门还积极利用大数据、人工智能、区块链等先进技术，对短视频内容进行实时监测和分析。

各省、区、市也在积极将整治自媒体领域的不良导向问题落到实处：开通"自媒体"乱象举报渠道，鼓励大众提供线索；公布部分已处置的典型案例，以儆效尤，威慑"自媒体"违法违规行为；积极统筹协调公安、市场监管等部门，约谈、教育教训和行政拘留、处罚违规"自媒体"；对违规微信公众号、短视频账号予以一定期限的封禁或禁言处理；鼓励和引导短视频创作者坚持正确的创作导向，传播积极健康、向上向善的内容。

二、优化营商网络环境，助力企业高质量发展

企业的稳定发展离不开健康的营商网络环境。当下，国际上出现了一些"中国陷入衰退""中国经济见顶"等悲观言论，影响了国内民众对未来经济的预期。网络上也常常出现如"房价腰斩""股市崩盘"等故意引发恐慌情绪的言论，甚至是长篇的分析文章，抑制了网络营商环境的良性发展，给我国企业、企业家带来了极大的困扰和负面影响。

比如在企业经营发展过程中，特别是在上市融资、新产品发布等关键时刻，有些自媒体账号会发布传播捏造事实、主观臆断、歪曲解

读、恶意关联等涉企虚假不实信息。再比如，部分自媒体账号恶意"测评和对比"，以所谓的监督目的向企业施加压力，索取"封口费""好处费"等，甚至不惜火上浇油，拉扯各方势力"下场"搅浑水。又比如部分"黑手"张冠李戴，刻意制造涉及他人隐私的话题，关联当下热点议题并不断炒作，趁机获取商业利益或引发股市震荡。

培育有利于民营经济创新发展的舆论环境十分重要。2023 年，中央网信办在全国范围内启动为期 3 个月的"清朗·优化营商网络环境保护企业合法权益"专项行动，重点治理打着"网络兼职""招聘写手"等名义招募网络黑公关、从事黑灰产等 10 类网络乱象。例如，针对一些账号和平台恶意关联性别、职业、地域等特征，以激化矛盾获取流量的做法，专项行动明确了此类行为的性质，亮出了重拳治理的态度。这些专项行动，能够集中力量解决营商网络环境中的突出问题，为企业营造一个更加公平、公正、有序的网络环境。

各地网信部门严格落实相关法律法规，高效办理各类破坏营商网络环境的案件，从线索核查、办理程序、法律法规适用、保障当事人权益等方面不断规范网络执法行为，提升案件办理质量。例如，在办理破坏营商网络环境的案件时，网信部门会从"快、准、严、效"上下功夫，确保案件事实认定清楚、证据确凿充分、适用法律准确、程序合规合法、处罚精准适当。此外，网信部门还注重加强执法队伍建设，组织开展执法业务学习培训、执法实战观摩、执法交流研讨等活动，切实提升网信干部的执法业务能力；积极向所在地企业发放宣传材料，结合典型的网络侵权案例，讲解如何引导企业和员工积极参与网络侵权举报，并及时回复相关的网络侵权咨询。

三、整治网络戾气，弘扬社会正气

近年来，隐蔽的网络空间似乎更易充斥网络戾气，网络暴力的背后通常都有网络戾气的身影。网络戾气指的是一种偏执、极端、非理性的、煽动对立的情绪。网络戾气主要有恶意揣测、人身攻击等表现形式。往往一句话就可能引发一场"骂战"，一张图片就可能引发一场"对决"。一些契合社会痛点、不公平现象的个案容易被互联网无限放大，引发大范围讨论，负面情绪也极易累积和无差别扩散。例如，"孔乙己的长衫""山河大学"等新冒出的短语表达的是当下年轻人"卷"不动、"躺"不平的艰难困境以及对更公平的教育制度的渴望。如若不能合理疏导网民情绪，网民情绪极易被别有用心之人煽动利用，从而对社会的稳定和谐造成极大的威胁。此外，一些物流、金融、电商平台没有做好相应的数据保护工作，甚至对外大量贩卖涉及用户隐私的个人数据，纵容各种"开盒"行为。

在此基础之上，2023年，中央网信办开展"清朗·网络戾气整治"专项行动：聚焦网络戾气容易滋生的重点环节板块，从严打击恶意攻击谩骂、挑起群体对立、宣泄极端情绪等突出问题，坚决惩治一批违规账号、群组和网站平台，有力遏制网络戾气传播扩散；建立完善的网络内容审核机制和用户举报机制，及时发现和处置网络戾气相关的内容；压实网站平台主体责任，摒弃"拉踩引战"、煽动对立、制造恐慌的"有毒流量"，为网站平台长远健康发展营造良好环境；进一步加强网络侵权举报受理，提升举报处置效果，加强对问题账号等的管理，加大宣传、辟谣和曝光力度。

专项行动开展后，各大平台迅速响应。例如，百度发布的《关于近期"网络厕所"问题的治理公告》称，清理了匿名投稿、隔空喊话、攻击谩骂等"网络厕所"相关有害信息，封禁"ST紫晶""CHUBBH""南墓yt的老公"等违规账号。"微博管理员"发布公告称，微博严格按照"清朗·网络戾气整治"专项行动要求，围绕重点环节和突出问题开展全面治理工作，包括集中整治"网络厕所"账号，通过策略识别及人工监看，关闭"丑人究竟是谁在夸""薯条受益者联盟"等"网络厕所"账号。同时，针对恶意"开盒""挂人"的违规行为，微博上线投诉入口，以加强治理。快手发布公告称，专项行动开展以来，删除了"网络厕所""开盒""挂人"相关违规内容，关闭了违规账号。

整治网络戾气，更重要的是强化协同联动，形成合力。网信部门应加强与公安、市场监管、文化等部门的协作配合，建立跨部门的网络戾气整治工作协调机制。例如，在查处网络暴力案件时，网信部门与公安部门联合行动，共同打击网络暴力行为，提高整治工作的效率和效果。网信部门也应与属地网站平台建立良好的沟通协作关系，及时通报网络戾气整治工作情况，指导网站平台加强内容管理。例如，定期召开平台座谈会，听取网站平台在整治网络戾气过程中遇到的困难和问题，共同研究解决办法，推动网站平台更好地履行主体责任。

四、专项治理和长效机制有机结合，持之以恒净化网络空间

坚持常态化开展专项整治，切实维护社会公共利益和人民群众合法权益。中央网信办的专项行动通常聚焦于网络空间中的突出问题和顽瘴痼疾。例如，针对网络生态中的低俗、暴力、虚假、侵权等不良内容，开展"清朗"系列专项行动，集中整治网络直播、短视频等领域的乱象。自 2024 年 11 月 12 日起，在"清朗·网络平台算法典型问题治理"专项行动中，各地网信部门及时公开算法问题举报渠道，对网民举报线索进行监测核实，并向网民反馈整改结果。通过聚焦突出问题，专项治理能够集中力量解决网络空间中的"顽疾"，集中清理一大批违法违规内容，有效净化网络空间，取得立竿见影的效果。

专项治理能够迅速解决一些突出的问题，但如果不建立长效机制，这些问题容易再生。例如，网络直播、短视频领域乱象丛生，仅靠一次性的专项治理难以根治，必须建立长效的监管机制，才能持续营造良好的网络环境。所以在专项整治的基础上，中央网信办建立健全长效机制，推动网络综合治理由事后管理向过程治理、由多头管理向协同治理转变。与此同时，在专项治理期间建立的一些有效的制度和措施，需要在长效机制中继续坚持和完善，以确保治理成果的长期稳定。

专项治理和长效机制有机结合，可以提高治理效率。专项治理可以集中力量解决突出问题，而长效机制则可以在日常工作中持续发挥作用，两者相互配合，能够更好地实现治理目标。通过专项治理和长效机制的结合，中央网信办不断完善网络治理体系，形成了从源头预防、过程监管到事后处置的全流程治理体系。例如，建立健全网络内容审核机制、用户行为规范和违规处理机制，加强与公安、市场监管

等部门的协同联动，形成多元主体共同参与的治理格局。这种完善的治理体系，能够更好地应对网络空间中的各种复杂情况，提高网络治理的系统性和协调性。

第三节　政务微博树立政府新形象

微博的兴起，改变了网络舆情传播和网络舆论扩散的局面，拉近了互联网与民众的距离。政务微博作为微博生态圈的重要组成部分，逐渐成为政府与民众互动交流的重要平台，在政务新媒体中发挥着重要作用。当前，政务微博逐渐从信息发布平台转为以服务为主的网络平台，在信息公开、民情回应、应急响应、舆论引导等方面形成了相对规范的系统化模式，在疏导民众情绪、安抚民心、满足公众知情权等方面发挥着重要作用。面对瞬息万变的网络舆情，政务微博不仅需要迅速做出应对，还需要协同多元主体共同参与治理舆情，这就对政务微博舆情治理能力提出了更高要求。

一、政务微博参与网络舆情的现状

在网络舆情发酵的前期，及时更新事件信息，能够在很大程度上推动舆情消退。例如，2023 年 12 月，甘肃发生 6.2 级地震后，"中国消防""应急管理部""中国政府网"等官方政务微博账号发布事件动态信息，联合新华网这一大众媒体共同发布习近平总书记的重要指示：尽最大努力保障人民群众生命财产安全。后续工作组开展线下救援期间，事件舆情影响力与热度居高不下，将事件舆情推向高潮。对此，政务微博协同大众媒体积极发布地震救援等博文，及时公布民众伤亡情况，共有 161 家重要媒体报道事件救援进程，甘肃省应急管理厅官方微博账号"甘肃应急发布"的救援需求公告经多家大众媒体转发，引发了群众积极参与灾区物资捐赠，具有相关救援能力的社会应急力量也奔赴甘肃抗震救灾现场。可见，针对网络舆情，政务微博协同大众媒体积极公布事件的进展和可能发生的新情况，能够引导舆情实现正向发展。

伴随互联网用户数量的持续攀升，加之社交媒体的广泛应用与发展，越来越多的微博"大 V"被催生出来。因此，政务微博除了与大众媒体协作，也应不断加强与微博"大 V"的联系。以甘肃地震事件为例，微博"大 V"主动响应政务微博，积极传播事件信息，转发政务微博响应民众、公布救援情况，让更多网民了解事件进展，并理性参与事件的讨论。例如，多位在微博实名认证的公益博主、律师就该事件表明自己的立场和观点，在第一时间捐物资、捐款，相关博文得到广泛的转发和评论。在为期 6 天的救援工作中，微博"大 V"以自身的网络影响力，积极解读政务微博发布的公告，吸引公众广泛参与、响应救援行动，传递积极信息，与政务微博形成舆论正能量传播合力，避免了负面舆情的扩散。

对于粉丝数量高达数万甚至超过百万、千万的具有较大网络影响力的专家学者，政务微博也应适当给予关注。对于他们的疑问诉求，政务微博应及时回应，与网民在线互动，借助微博广泛的影响力来引导舆论正向发展，以达到事半功倍的效果。例如，北京地铁昌平线曾发生事故，引发网民热议。有关"昌平线""地铁"的词条搜索量迅速增加，北京地铁运营有限公司官方微博账号"北京地铁"联合北京市昌平区官方微博账号"北京昌平"在 24 小时内，针对网民担忧的人员伤亡情况及时发布通报，表示事故导致 30 余人受伤，无人员死亡，后续地铁昌平线可正常运行，准确把握了重点信息，及时回应了民众诉求，减小了舆情事件的负面影响。

在网络舆情治理中，政务微博与大众媒体、微博"大 V"密切协作，有利于发挥协同效应，整合信息资源，更新舆情动态。面对大众媒体，政务微博保持真实坦诚，主动提供第一手调查资料，便于大众媒体及时传播舆情事件的发展动态，消灭负面舆情发展苗头。同时，政务微博应发挥自身的权威性，发布民众关心的事件信息，采用短视频等大众喜闻乐见的方式优化微博文章制作，加大人力和资金投入，培养政务新媒体运营的创新型人才，以避免陷入"僵尸号"的困境。在应对突发网络舆情危机时，政务微博应及时与网络关键群体进行沟通，如与自由撰稿人、法律从业者等合作，关注并充分重视他们的舆论影响力。目前，政务微博不断推动多元主体协同共治，在公众关注的问题上精准发力，积极携手各方，共同应对舆情。

二、政务微博现存的问题

政务微博发展渐趋成熟，其便捷的办事服务功能体现了政府为人民服务的宗旨，同时，政务微博使政务信息更加公开透明，进而增强公民参与政府治理的意识。在此过程中，一方面政府干部接收不同声音并予以回应；另一方面公民相互接触，了解彼此利益，推动社区意识和社会公共意识发展。但政务微博在发展中仍存在一些问题，政府部门应当以"刀刃向内"的革新态度予以重视。

（一）舆情响应速度迟缓

突发事件网络舆情有着较强的不确定性，在事件发生后若不及时响应并采取行动，政务微博将会失去话语权。通过对网络舆情事件的时间线进行梳理，可以发现在整个舆情事件发展的初始阶段，舆情热度最高，网民情绪最为激愤，公众更倾向于关注负面信息。若政务微博并未在这一阶段进行回应，其响应速度就会明显滞后于网络舆情的发展速度，从而为网络谣言提供滋生与蔓延的空间，不利于政府部门掌握舆情演化的关键节点，政府部门在舆情发展初期就会陷入被动局面。例如，"华中某大学动物营养系 11 名研究生实名举报导师黄某若学术造假"事件，从最开始的网传消息，到最后舆论发酵，政务微博在该事件中的响应速度明显滞后，官方调查进度过于缓慢，高校声明也未能及时安抚学生情绪，导致网络舆情事件持续发展。

（二）舆情回应技巧落后

近年来，各级政府部门纷纷开通微博账号，政务微博逐渐成为推动政务公开、了解社情民意、开展舆论引导等工作不可或缺的平台。政务微博本该是政府与群众进行密切沟通与交流的场所，但部分政务微博始终没有找准自身定位，个性化特点不突出，吸引力、影响力不足，官本位思想根深蒂固，严肃、生硬、刻板、单调的内容风格给公众带来强烈的疏离感，其在负面事件发生后的回应态度僵硬，往往激起民愤。例如，"江西一高校饭菜中疑吃出老鼠头"事件触动公众敏感神经，舆情热度居高不下。而后涉事高校发布情况说明，其后安排了曝光学生和市场监管局领导接受媒体采访，均表示"鼠头是鸭脖"。但这样的回应不仅没有让舆论降温，反而让网络上出现各种调侃段子。随后，江西省相关部门介入，证实异物确为"老鼠头"，并对相关部门进行了处理，舆论才逐渐降温。政务微博作为舆论引导的前线，发布的任何一条信息都会引起广大群众的关注与解读，如果态度敷衍，不回应公众质疑、不核实信息真伪，就可能激化社会矛盾，损害政府公信力。这一类突发性舆情事件的处理过程也反映出政务微博在应对突发事件时，还是存在信息发布空窗期长、回应频率低的问题，未及时解答公众质疑和辟谣等不作为也会引发公众的强烈不满。在处理类似舆情事件时，政府部门需要还原案件真相，而事件的调查与真相的探索需要经过各种程序，会消耗一定的时间，而这段时间的舆论往往会被相关部门忽略，稍不留神，负面舆情就会发展到难以控制的程度，甚至带来严重后果。

（三）舆情治理主体单一

从网络舆情产生、传播和演化的过程来看，政府、媒体和网民是网络舆情的三大主体，应该共同承担应对网络舆情的责任。虽然政府一直强调要利用好社交媒体，加强与网民之间的互动交流，但事实上政务微博依旧以单向的信息发布为主，对网民提出的问题只是尽可能简短地回复或者保持沉默。政务微博的回应存在自说自话、唱"独角戏"的问题，没有与媒体形成良好的配合，也未与网民建立起良性的沟通关系。因为联系不够，所以政务微博的服务范围不够全面。例如，在处理政务投稿时，下属县乡政务微博响应较慢，县乡政务求助往往无法得到及时处理。另外，部分县乡行政单位的服务意识较弱，在解决部分投稿问题时敷衍了事，导致投稿网友对政务服务的满意度不高。

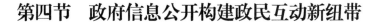

第四节　政府信息公开构建政民互动新纽带

在数字时代，各类政务新媒体的广泛应用为社会公众行使知情权和发言权提供了便捷的渠道，大大强化了公众获取信息的能力，极大激活了公众参与各类公共事务的积极性，同时增进了公众之间的联系，这一点在突发公共事件中表现得尤为明显。政务新媒体作用的发挥取决于政务新媒体账号本身的传播力、服务力、互动力以及被认同度，而用户的互动和参与是政务新媒体平台运营的核心要素之一。然而，"数字鸿沟""网络暴力"等现象的出现也容易引发网络参与代表性不足和网络公众参与非理性等问题，进而影响网络参与的有效性。

一、我国政府信息公开的发展趋势

2008 年《中华人民共和国政府信息公开条例》(以下简称《条例》)正式实施，标志着制度化的政务公开全面建立。此后，国务院、最高法出台了系列配套的指导文件，对《条例》的实施作出补充规定。自《条例》正式施行以来，我国几乎每年都会出台政府信息公开报告和年度政务公开要点，政务公开不断制度化。经过 11 年的不断探索和改进，《条例》于 2019 年 5 月修订，扩大了政府信息公开的范围，保障了人民对政府信息的获取。在这一阶段，我国政府信息公开各方面的工作逐渐完善，政务公开的流程逐步制度化、规范化和标准化，信息公开的效率显著提升。2015 年政府工作报告提出"互联网 +"的概念，政府信息公开更加注重多元化与互动化；2016 年《关于全面推进政务公开工作的意见》发布，提出各地各部门应当推进政务全过程、全流程公开，政府信息公开进一步深化；2022 年 6 月，《国务院关于加强数字政府建设的指导意见》明确要求优化政策信息数字化发布，完善政务公开信息化平台。在这一阶段，我国政务公开的渠道呈现多元化趋势。大数据、区块链和人工智能等技术的推广与应用，以及数据共享平台的整体推进，也为更快形成新的政务公开运行机制创造了良好条件。

可见，互联网技术的进步对政府信息公开具有明显的推进作用。近年来出台的一系列关于政务公开的指导意见，也将数字技术在政务公开中的作用提到了前所未有的高度。政务公开呈现出制度化与数字化相互交织、相互促进的趋势。在深度互联网时代，媒介不仅作为政务公开的平台而存在，而且内生化为政务公开推进过程中的必备要素，对政务公开的理念、方式方法都提出了新的要求。

二、我国政府信息公开的具体应用

政府信息公开依托于政务新媒体，而政务新媒体为政府回应力、公信力、执行力的提高带来了新契机，成为社会创新的助推器。互联网新环境下，政务新媒体应用涉及面广，主要包括以下几个方面。

（一）在网络舆情管理中的作用

优质的政务新媒体运营理念有助于促成信息在交互场景下实现多方谋划、广泛参与、共同享有的格局，在预测网络舆情、创新社会治理方面具有显著的正向作用。利用政务新媒体预测网络舆情发展，对舆论引导有极其重要的意义。在进行网络舆情管理的过程中，一些学者认为政府部门的态度和理念极其重要。基于舆论事件爆发快、周期长、消退缓慢等特点，政府部门应对网络舆论的关键是展现坦诚积极的态度，满足公众的期待，加强与网民的深度互动，加强与传统媒体的信息协调，深化与微信、微博等社交媒体的联动等。互联网时代，网络舆情从产生到爆发这一过程的时间非常短暂，政府部门稍有不慎就会陷入舆情治理的被动局面，因此政府舆情治理应从网络管控转变为网络治理，创新治理理念，形成多元主体协同治理模式，掌握网络舆论话语权，提高网络舆情治理的效率。政府部门除了更新网络舆情管理理念，还要根据不同政务新媒体平台的特点进行网络舆情管理。微博作为信息分享、传播以及获取的平台，具有信息量大、传播迅速的特点。政府部门在进行网络舆情治理时，不仅要充分利用微博这一平台，还要注重把握好微博"大 V"的发言特点，由此提升政府相关机构应对网络舆情的能力。而政务微信公众号由于其发布的文章篇幅可长可短，可以对社会事件进行深度解读，在网络舆情处置中发挥着狙击谣言、引导舆论、加强政民互动、化解矛盾的作用，但也存在舆情处置过于保守、互动不足、专业性不强等问题。因此政务微信公众号的运营应逐渐以用户为核心，充分合理规划发布时间、发布内容和发布方式，从编辑发布、信息转发、信息阅读、信息再利用等方面提高网络舆情传播和处理能力。

（二）在突发公共事件管理中的作用

在突发公共事件发生时，公众会大量搜寻、转发相关信息，信息在多个新媒体平台上快速传播，传播门槛低，传播速度快，传播面广，这使得信息真伪难辨，信息质量难以得到保证。在此情境下，政府部门处理稍有不慎就可能引发极其严重的二次舆情危机，而政务新媒体在此时能够发挥出传统媒体不可比拟的关键作用。事实上，在已发生的多次突发公共事件中，政务新媒体都是政府部门向外发声、引导舆情的重要阵地。目前，政务微博在应对突发公共事件时，偏向于消除公众的陌生感、降低事件对社会秩序的侵扰，而对认知差异导致的社会问题并未多加关注。因此，政务新媒体作为信息发布与沟通的关键平台，在突发公共事件发生初期应修补已破坏的社会秩序；中期则应减少政府与公众、公众与公众之间的认知差距；后期则要反思社会认知差距，以达成社会共识。政府部门在进行危机沟通时要重视回应的时效性、沟通的实用性以及内容的坦诚性。这里以"重庆一老人死亡11年后复活"事件为例。2023年2月21日，《潇湘晨报》报道称，11年前，重庆忠县一患精神疾病老人周某某在医院走失，事发20余天后，有关部门以体貌特征相似为由，将医院附近发现的一面目全非的男性尸体认定为周某某。周某某家属随后将尸体火化并进行安葬。然而，2022年，忠县公安机关使用人脸识别系统确认一流浪老人身份时，发现其长相与周某某相似度在90%以上，周某某离奇"复活"。相关情节一经曝光，迅速引发网民围观，多数网民直呼"离谱"，质疑有关部门办案草率。当日22时许，忠县县委宣传部发布通报称，忠县公安局已成立专项工作组对此事进行调查核实。2月22日，忠县公安局发布情况通报，围绕周某某身份、老人走失案原委、身份认定经过及落户帮扶等舆论关注焦点予以细致回应，通报内容获舆论认可。该事件虽起源于10余年前的旧案，但相关报道和舆论的矛头直指忠县警方。对此，忠县警方高度重视舆情，并在一天时间内完成调查工作，还原事件真相，促使舆情快速"退潮"。在引导舆论方面，忠县警方的表现可圈可点，在舆情曝光当日快速回应表态，并在次日第二次发布调查结果，有效压缩了舆情发酵空间。通报内容不仅对跨越11年的案件进行全面细致复盘，也向公众交代了对周某某如何安置、无名尸体信息查找等其他后续事宜，打消了公众疑虑。通报还瞄准"无名尸体"这一主要质疑点，澄清"该尸体系因车祸死亡、面目全非"等谣言，详细解释了将无名尸体认定为周某某的原因。这起由11年前的工作失误引发的舆情危机能够快速平息，得益于当地警方高效的实体处置与舆情引导，而警方不遮掩、坦诚面对的态度，也成为扭转舆论风向的关键。

（三）在政府形象建设中的作用

政府形象直接关系公众对政府的信任程度和满意程度，有助于地方政府推动经济社会发展。政府形象在公众心中的呈现方式多种多样，尤其是基于互联网技术的发展，公众通过网络渠道就能获得更多的政府相关信息，公众接触政府官方账号会使得其对政府的信任发生变化，且公众接触政务新媒体的频率高对政府形象的塑造有正面影响。可信度高、时效性强、公众感兴趣、互动频繁的政府官方账号能加强公众对政府的了解，提高公众对政府的满意度，改善公民对政府形象的评价。但是，政务新媒体在政府形象的传播中也面临多重困境：单向宣传思维根深蒂固，网络公共事件中政务微博"不作为"或"作为不当"现象频出，缺乏影响力的政务微博与"僵尸号"类似，等等。对此，政府部门要充分利用政府官方账号进行形象传播，同时要讲究形象传播的策略与艺术，主动全面公开政务信息，充分发挥社交平台联系公众的作用，建立政治协商对话制度。在政府形象传播的主体、媒介和方式都发生变化的互联网新时代，政府部门需要充分发挥信息公开功能，加强制度建设，以塑造良好的政府形象。

三、政府信息公开应遵循的原则

（一）把牢方向，把准导向

牢固树立政治意识、大局意识、核心意识、看齐意识，坚决维护习近平总书记党中央的核心、全党的核心地位，坚决维护党中央权威和集中统一领导。坚持以习近平新时代中国特色社会主义思想，特别是习近平总书记关于网络强国的重要思想为指导，切实将党管宣传、党管意识形态、党管媒体、党管互联网原则落到实处，旗帜鲜明地坚持社会主义主流意识形态，加强针对网络意识形态斗争的思想判断力、辨析力，提高开展网络意识形态斗争的工作能力，牢牢掌握网络意识形态工作的领导权、管理权、话语权，坚决抵制、批驳各种错误思潮和错误观点在网络空间的渗透与传播。

强化政治担当，坚决落实意识形态工作责任制，紧扣"正能量是总要求、管得住是硬道理、用得好是真本事"，妥善做好公共突发事件和热点问题的舆情应对、舆论引导工作，充分发挥网信事业"把关人"作用。要坚持以正确舆论引导人，做到所有工作都有利于坚持中国共产党领导和我国社会主义制度，有利于推动改革发展，有利于增进全国各族人民团结，有利于维护社会和谐稳定。

（二）依法依规，稳妥有序

依法治网是依法治国的重要组成部分，不断提升依法管网治网能力和水平，通过法治手段实现对网络社会的有效治理，是促进、推动、保障互联网快速、健康、有序发展的必由之路，是维护公民、法人和其他组织合法权益的必然要求，也是推进国家治理体系和治理能力现代化的应有之义。网信工作者要坚定"四个自信"，既要坚信中国特色治网之道，结合中国实际，基于中国互联网的自身发展脉络解决中国互联网发展中的问题；也要坚信在中国特色社会主义制度的巨大优越性和中国特色社会主义法治理论的基础上，网信工作特别是网络舆情引导处置工作必然能够推动国家发展、维护社会稳定、保障人民群众的合法权益。

现行法律体系中，多部法律法规，如《中华人民共和国突发事件应对法》《政府信息公开条例》《突发公共卫生事件应急条例》等，就信息公开作出了相应规定。近年来，结合互联网信息内容管理工作中的新情况、新需求，国家不断出台新的政策法规，如《互联网信息内容管理行政执法程序规定》《网络信息内容生态治理规定》等。这些法律法规既为网信系统依法治网提供了法律依据，也赋予了网信系统对相关工作牵头和统筹协调的重大职责。

网络舆情处置与引导应坚持实施正面宣传与依法管理相结合的工作机制，既要积极营造正面舆论，正确引导社会公众理性表达意见，发挥情绪解压阀的作用；也要依法限制、惩处错误舆论的公开传播。相关处置决策应以法律法规为依据，以社会和谐为落脚点，注意处理好维护稳定与群众利益、公共利益与个体利益、眼前利益与长远利益的关系，从源头上有效地解决矛盾纠纷。

（三）加强统筹协调，强化多元治理

加快健全完善网络应急响应工作机制，整合各种资源，协同各方力量，利用多种途径，共同做好突发公共事件舆情应对处置工作，增强整体合力和处置效果。统筹谋划事件处置和舆论引导工作，强化总体协调，确保同步研究、同步部署、同步推进。统筹开展网上网下的引导调控，发挥宣传与网信力量优势，覆盖各类群体，实现良性互动。统筹加快跨部门、跨层级、多主体的舆情和数据共享系统的建设，实现全国、各省份等区域的互联网舆情与网络安全态势全天候、全方位感知和一体化指挥协调。

构建政府、媒体、专家、公众等多元主体协同治理舆情机制，大力推动媒体融合，强化主流媒体的责任与担当，利用全媒体矩阵合力引导舆论；进一步明确行业组织的定位，提升其在舆论治理中的服务协调和社会运作能力；重视专家在舆论治理中的重要作用，适当鼓励

正能量专家学者在网络舆论场发挥意见领袖作用，凭借专业知识正确引导舆论；注意促进社会公众尤其是网民之间的有效沟通，推动形成网络领域中的理性公共意见。

（四）合理把握时度效

舆情应对处置中的"时度效"三者是密切关联、有机统一的关系。"时"解决的是应对处置活动的及时性问题；"度"解决的是应对处置方法的针对性、科学性问题；"效"解决的是应对处置结果的有用性、实效性问题。三者统一于突发公共事件舆情应对处置的完整过程之中，"效"建立在"时"和"度"的基础上，同时达到恰时、适度、有效，才可能使应对处置工作得到较为理想的结果。

从工作心态、传播语态、手段形态、网络生态等方面，充分认识可能影响舆情应对处置"时度效"的现实因素，解决"说还是不说""快说还是慢说""说什么不说什么""怎么说"等问题。根据突发公共事件舆情的背景成因、性质特点、影响范围，分层、分级、分类开展应对处置，把握好时机、节奏、角度、力度，让该热的热起来、该冷的冷下去、该说的说到位。遵循网络传播规律，讲究应对处置策略，既要及时发布、确保权威、掌握主导，也要用好技术、顺势而为、精准发力，更要讲好故事、疏导情绪、平衡心理，使应对处置工作在动机、立场和效果上实现统一，最大限度地凝聚社会共识，促进舆情的有效纾解。

（五）坚持群众路线，发挥桥梁作用

群众路线是我们党的生命线和根本工作路线，要把党的群众路线贯彻到治国理政全部活动之中。互联网所具有的扁平化、交互式、快捷性优势，为人民当家作主、集中民智民力、开展人民监督拓宽了渠道。宣传思想和网信工作的服务对象是群众，根基力量在群众，根本目的在于宣传群众、教育群众、引导群众、服务群众，工作的本质是做群众工作。贯彻党的群众路线，特别是在突发公共事件舆情应对处置过程中，要把满足人民群众信息需求作为工作出发点、落脚点，时刻关注群众思想情绪，精准把握群众需求变化，帮助解决群众实际问题；要及时向上级领导和有关部门反映网上社情民意，认真梳理、分析、研判可能存在的风险，更好地服务决策、服务大局；要善于调动群众中的积极因素，共同面对矛盾问题，共同寻求解决之道，用群众中客观理性的声音引导群众。通过沟通社情民意，反映人民心声，体现人文关怀，更好地强信心、聚民心、暖人心、筑同心。

四、新闻发布工作的基本原则

（一）统筹协同原则

各级政府要严格落实属地管理责任，指导规范应急处置工作，建立网络舆情监测、分析、预警、研判、宣传引导、调控管控为一体的协同应对机制，进而形成省、市、县三级上下联动，横向协商协同，多方协作的工作格局。

具体而言，在新闻发布中的协同联动要注意以下两个方面。

第一，在机制联动方面，应建立省、市、县三级统筹联动机制。在新闻发布中，要注重"下情上报"和"上情下达"，在政策制定、举措落实以及资源调配统筹的基础上，做好话语阐释工作；同时，横向方面的各部门步调一致、相互协调、强化沟通，做到责任明晰、分工协作、权责一致。

第二，在话语协调方面，注重指导性信息与调适性信息相结合。其中，指导性信息是指通过简明扼要、通俗易懂的话语，帮助公众快速了解事件情况，指导公众在获取信息后快速采取行动，以实现信息传播效果的最大化。调适性信息也同样重要，意在通过以情感为核心的话语阐释，缓解公众紧张情绪，突出"以人为本"的理念和形象。这两类话语的协调既基于对事件的全面掌握，也依赖于不同部门间相互配合，最终实现专业性、人情味的统一。

（二）第一时间原则

第一时间原则是指事件发生后及时组织进行科学回应。这一概念最早由美国陆军医院的资深急救科医师亚当·考利（Adam Cowley）于1961年提出，她通过实证分析发现，受重伤后一小时内能够被送到战地医院的伤员死亡率最低。这一原则后来被广泛使用于危机传播之中。

而在具体危机事件中，第一时间则是新闻发布和危机化解的关键窗口期，是掌握危机管理和舆情管理的关键所在。在第一时间确定舆情事件的主体、舆论焦点和回应对象，例如，以网站、微博、微信等"微发布"的形式做出简短声明，表达关注，回应公众所关切的信息，并进行跟踪式发布，是政府塑造公信力的基础所在。

需要指出的是，第一时间是一个相对概念，尤其是在事件发生早期，由于参与主体多元、事件发展速度快、公众知情权要求多样等各方面原因，对新闻发布的真实性和准确性提出了更高要求，因此，要平衡好信息准确、全面与回应及时、快速之间的关系。具体而言，广义上的第一时间是指"人们对突发事件的认识处于空白的时刻"。然而，随着社交媒体和即时通信工具的广泛使用，人人都是自媒体，人人都是传声筒，尤其是在公共突发事件中，各类文字信息、现场视频发出，打破了原有的第一时间的界定。因此，这里所说的第一时间，强调的是与谣言、假新闻赛跑，快速做出反应。

（三）真实准确原则

政府信息公开是当今社会发展的需要，更是建设诚信政府的迫切要求。这就要求在新闻发布工作中坚持公开透明、坦诚自信的理念。

真实性是新闻发布的关键。新闻发言人在进行新闻发布时，确保信息的真实准确，既是尊重人民群众知情权的要求，也事关政府公信力。新闻发言人扮演着政府与人民群众沟通桥梁的角色，因此，只有将人民群众所关心的真实信息呈现给公众，才能赢得公众的信任，才能塑造政府和国家的良好形象。反之，如果新闻发言人将满足公众的诉求视为负担，对他们的疑问置若罔闻，或替责任人掩盖事实、隐瞒真相、敷衍塞责，以各种理由进行"冷处理"，就走向了人民群众的对立面，甚至造成次生舆情。

在具体发布工作中，新闻发言人要杜绝不愿公开、不敢公开和侥幸心理。无数事例证明，政府信息公开是政府工作赢得公众理解和支持的重要途径，面对突发事件，信息越公开透明，公众心理就越稳定，反之则会出现真实信息被隐瞒或谣言满天飞的情况，更易引起公众的心理恐慌和情绪失控。

（四）持续发布原则

新媒体时代，公众的表达欲和参与感不断增强，大众传播、自我传播交织，突发公共事件的舆情发生、发展和发酵的速度与广度都空前加大，这就要求在新闻发布工作中注重建立舆情监测制度，及时了解媒体和公众反应，掌握舆论走向，实时收集、加工、整理媒体的报道和公众的意见，有针对性地开展"渐进式"新闻发布工作。

所谓"渐进式"新闻发布，即指分阶段、分层次地跟进发布，而非在事件处理后才进行新闻发布。在新闻发布工作中，新闻发言人既要将事件是什么（何时、何地、何人、何事）说清楚，也要把如何解决、解决的过程和结果讲明白，这是把握舆论导向主动权的关键，也有利于增强新闻发言人的公信力和权威性。

近年来，我国基本形成了持续、跟踪式召开新闻发布会的常态。

（五）结果导向原则

新闻发言人的结果导向意识，是指对新闻发布和舆情进展进行全流程的跟踪，构建全时、全程、全流的跟踪、研判和发布机制。

新闻发布工作中，新闻发言机构和发言人时常会面对事实真相及时披露后不但没有平息舆论，反而引发更大的社会负面效应的困境。究其原因，在于在新闻发布工作中，各机构更多关注的是"起点"上的各项事务，如信息是不是充分、数据是不是完整、采取什么发布形式更恰当、记者有可能提出哪些问题等；而对"落点"上的情况，如信息的发布、事实的披露会不会引起公众更深层次的疑惑，会不会刺激网民情绪、引起心理反弹等，却缺乏持续的跟踪和精准的研判。这就难免会出现起点和落点之间、发布方与接收方之间的信息落差。

在新闻发布全流程中坚持结果导向原则，就能解决这一落差问题。

首先，具体而言，新闻发言人要做到"一手托两端"，既代表党和政府及时发布权威信息，进行舆论引导，同时又不能缺少人文关怀和受众意识，多一点换位思考，切实做好政府与人民群众之间的纽带和桥梁；其次，要注重新闻发布专业能力建设，不断提高话语技巧和话语能力，这包括现场把控能力、口语表达能力、媒体沟通能力、议程设置能力、政策法规解读能力等。

五、新闻发布工作的阶段要点

（一）在舆情萌生期开展新闻发布工作

舆情处于萌生期时，往往呈现隐蔽性、点对点传播的特点。基于前期舆情监测和研判，新闻发布工作应做到以下几个方面。

第一，向媒体和公众通报应急预案，包括具体的操作步骤、各部门的职能以及初步的解决办法，这是建立政府与公众之间的信任的重要一环。

第二，利用微博、微信、网站等渠道与公众开展常态化的风险沟通。此阶段所召开的新闻发布会，往往是预知性和预热性会议。在新闻发布工作中，要以风险传播为指导，在满足公众知情权的同时，帮助公众树立危机意识，既不能对危机可能带来的风险轻描淡写，也不能过分夸大，引发不必要的恐慌，从而帮助公众完成心理建设。

（二）在舆情扩散期和爆发期开展新闻发布工作

在舆情扩散期和爆发期，人们开始感受到危机所带来的负面影响，尤其是那些与个人切身相关的负面信息。人们越是参与其中，越是会产生情绪积聚。因此，这一阶段的新闻发布要注意以下几个方面。

第一，及时通报事件发展情况和危机处理的进展，将诚意与希望传递给公众，帮助公众树立信心，这是缓解紧张情绪的重要举措。

第二，留有余地，及时跟进。在公布信息的同时，注意提醒媒体和公众，此阶段发布的所有信息和行动建议都是初步的，有可能会随着事件的发展而调整。

第三，处理好广告等商业活动和慰问、致歉等情感交流之间的关系。必要时，应取消或限制广告、会展、营销、推广等传播活动。

第四，适度承认恐惧存在，秉承真实准确的原则，敢于正视客观存在的矛盾和困难。以公众在情感上能够接受的话语承认恐惧和困难的存在，并表达愿望，能在行为层面、心理层面让公众切实感觉到政府对事件的解决诚意。

第五，尽可能提供指导性信息，提出简单的行动建议，缓解公众恐慌情绪。指导性信息并非仅局限于当前环境下的公众行为，还可囊括未来可能出现的情况，甚至是负面情况，这有助于公众尽快了解预防性措施，避免或减少不必要的损失。

（三）在舆情衰减期开展新闻发布工作

在舆情衰减期，对突发公共事件的处理基本进入尾声，做好总结、问责、避免舆情反转和关联炒作是这一阶段新闻发布工作的关键所在，具体注意事项如下。

第一，在做好追责、问责的同时，诚挚地表达歉意和期望，树立良好的政府形象。

第二，总结经验和教训，对未来可能出现的类似情况给予公众指导和建议，注意少用、慎用命令式语言，多用建议式表达方式。

第三，合理使用情感表达。对事件处理过程中各方所付出的努力表达感谢，适时适度抚慰公众情绪。

六、新闻发布工作的操作技巧

（一）准备文字材料

准备充分的文字材料是成功召开新闻发布会的前提、基础。具体来说，文字材料包括新闻通稿、新闻公报、媒体公告、详情通报和背景介绍等。

新闻通稿是政府部门应当准备的最基本的文字材料，具有高度的权威性和规范性。新闻通稿分为两类：一是标准型，一般用于突发公共事件发生之初；二是专题型，随着事件不断发展，可以囊括与事件相关的不同方面的经验、主题和事件。

新闻公报不是新闻通稿，不包含新闻元素，只表达官方的立场和观点，明确说明应对危机的措施。新闻公报一般比较简短，用于回应与本部门相反的观点和指责，让公众感受到政府进行新闻发布的诚意。

媒体公告用来邀请媒体参加活动，通常会说明新闻发布会或媒体见面会的性质、时间、地点、主题、联系人等。

详情通报和背景介绍是作为新闻通稿的辅助材料出现的，篇幅往往较大。尤其是对于一些专业性较强的突发公共事件，文字材料中应囊括相关背景和专业术语的介绍。

除了文字材料，还可根据具体需要，提供视频、音频等多媒体材料，这些材料适合在"两微一端"加工发布。

（二）确定新闻发布的内容

在每次召开新闻发布会之前，要明确新闻发布的具体内容，包括但不限定于以下几点。

第一，发布口径是否得到主管部门的批准与合作伙伴的认可。

第二，在新闻发布会开始后的最初 30 秒，是否回应了公众对突发公共事件的关切。以在自然灾害类事件为例，要首先明确发布伤亡人数、财产损失等公众最关注的信息。

第三，明确对各参与主体的表达，如是否明确责任部门并以公众可以接受的话语方式进行了表达，是否强调高层领导已经关注此事，是否强调政府部门已经采取具体行动并明确措施。

第四，检查新闻发布会中拟提供的材料是否准确真实，是否明确公众应当做些什么，是否注重人文关怀，是否明确了目前的困难、问题和需求，以及是否为媒体归纳出了关键信息点，明确阐释了新闻发布会的原定主题。

（三）向媒体和公众发布信息

一是对媒体经常提出的问题有所准备，并明确回应，包括但不限定于：政府为处理突发公共事件所采取的措施，局面是否可控，危机的走向，从危机中收集到的事实数据说明什么，是否存在隐瞒信息的情况，等等。

二是面对媒体应注意：发布经过上级主管部门批准的信息，不做任何推测和推断；通过短平快的表述，利用明确的数据和依据，强调事实情况；详细具体地描述事件的起因、目前搜寻到的证据和有关数据；详细具体地阐释主要部门、相关部门为危机处理所做出的努力；采用公众能够接受、浅显易懂的话语说明公众应该如何应对突发公共事件。

七、新闻发布工作的注意事项

（一）处理好信息公开和宣传之间的话语关系

在新闻发布中，要合理处理信息公开和宣传的关系，考虑不同事件的最核心关切受众的情感接受程度、信息素养水平和专业素养水平。在进行新闻语言表述时，要注重政治术语的公众转化，选择人民群众与媒体易于接受和理解的话语进行解答，注意不要用政策话语代替新闻话语，不绕弯子，不顾左右而言他，将信息公开、舆论引导有机融合，达到良好的传播效果。

（二）持续关注公众的心理因素

充分了解公众心理，基于公众心理，做出科学合理的回应，同时根据公众心理，及时研判次生舆情，结合事件本身的紧急程度和影响范围，制定灵活的策略。总的来看，危机爆发会使公众出现以下几种反应：在情感上，表现为震惊、恐慌、愤怒、悲伤、麻木、无助等；在认知上，表现为偏见、怀疑、固执己见等；在生理上，表现为疲劳、抵抗力下降等；在人际关系上，表现为社交恐惧、矛盾激增、多疑等；在后危机时代，表现为自以为是、不合作、恐慌逃避等。

（三）科学把握网络舆论环境变化

互联网的出现、网民数量的快速增长，使得传统意义上人际交流的方式乃至舆论形成的方式发生了根本性的变化，人们有可能因某些共同关心的话题而由分散的、游离的、互不相干的个体聚合起来，在网络空间里结成群体。这就使得舆论的形成过程大大缩短，它不再是由量变的缓慢积累而逐渐发生质变的可控、可测、可逆的过程，而是在短时间内就有可能因量的急剧增加而发生质变的不可控、不可测、不可逆的过程。网上舆论形成的特殊性，对党的新闻发布与管理工作形成了极大的冲击和挑战。

这就要求在突发公共事件的新闻发布工作中，与公众充分进行不同层面的、显性的和隐性的沟通，增加对社情民意的了解和掌握，并基于网络传播的特点、网络舆论场中公众的心理特点，多角度、多层次分析网络舆情形成的深层结构动因，使议题设置走在舆论发酵之前。

（四）运用数字增强传播效果

数字已经成为新闻不可或缺的一部分，既可以提升说服力、凸显专业性，也可以避免由危机传播中的情感误导而产生的二次舆情。当然，数字的表达也要考虑到公众的认知水平和知识背景。运用数字时还应注意以下几点：第一，将数字与事实结合，摆事实、举例子、讲道理；第二，数字应当少而精；第三，说明数字的来源，增强可信度，"只说我知道的，不说我推测的"，解释数字的含义，运用全媒体手段进行表达，确保数字直观、易懂、易于传播。

八、新闻发布工作应避免的误区

（一）过度鼓噪，大肆宣传

突发公共事件的新闻发布工作要充分考虑事件本身的特点，秉承专业性原则，明确新闻发布是政府信息公开的重要组成部分，在注重宣传正能量的同时，防止因回应缺乏专业性，一味以宣传替代发布，以煽情替代回答，而激发公众不满情绪。例如，部分媒体的现场报道缺乏人文关怀，尝试挖掘"边角料"进行煽情。这些报道初期虽然调动了网民情绪，为媒体带来了一定的流量，但对公众知情权的满足并无益处。因此，要平衡科学理性、人文关怀之间的关系，防止因为过度鼓噪而降低新闻发布的公信度和权威性。

（二）过度封锁，简单"辟谣"

在突发公共事件中，特别是在事件发生初期、官方信息发布之前，谣言、假消息往往会通过社交媒体传播，一定程度上影响了传播秩序。对一些专业性较强的内容，如果只是简单辟谣，不做科学、合理的解释和科普说明，极容易产生次生舆情，对事件后续的发展和舆情跟踪产生消极影响。因此，在突发公共事件的早期和发酵期，切忌简单地否认和粗暴地辟谣，应结合事件的背景知识、关切主体、发展情况进行科学合理的回应解释。

（三）过度迟缓，敷衍了事

对于媒体的报道、公众的批判，有些部门迟迟不做反应，在新闻发布中，由于准备不充分、前期舆情跟踪不强，往往出现表态针对性不强、口径不统一等问题，为媒体和公众所不满。例如，某地中学生跳楼自杀事件既涉及学校、家长、学生等多主体，具有一定的敏感性，又涉及教育问题而"自带热度"，如果信息发布迟缓，会造成网民的不满。因此，政府部门切忌反应迟缓，敷衍了事，忽视事件本身的情况和新闻传播规律，把新闻发布宣传化，消耗政府公信力。

（四）过度披露，侵犯隐私

在信息发布中，要平衡好公众知情权和个人隐私之间的关系。例如，在伤亡事件中，某些媒体对不幸罹难的人进行了特写报道，甚至将其照片等内容公布到网上，对受害者及其亲属造成了不必要的二次伤害。因此，在信息发布工作中，要充分考虑到公众的知情权和猎奇心理，同时以营造清朗网络环境、保护每一位网民的合法权益为原则，保护公民隐私，帮助网民塑造良好的媒介素养。

网络媒体智能化与生态发展研究

九、我国政府信息公开的发展困境

随着信息技术的迅猛发展，政府信息公开已经成为现代民主社会的核心要素之一。传统的政务公开模式主要依赖官方媒体进行信息传递，公众则多扮演信息接收者的角色。然而，新媒体的崛起彻底改变了这一局面。公众不再是被动的信息接收者，而是通过社交媒体、自媒体等平台积极参与信息的生产和传播。互联网信息化重塑了政府与公众之间的关系。在数据基础设施的推动下，公众的知情权和表达权得到了极大提升，进一步激发了公众的公民意识。公众如今能够在各种场合自由表达诉求，强化其作为政治参与者的身份认同，并对政府信息公开的时效性、流程和方式提出了更高的要求。与此同时，互联网时代的来临也要求政府适应互联网这一新环境。政府需要快速响应新闻事件，缩短政策制定周期，并将相关工作始终置于公众的监督之下。如果政府未能准确理解互联网时代的公众特征、媒体特点以及传播规律，其传播力可能会受影响，公信力也可能随之被削弱。

此外，信息碎片化后的整合困境对政务公开提出了更高要求。在互联网时代，信息传播呈现出碎片化的特点，信息来源多样，传播速度快，但信息的真实性和权威性却难以保证。这种碎片化传播给政府信息的权威性带来了极大挑战。政府需要在海量的信息中筛选出真实、准确、权威的信息进行发布，同时还要对虚假信息进行及时澄清，对碎片化信息进行整合，形成全面、系统的政务公开体系，以满足公众对信息的需求。同时，每一个公民都成为互联网空间内容的协同生产者和传播者，主流媒体和政务媒体在传统时代作为传播中心的地位被消解，政府以及政务媒体的影响力以及权威性在很大程度上被削弱。伴随着这种变化，网民开始拥有比以往更强的影响力，他们推动信息实现从一个节点到另一个节点的语境转换，在各种不同的圈层进行传播。在此过程中，部分网民有能力对在网络空间流通的内容进行解读、重新组织语言并再次传播，但可能导致各种误解，甚至引发各种难以应对的舆情困境。这可能会加大信息在发布后的动态变化，不再占据传播中心地位的政务媒体很难对各类信息进行有效整合，从而使政府信息公开具有不可忽视的不确定性。

参考文献

［1］ 卢雅君，朱蕾.融媒体时代网民媒介素养引导路径 [J].新闻前哨，2022（22）：70-71.

［2］ 张春华.深度媒介化时代我国政务公开的拓展路径 [J].中国行政管理，2023，39（11）：157.

［3］ 王荷娜，李力.我国政务新媒体研究现状与趋势分析 [J].党政干部学刊，2020（8）：72.

［4］ 史安斌.危机传播与新闻发布：理论·机制·实务 [M].北京：清华大学出版社，2013.

［5］ 邹建华.如何面对媒体：政府和企业新闻发言人实用手册 [M].上海：复旦大学出版社，2006.

第五章

网络新闻事实核查行业的嬗变

网络新闻时代，用户流量成为网站的生命线，注意力经济的影响由此凸显，加之用户生成内容（User-Generated Content，UGC）新闻生产模式的快速发展，给假新闻"搭台唱戏"留下很大的空间。在信息过载的时代，新闻事实的真实性显得愈发珍贵。在国外，一些专注于新闻事实核查的网站应运而生，如由美国《坦帕湾时报》创办的PolitiFact、爱尔兰新闻记者马克·利特尔（Mark Little）创办的Storyful等，不但深深嵌入新闻资讯的传播，而且大有演变为"社交媒体时代通讯社"的趋势。在国外，谷歌全面推出新闻事实核查功能，借助第三方平台提供核查结果，对信息的真伪进行标注。而在国内，以腾讯"较真"等为代表的新闻事实核查平台逐步兴起，开始对一些耸人听闻的新闻和要素存疑的新闻进行新闻事实核查，处理不靠谱的新闻源，有效控制假新闻的传播。这种新闻事实核查的潮流方兴未艾，正成为全球新闻行业中一道独特的风景线。而网络新闻事实核查与纸媒和电视新闻媒体时代的"把关人"角色，在样态与运作机制上早已今非昔比。对于刚刚在国内起步的网络事实核查行业，梳理当下新闻事实核查的现状和挑战，有助于我们以更理性的态度预见行业的未来。

第一节　新闻事实核查的兴起

新闻事实核查是新型传媒生态格局建设中的重要一环。互联网对传媒的深刻革命使传统媒体看到了巨大的危机和变革的需求，主动拥抱网络进行生态重建是当下新闻媒体的改革方向。不管是"媒介融合"还是"中央厨房"，生态重建的本质说到底是渠道对内容的重塑。在这个生态格局的重建中，互联网基因应深入渗透到新闻制作传播的各个环节，其中重要的一环就是新闻事实核查。

一、新闻事实核查的重要性凸显

新闻事实核查应是网络新闻时代探寻迷雾中真相的灯塔。纸媒和电视新闻时代，新闻"把关人"的角色尤为重要，是保证新闻质量的重要环节。在有着深厚新闻专业主义传统的美国，早在《华尔街日报》《纽约时报》等具有世界影响力的纸媒诞生之初，对新闻真实性的审查就是报社编辑的重要职能。网络新闻时代，随着用户生成内容的兴起，用户生成内容和专业生成内容的界线变得模糊，新闻媒体不再掌握新闻的绝对话语权，媒体社交性的不断提升也使得新闻报道和新闻评论之间的界线消弭，新闻不再是单向的灌输宣传，而成为众声喧哗的舆论场。为博取眼球，标题党、煽情新闻、情色新闻、八卦新闻大行其道，在经济利益的驱使下，一些人蓄意混淆是非的动机愈发膨胀，甚至出现专门炮制假新闻的产业链。对新闻事实进行澄清，成为迫切的社会需求，曾在爱尔兰国家电视台供职的 Storyful 创始人马克·利特尔敏锐地发现，社交媒体时代，当谁都可以通过网络传播新闻的时候，辨别新闻的真假在某种意义上比报道新闻更重要。新闻事实核查再次成为行业显学，人们更深切地体会到，在海量信息的包围中，新闻事实核查网站成为穿透真相迷雾的灯光。

用户生成内容无论从数量还是影响力来看，占据了新闻内容生成的半壁江山，"把关"的方式也不得不做出重要改变：不再是事前审定，而是事后鉴别；不再是媒体内部的编辑机制，而是一种独立的新闻样态；不再是出版社的流程，而是专业公司的运作过程。新闻事实核查网站重要性的凸显能增强舆论净化的自觉，促使新闻报道向准确客观回归，因此，新闻事实核查应成为新型传媒生态格局建设中的重要一环。

我国新闻事实核查机构起步较晚，多见于各类新闻查证平台、辟谣机构的实践，但经过不断的探索，我国也逐渐形成了以国情为基础，具有中国特色的新闻事实核查机制。在我国，核查的对象主要是谣言和虚假信息，核查的主体多为官方权威机构，如人民网、新华社等。此外，还有一些非官方组织的核查平台，如微博的"辟谣联盟"、微信的"谣言过滤器"、果壳网的"流言百科"等，在对虚假新闻的核查中也发挥了重要作用。

面对网上谣言层出不穷的现状，非官方组织首先开始尝试新闻事实核查。2011 年 5 月，由网民自发组织并成立的"辟谣联盟"，是我国首个民间辟谣组织，主要针对微博谣言进行核查，曾间接促进了微博出台相关规定，加强对谣言和不实信息的监管。2011 年 12 月，人民网出品《求真》栏目，以新闻报道为主，并与央视《是真的吗》栏目合作，将"扶正抑偏，探寻事件真相"作为宗旨，功能定位为辟谣类新闻栏目，开设至今已有十几年，主要发挥为公众寻求真相的作用。该栏目以网上广泛流传的各种谣言为核查对象，涵盖经济、社会、民生等诸多领域，经常针对社会或网络中的热点话题开展新闻事实核查，极大满足了公众的知情需要。2013 年 8 月，我国首家辟谣平台"北京地区网站联合辟谣平台"在北京成立，这是在北京市网信办和首都互联网协会的指导下，由千龙网·中国首都网联合搜狗、微博、搜狐、网易、百度等 6 家网站共同发起的辟谣平台，其发布内容涉及谣言粉碎、谣言举报、钓鱼网站曝光、科普宣传等。2014 年 10 月，微信正式推出官方辟谣账号"谣言过滤器"，与人民网、果壳网等媒体机构合作过滤微信上的虚假信息。2015 年，腾讯推出《较真》栏目，通过大量的资料搜集，对各种假新闻、缺陷新闻、谣言等进行追根溯源查证，将探查事实真相的过程公之于众。2018 年 8 月，由中央网信办违法和不良信息举报中心主办、新华网承办的中国互联网联合辟谣平台在北京正式上线，辟谣范围涵盖时事热点、公共政策、科学常识等领域，人们不仅可以在上面获取最新的辟谣信息，还可以通过"辟谣线索提交"一栏提交谣言信息进行查证。

在对上述核查机构进行梳理后，我们不难发现我国新闻事实核查平台的主体正在发生显著的变化。

一方面是从专业核查者到多元化主体的转变。最初的新闻事实核查平台主要由新闻机构中的专业核查人员组成。这些专业核查人员通常隶属于媒体的档案资料部门，具备丰富的新闻背景和专业知识，负责对各类信息进行严格的核实和验证。然而，随着新闻事实核查平台的发展，其主体逐渐从专业核查者向更广泛多元的社会主体转变。越来越多的个人、团队和组织开始参与到新闻事实核查工作中来，形成了类似"众包"的模式。除了专业核查人员，新闻事实核查平台还吸引了来自不同领域、具备不同背景的人员参与，包括技术专家、数据分析师、社会学者等。其中作为"草根群体"的网民也逐渐成为核查主体的一部分。例如，2003年开展网络整治、反黄运动后，网民更多地参与新闻事实核查，由此形成了一种新的社会活动图景，这反映了网民政治参与程度的提升。这些多元化的主体为新闻事实核查平台注入了新的活力和思路，使其能够更好地应对复杂多变的信息环境。这种模式不仅扩大了新闻事实核查的参与度和影响力，还提高了新闻事实核查的效率和准确性。

另一方面是从单一行业到跨行业合作的转变。传统的事实核查平台主要隶属于新闻行业或研究机构，承担对特定信息进行核实的任务。然而，随着信息环境的不断变化，新闻事实核查平台除了进行信息核实，还吸引了来自技术、数据、法律等多个领域的合作伙伴。这些跨行业的合作不仅为新闻事实核查平台提供了更多的资源和支持，还为其注入了新的思路和方法。过去，新闻事实核查主要依赖实证研究和逻辑推理，如今判断信息是否符合既定规则规范，也成为重要内容，这或许是新闻事实核查内在最大的变化。因此，可以看出，新闻事实核查平台的主体正在从专业的新闻机构核查者向更广泛的草根群体、内容产业把关人和企业内容审核员转变，同时核查方法也在不断地发展和完善。

二、新闻事实核查从文本向音视频扩展

智能化时代下，互联网技术更新迭代的速度加快促进了自媒体的蓬勃发展。一方面，手机移动端的普及使人们不再受制于时间与空间的限制。当网络热点事件发生时，人人都可以发表自己的看法，用户生成内容充斥着网络空间，信息传播呈现出碎片化、快速化趋势，传统媒体的垄断地位逐渐被打破。另一方面，随着数字技术的迅速发展和普及，音视频行业也在进行数字化转型。这一转型不仅对音视频行业本身产生了深远的影响，同时也对信息产业的内容生态产生了重要的塑造作用。

首先，音视频行业的数字化转型促进了信息内容生产环节的创新。以往音视频内容的制作和传播需要大量的人力、物力和财力投入，同时还受限于传统的生产模式和技术手段。然而，数字化转型打破了这些限制，使得音视频内容制作更加灵活和高效。通过数字化技术，人们可以轻松地拍摄、剪辑和制作音视频内容，还可以通过互联网快速传播和分享。数字技术的广泛应用推动日常生活全面媒介化，这使得更多的创作者有机会参与音视频内容的生产。观看网络视频，特别是短视频，已成为深度媒介化时代的一种生活方式。这种生活方式也在一定程度上促进了创作模式和艺术表达的创新。可视化理念不仅是数字技术发展的核心逻辑与内在驱动力，更为视觉图像的高效生产和广泛传播筑牢根基，有力推动社会向深度视觉化转型。另外，数字化转型还促进了音视频行业与其他行业的深度融合，进一步丰富了信息产业的内容生态。随着数字技术的发展，音视频行业不仅包括传统的媒体平台和创作者，还涵盖众多的技术公司、电子设备厂商和互联网企业。这些不同领域的机构共同合作，推动了音视频行业与智能手机、智能电视、智能音箱等智能设备的深度结合，进一步拓展了音视频内容的传播渠道和呈现方式。

不过，在音视频行业的数字化转型为信息产业带来机遇的同时，

信息内容的个性化服务正逐步转变为算法操纵的"黑箱游戏"。与传统的音视频媒体多以广播和电视为主要传播渠道不同，当下的音视频内容可以通过互联网进行迅速传播和推广。同时，数字化技术还能够帮助媒体平台根据用户的兴趣和偏好对内容进行智能化推荐，或帮助个人用户根据自身需求对内容进行个性化定制。这种个性化传播模式不仅更符合用户的需求，也能够提高当下音视频内容的传播效果和用户体验。在众多媒体平台中，以抖音为代表的短视频平台最为典型。短视频平台的开放性为个体提供了选择不同角色的自由，个体可以作为生产者，通过镜头展示生活，也可以作为互动者进行点赞、评论、收藏或转发，还可以仅仅作为旁观者不参与任何互动。短视频平台等社交媒体还为用户提供了与其他个体建立联系的新方式，用户可以选择主动互动，也可以通过平台的朋友关系推荐、算法推荐等被动地实现关联。平台通过记录用户的视频观看时长、完播率、点赞与评论、转发和下载等各种浏览痕迹与操作数据形成用户画像，根据用户的喜好生成标签并进行内容推送。以微博为代表的社交媒体平台多让用户主动选择内容，而抖音、快手等短视频平台采取以算法推荐为主的分发方式，用户多被动接收信息。将能动性让渡给算法，在一定程度上损害了用户的自主性与选择权。在短视频平台，数据成为资源分配的核心要素，为平台方所垄断。平台利用用户数据谋取商业利益或达成其他目标，滋生了类似数据垄断等问题。更重要的是，短视频平台出于商业考量，不对外公布详细的算法规则，加之算法技术的复杂性，使得算法推荐机制一直处于"黑箱"状态。特别是随着人工智能技术的进一步发展，无监督式机器学习的应用将使算法推荐机制彻底沦为人类无法识别的黑箱，可能引发算法偏见、自动化不平等之类的敏感问题。这对信息核实产生了很大程度的干扰，也给信息产业内容生态的监管和保护带来了新的挑战。

三、新闻事实核查平台促进信息环境优化

在数字化转型之前，音视频行业的内容传播受到相对严格的监管，而数字化转型使得信息的传播渠道更加开放和多样化，信息化时代下

的社会互动日益成为人们解决问题的主要方式，深度的技术依赖使人们的焦虑感加强、信息的真实性削弱，互联网成为谣言滋长的温床。短视频的快速传播，一方面加速信息散布，让人们跨越时空的界限，得以联结起来；另一方面也使得虚假信息大范围扩散。焦虑、恐惧以及不信任等负面情绪蔓延，为违法犯罪行为带来了新的实施空间。因此，对信息真实性的核查就显得尤为重要。相关部门和行业组织需要制定更加严格的规定来保护音视频内容的版权和隐私，同时也需要加强对网络安全的监管和防护，以保障信息产业内容生态的健康发展。

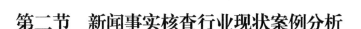

第二节　新闻事实核查行业现状案例分析

新闻事实核查平台正从专业的新闻机构向更广泛的群体转变，同时核查方法也在不断地发展和完善。"澎湃·明查"、中国互联网联合辟谣平台、有据核查等新闻事实核查平台的发展为我们了解行业现状提供了有益参考。

一、传统新闻事实核查平台——"澎湃·明查"

在国际舆论场上，随着中国不断崛起与壮大，针对中国的污名化趋势日益显著。为此，在国家的大力倡导下，澎湃新闻自主研发并运营的新闻事实核查平台"澎湃·明查"于 2021 年 9 月正式亮相，其首篇报道便有力回击了一家西方媒体在重大国际议题上对中国的不实言论。作为国内首个专注于核查外媒及海内外社交平台上涉华不实信息的专业媒体新闻事实核查项目，"澎湃·明查"自上线以来，凭借透明且逻辑严密的溯源核查机制，迅速对来自英、美、德、法等 10 多个国家的数十家媒体发布的不实信息和错误报道进行了有效批驳。

目前，"澎湃·明查"已构建起一套专业化的信息分类模式和核查分析路径，能够全面满足文字、图片、视频等多模态内容的核查需求，并在重大、热点议题的核查上展现出迅速响应、精准回击的特点。它的核查工作主要聚焦于三大领域。一是重点批驳海内外舆论场上关于中国的重大不实信息，相继推出了《明查 | 中国唐朝也曾陷入阿富汗"帝国坟场"？》《明查 | 美参议院全票通过决议，中美三个联合公报无效？假的！》等一系列涉华核查报道。二是通过专业溯源手段打击发布虚假涉华消息的账号和组织，如 2021 年 11 月发布的《明查 | 安徽籍偷渡客在缅北圈禁中国青年，5 人被抽干血死亡？》一文，成功揭露了一个长期在 X 平台上散布中文不实涉华信息的账号，为维护外网中文社群的清朗环境做出了积极贡献。三是站在国际舆论战的前沿，挖掘有效信息以甄别流言真伪。除了涉华重点议题，"澎湃·明查"还

积极关注阿富汗变局、俄乌冲突等全球重大热点事件，及时澄清真相，回应读者关切，不断提升平台影响力。2024年12月12日，澎湃新闻携手复旦大学新闻学院、南京大学新闻传播学院、北京师范大学新闻传播学院、上海外国语大学新闻学院以及综合门户网站凤凰网，在上海共同启动了国内首个由专业机构媒体引领的"事实核查共同体"。该共同体旨在提升社会媒介素养，加强跨领域、跨界的协同合作，整合学界、业界与平台资源，共同为信息传播的真实性保驾护航，重塑媒体公信力，为构建一个更加清晰、可信的信息环境贡献力量。

"澎湃·明查"除了在国内运营，还活跃于海外社交媒体平台。2023年10月，"澎湃·明查"成为新成立的上海报业集团国际传播中心的一部分。根据上海报业集团官方微信介绍，上海报业集团国际传播中心将全面统筹和规划上海报业集团的国际传播工作，通过对各类外宣资源平台整合聚力，增强我国外宣媒体的实力。据介绍，"澎湃·明查"在海外社交媒体上持续发声，580多篇稿件的阅读量一度达到近6亿次，其出海舆论斗争能力不断增强。而从"澎湃·明查"发布的文章内容来看，题材以核查国际热点新闻为主，同时涉及健康与医疗、社会与民生以及自然灾害预测等多个领域。

"澎湃·明查"通过深度核查与澄清网络谣传及误导信息，为公众提供了精确且客观的信息服务，履行了重要的社会责任。它不仅凭借专业优势在国际传播中占据制高点，成功塑造了一个有影响力的国际事实核查品牌；而且凭借独特的服务模式和先进的技术能力，为读者带来了高效精准的事实核查体验。此外，"澎湃·明查"还构建了一个可靠的数据库系统，该系统不仅保障了用户数据的安全存储，还实现了高效检索，进一步提升了服务的准确性和速度。

二、国家牵头的新闻事实核查平台——中国互联网联合辟谣平台

中国互联网联合辟谣平台，作为一个具有里程碑意义的网络治理创新项目，于2018年8月29日正式启动。该平台由中央网信办违法和不良信息举报中心主办，新华网承办，旨在构建一个权威、高效、

全面的网络辟谣体系。这一平台的诞生，不仅标志着中国在互联网治理领域迈出了坚实的一步，也为广大网民提供了一个辨识谣言、获取真相的重要渠道。

中国互联网联合辟谣平台在栏目设置上颇具匠心，设立了联动要闻、融媒视野、留言集萃、辟谣访谈、热点专题等栏目，充分考虑了不同用户群体的需求和信息接收习惯。其中，工作动态栏目汇聚了国家各地方政府的权威声音，为公众提供及时、准确的政策解读和辟谣信息；融媒视野栏目充分发挥媒体的专业优势，通过深入调查、客观报道，为公众揭开谣言的面纱；留言集萃栏目通过邀请众多领域的专家学者，以更加专业的角度对谣言进行剖析和解读，帮助公众提高辨识谣言的能力；辟谣访谈栏目则通过普及辟谣知识、传授辨识技巧，提高公众的媒介素养和防范意识。

除了拥有多样化的栏目设置以满足不同受众的需求，中国互联网联合辟谣平台还积极履行其社会责任，依据网上数据监测结果与网民的举报信息，精心编制并发布"今日辟谣榜"。该平台不仅致力于及时揭露和澄清网络谣言，还针对每月的网络谣言进行深入梳理与细致分析，以揭示其背后的真相与动机。网络谣言往往以"造热点""蹭热点"等狡猾手法，运用混淆是非、移花接木、断章取义等恶劣套路，肆意炒作热点社会事件，歪曲解读公共政策，从而误导公众认知，引发社会恐慌与混乱。尤其是某些特定时段，谣言的焦点可能更加集中，如自然灾害引发的公众恐慌、对医保社保等关乎民生福祉的公共政策的歪曲解读，或是精心编造的公益慈善和招聘就业信息等。例如，有谣言声称某些看似寻常的自然现象是地震的前兆；或恶意扭曲中国北方春季常见的杨树花现象，将其歪曲描述为一场骇人听闻的生物灾难，企图引发公众的恐慌与不安。

此外，谣言还可能紧密围绕政策信息、社会事件和伪科普内容等关键领域展开，通过碰瓷热点、假借权威、旧谣新传、危言耸听等多种手法，大肆扰乱社会秩序，破坏社会稳定。例如，有人利用国家重要政策部署编造虚假的招聘信息，诱导读者上当受骗，办理毫无价值的虚假卡片，从而非法敛取钱财；或夸大其词，借热门话题之势制造虚假的热点事件，企图混淆视听。又如高考期间，谣言更是肆无忌惮地编造相关的虚假信息，企图扰乱高考秩序，损害广大考生的切身利益。同时，还有煽动对立、攻击抹黑类的恶性谣言，企图破坏社会和谐稳定，挑拨民众之间的关系。中国互联网联合辟谣平台的出现，正是为了有力打击这些网络谣言，还原事实真相，维护社会稳定和谐。

综合月度辟谣榜的内容来看，中国互联网联合辟谣平台在全年中始终紧跟社会热点，根据每个阶段的民众关注点进行集中辟谣，有效遏制了谣言的传播。在健康医疗领域，平台针对各种"神药""偏方"等虚假信息进行及时辟谣，帮助公众树立了科学的健康观念。在金融投资领域，平台揭露了多起网络诈骗、非法集资等违法行为的真相，保护了投资者的合法权益。在公共安全领域，平台及时澄清了关于地震、火灾等突发事件的谣言，稳定了社会情绪，减少了民众恐慌。在辟谣方式上，中国互联网联合辟谣平台不断创新，运用文字、截图以及视频等形式，使辟谣信息更加易于接受。同时，平台还加强了与主流媒体、商业网站等的合作，通过整合政府、媒体、专家等多方资源，形成了一个集举报、查证、辟谣于一体的综合性服务平台。用户可以通过平台举报其发现的谣言信息，平台将及时受理、查证，并发布权威辟谣信息，形成线上线下联动的工作机制。值得一提的是，中国互联网联合辟谣平台还充分利用了大数据技术的优势，实现了精准识谣和联盟权威辟谣。通过收集和分析海量的网络数据，平台能够及时发现和识别谣言信息，为相关部门提供决策支持。同时，平台还与各大媒体、网站、社交平台等建立了紧密的合作关系，形成了广泛的辟谣联盟，共同打击网络谣言，维护网络空间的清朗和健康。此外，中国互联网联合辟谣平台的建立与运营，不仅体现了政府在网络治理领域的创新思维和行动能力，也为学术界提供了丰富的研究案例和实践经验。平台在辟谣机制、信息传播规律、网民行为等方面的探索和实践，为网络谣言治理提供了有益的启示和借鉴。这一平台的建立与运营，不仅提升了中国网络治理领域的整体水平和国际影响力，也为学术界的相关研究和发展注入了新的活力。

三、多元主体参与的新闻事实核查平台——"有据核查"

"有据核查"创办于 2020 年 8 月，运营模式是基于志愿原则的网络协作，核查重点是以简体中文传播的国际新闻。"有据核查"努力连接大学、媒体和平台三方力量，与国内大学的新闻学院、外语学院、国际关系学院的师生建立合作关系，由有志于从事新闻业或其他相关行业的学生在老师和媒体人的指导下，进行有关新闻事实核查的训练与实践。与此同时，"有据核查"与"澎湃·明查"建立合作关系，以"湃客号"的形式入驻澎湃官网，核查文章会同步在"有据核查"公众号、官方网站及澎湃号"有据核查"、腾讯新闻企鹅号"有据"、头条号"有据"等线上账号上发表。"澎湃·明查"也曾与"有据核查"合作开展核查，共享资源。"有据核查"严格遵循国际事实核查网络（International Fact-Checking Network，IFCN）的要求进行核查。

2024 年 2 月 8 日，"有据核查"官网发布了《2023 中国事实核查报告》，从报告内容来看，"2023 年，政府越来越多地直接参与或主导辟谣，官方辟谣项目的优先对象是那些可能影响社会稳定、扰乱社会秩序的谣言。相比之下，其他类型的新闻事实核查项目的内容生产力、到达率和影响力比较有限"。报告还详细分析了这些官方辟谣项目的效果和公众接受度。报告指出，虽然政府直接参与辟谣的力度加大，但公众对官方辟谣信息的信任度并未显著提升，反而存在部分公众对官方辟谣信息持怀疑态度的现象。报告进一步探讨了出现这种现象的原因。一方面，由于过去一些官方辟谣信息存在不够准确、不够及时的问题，公众对官方辟谣信息的信任度不高。另一方面，随着社交媒体和自媒体的兴起，公众获取信息的渠道更加多元化，对信息的真伪辨别能力也在提高，对官方信息的依赖度随之降低。在回顾了官方辟谣项目的成果与挑战之后，《2023 中国事实核查报告》还特别提到了"有据核查"在头一年中的表现。作为独立的第三方新闻事实核查机构，"有据核查"不仅继续以高标准、严要求对国际新闻进行核查，还积极关注国内社会热点、案件、突发事件和民生新闻等领域，为公众提供了大量准确、客观的信息。

"有据核查"还加强了与各大社交媒体平台的合作，建立了快速响应机制，及时下架不实内容或标注虚假信息，防止谣言进一步扩散。这一系列举措不仅提升了公众的信息甄别能力，也为营造一个更加健康、真实的网络环境做出了积极贡献。

随着"有据核查"影响力的日益扩大，越来越多的网民开始主动查阅其发布的核查报告，作为判断信息真伪的重要依据。这反映出在信息爆炸的时代，理性思考和求真务实的精神正逐渐成为社会共识。作为自媒体领域的新闻事实核查平台，"有据核查"秉持客观、公正的态度，运用多种手段和方法对事件进行深入挖掘、分析，为读者提供真实可靠的信息。值得一提的是，自创立以来，"有据核查"一直坚持结论前置的原则，即在详细叙述核查过程之前，先展示核查结论，以节省受众获取信息的时间。

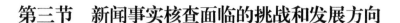

第三节　新闻事实核查面临的挑战和发展方向

随着信息壁垒的消失，人们可以轻易获取大量信息，这使得新闻事实核查平台需要不断创新以维持其不可替代性。而在不断发展的过程中，新闻事实核查平台又面临着诸多挑战，这些挑战涵盖了多个方面，包括技术、人力、法律以及社会认知等。新闻事实核查平台理应正视这些挑战，视其为推动自身发展的契机，在保证稳定运行的同时，不断提供更加精准、高效的新闻事实核查服务。

一、当前新闻事实核查平台的局限

通过对我国目前 3 类具有代表性的新闻事实核查平台的典型案例进行深入剖析，我们可以明显看到，这些平台在信息核实这一领域已经取得了一定的成就。它们凭借专业的团队、严谨的流程和高效的技术手段，成功地验证并传播了大量真实、准确的信息，为公众提供了有力的信息保障。然而，尽管这些平台在信息核实方面取得了显著的进步，但我们仍需正视其中存在的局限和挑战，并积极寻求解决方案。

当前，新闻事实核查平台的发展局限主要表现在以下 3 个方面。

第一，新闻事实核查平台的受众范围存在一定的局限性，无法突破"同温层"的传播限制。从"有据核查""澎湃·明查"两个公众号后台官方的数据统计来看，粉丝总体体量并不大，且性别比例严重失衡。整体用户画像可简要概括为以居住在一线城市的青年男性群体为主。由此可以合理推测，这部分受众的受教育水平及媒介素养相对较高。然而，问题在于，这些具备较高媒介素养的受众通常具备一定的辨识能力和判断力，对谣言及假新闻具备一定的抵抗力，而真正需要接收核查信息的、可能受到谣言侵染的受众，并未包含在现有用户群体中。澎湃新闻的编辑杨依然曾在访谈中指出，平台的订阅用户有 14 000 多个，但阅读人群中大约 20% 是女性，剩余皆为男性，可见性别差异显著。在年龄层面，18 岁以下人群相对较少，大多分布在

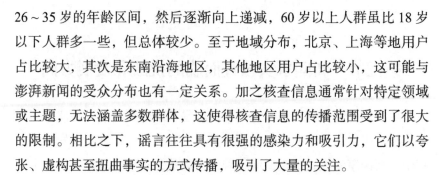

26～35岁的年龄区间，然后逐渐向上递减，60岁以上人群虽比18岁以下人群多一些，但总体较少。至于地域分布，北京、上海等地用户占比较大，其次是东南沿海地区，其他地区用户占比较小，这可能与澎湃新闻的受众分布也有一定关系。加之核查信息通常针对特定领域或主题，无法涵盖多数群体，这使得核查信息的传播范围受到了很大的限制。相比之下，谣言往往具有很强的感染力和吸引力，它们以夸张、虚构甚至扭曲事实的方式传播，吸引了大量的关注。

此外，核查信息的传播范围也受到另一个因素的影响，即信息传递过程中的"过滤效应"。在这个过程中，信息会随着传播者、媒介、环境等因素的变化而逐渐流失，导致最终接收到的信息量大大减少。这也使得核查信息在传播过程中难以覆盖真正需要接收此类信息的受众群体。比如，那些身处偏远地区或信息闭塞的人群，他们可能无法及时获取最新的核查信息。

第二，新闻事后核查存在时间差。事实核查新闻的生成流程与传统的新闻报道存在显著差异，事实核查更倾向于采用一种"冲击—反应"的跟进模式，结果往往滞后。在此背景下，我们不难理解新闻事实核查在辟谣效率上的局限性。尽管时效性相对不高，但从整个舆论生态的角度看，事实核查新闻仍被视为新闻业的一种必要补救措施。以"澎湃·明查"为例，其尚属新锐项目，缺乏人力，且人员的时间和精力有限，因此无法同时处理所有可核查的选题，经常出现延后核查或放弃选题的情况。"有据核查"正在努力通过招募新的志愿者、提供培训和协作机会、建立智能管理系统以及推出激励措施来解决人力短缺的问题，试图确保每个选题都能得到充分的核查。"有据核查"坚信通过这些策略的实施，将打造一个高效、有序且充满活力的团队，为平台的内容生产提供有力支持。除了积极动员志愿者，"有据核查"还积极与教育机构合作，开展合作项目，为志愿者提供实践机会。同时，鼓励志愿者之间进行协作，以提高工作效率。

第三，新闻事实核查平台发展的可持续性有待提升。例如，"有据核查"的内容生产依赖于志愿者的参与，但国际新闻受众面相对较窄，对核查人员和受众的媒介素养要求较高，能够参与内容生产的核查人员数量有限。许多事实核查栏目和账号等几个月甚至几年未更新，或更新无关内容，如《人民日报》的《求证》栏目、果壳的《谣言粉碎机》栏目、南京大学新闻传播学院"事实核查"课程的教学实验号"NJU核真录"等在实践中逐渐衰败。腾讯"较真"等国内运营得比较好的新闻事实核查平台也面临技术困境、传播效果困境、商业模式困境和伦理困境。此外，新闻事实核查平台面临的质疑，如是否中立、能否纠正公众的认知偏差、效率低下等，也需要得到解答。

二、新闻事实核查行业面临的挑战

第一，公正性的考验。新闻的公正性是新闻媒体公信力的重要保证。当前，新闻事实核查行业处于风起云涌的发展中，如果新闻事实核查网站没有稳定持续的资金保障，依托于某些财团，必然面临关于自身政治立场的偏见和公正性的质疑。一条新闻包含多种要素，究竟有多少种要素掺假的新闻被标注为"可疑性新闻"、含有某种政治倾向，或者某些宣传类的新闻报道是否会被标注为"假新闻"，需要新闻事实核查网站以专业的精神和客观的立场来评判。Storyful 在核查一条视频的真实性时，不仅依赖"人工算法"的计算，还特别依赖经验丰富的编辑对用户上传视频的历史记录进行筛查等，通过多个环节来保证结论的客观真实。如果成为政治工具，或者在新闻事实核查中掺杂一些超越事实判断的因素，那么新闻事实核查网站就难以保持绝对中立。

第二，价值观的挑战。首先，当人们逐渐适应信息爆炸的社会时，海量信息的充斥、社会娱乐心态的形成、智能化个性信息的定制使单条信息是否真实不再那么重要。人们获取信息的渠道多元化，信息间可以互相核对、互相比较，单条信息的价值在衰减。其次，网络社会娱乐心态的形成，已使得很多人不太关心事实的真相，只是抱着娱乐心态看看而已。再次，在当下新闻的个性化推荐机制下，人们越来越倾向于接受和自己既有观念、判断相符合的信息，被困在自己认为对的世界里，深陷情绪化的环境中。

第三，行业悖论的困扰。审视当前全球大环境，"黑天鹅"事件不断爆发，经济社会发展的不确定性明显增加。普遍焦虑的心态使新闻行业逐渐失去温和的面貌，新闻报道与各种利益相互交织。在互联网创新热潮中，各种新应用层出不穷，令人眼花缭乱的平台上搭载着形形色色的内容，互联网内容生产方式的不断变化也给行业发展带来变量。在此背景下，新闻事实核查以激浊扬清、拯救行业沉疴积弊的姿态出现，当然令人欢欣鼓舞。但从当下事实来看，谣言、谎言并没有因此而消减，在政治需要和经济利益的驱使下，更多别有所图的人以变化多端的形式参与假新闻的制作和传播，新闻事实核查并没有从实质上削减假新闻的数量，反而在某种程度上激化了众多虚假新闻变种的产生，这种行业悖论值得人们思考。面对这种困境，如何找到一种更具建设性的发展方向，是新闻事实核查行业急需解决的重要问题。

三、新闻事实核查行业的发展方向

第一，平台化建设提速。如果说早期的新闻事实核查多是以开设账号、栏目为基本方式的话，那么，当下新闻事实核查已经从新闻报道的附庸变成独立新闻品类。一方面，依靠建设自身的平台，新闻事实核查网站建立了自身对新闻价值评判的独特标准。根据查证内容的属性，新闻事实核查网站为内容贴上不同的标签，如 PolitiFact 将事件真实性依次划分为真实、基本真实、半真半假、基本失实和失实等；腾讯"较真"平台则将虚假信息分为谣言、假新闻、钓鱼帖、营销软文和瑕疵报道等。另一方面，在平台化运作的基础上，新闻事实核查网站将长期积累的丰富案例汇聚成庞大的"舆情库"和"数据库"，并进行二次开发和利用，以及新闻业务边际的扩展和衍生，可以产生更大的经济价值和社会效应。如腾讯"较真"平台依据社会热点和突发事件，对相关查证内容进行聚类，制作专题，根据重要时间节点推出系列主题等。

第二，专业化定位初显。新闻事实核查网站在发展中，根据自身拥有的数据资源和对市场前景的判断，逐步显现出专业化的定位和差异化的竞争。PolitiFact 重点核查政府官员发布的言论，比如总统、国会议员、游说的政客等，后来，PolitiFact 增设"PunditFact"栏目，将核实范围从政治领域扩展到专家、博客作者、主持人等社会名人领域，传统媒体、网络媒体的相关报道均在其核查范围之内。Storyful 则专注于对社交媒体上的突发事件进行核实，将所有的用户生成内容纳入核查范围，力图对社交媒体上分享的内容辨别真伪，从中找出值得传播的新闻。"较真"上线后，定位为"一个专业的事实查证平台"。从运行来看，其新闻事实核查范围主要集中于食品药品、卫生医疗、公共安全等科学性较强、是非比较明确、当下谣言易发多发的领域，旨在建立一整套剖析谣言源头、呈现事实真相的查证机制，直戳社会痛点，其新闻事实核查结果有较大的参考价值。

第三，智能化驱动创新。人工智能是新一代信息技术发展的重要方向，随着大量资本的涌入，人工智能发展迅猛，人工智能技术与传媒产业的融合已开始对内容生产、传播的各个环节产生影响，不少媒体拥有了丰富的人工智能工具，如机器人写作系统已在财经、体育类等对数据分析要求较高、内容格式模块化明显的新闻类别中扮演重要角色，并在新闻图像识别、视频处理、跨文本翻译等方面发挥作用。同样，新闻事实核查作为嵌入智能化传媒生态的重要一环，智能核查、智能纠错应该成为新闻事实核查行业发展的重要方向。如果对新闻写作来说，机器人在让表达更具人情味、风格更加个性化方面尚有很多困难，那么对新闻事实核查来讲，通过计算机算法的分析与匹配来确定新闻的真实性是最具客观视角的。人工智能运用于新闻事实核查行业具有天然优势，深度契合行业发展需求。PolitiFact 推出的"一致性测量仪"就是大数据驱动创新的产物，它通过长期跟踪政要、名人的言论，利用大数据技术对这些言论的前后一致性和变化幅度做出分析，从而帮助公众判断该人物的公信力和可靠性。

四、新闻事实核查平台实现发展的关键策略

随着互联网的普及，信息壁垒逐渐消失，人们可以轻易获取大量信息，这使得新闻事实核查平台需要不断创新以维持其不可替代性。而在不断发展的过程中，新闻事实核查平台又面临着诸多挑战，这些挑战涵盖多个方面，包括技术、人力、法律以及社会认知等。但是，新闻事实核查平台理应正视这些挑战，视其为推动自身发展的契机，

在保证稳定运行的同时，不断提供更加精准、高效的新闻事实核查服务。为了实现这一目标，新闻事实核查平台需要采取一些关键的策略和措施。

首先，平台需要在内容层面进行深化。其中，在内容生产方面，平台需要尝试拓展选题范围，实现选题领域的平衡，新闻事实核查不再仅仅局限于社会、时政等特定领域，而是努力覆盖更多与中国相关的议题和事件。通过收集和采纳受众的合理建议，平台可以对内容进行持续优化，包括改善行文结构、优化核查方法和措辞等。同时，通过长期的核查报道，平台可以培养高质量的受众群体，他们能够主动提出想要核实的选题，为平台提供核查素材，从而形成一个良性的循环。另外，国际新闻作为一个重要的新闻领域，平台应该为其建立统一的核查标准，包括制定明确的操作流程和手段，以及合理的结论标签划分依据等。这需要精确的数据分析和解释性表达来增加信息的深度及广度，要求平台在数据处理和文本逻辑梳理上达到更高的标准，确保信息的准确性和相关性。因此，平台需要优化关键词和搜索设置。目前，现有的新闻事实核查平台的关键词设置功能相对单一、分布杂乱，存在重复和无效关键词。平台可以尝试对关键词进行更科学、清晰的分类，以提高内容的集纳和检索效率。在撰写具体文章如科普文章时，考虑到一些受众没有相关知识背景，平台应尽量使用通俗易懂的语言，降低阅读难度。同时，对于需要深入了解的历史背景、深度数据等复杂信息，平台可以通过缩略展示、链接跳转等新媒体形式，缩短单篇文章的阅读时长，同时为有兴趣的受众提供获取完整核查信息的便捷途径。

其次，平台必须认识到人才培养的重要性。目前，国际新闻事实核查方面的专业人才数量十分有限，为了实现可持续发展，平台需要深化与高等学校新闻传播、国际传播、小语种、国际文化等专业的合作。同时，平台应总结新闻事实核查所需的技能和素养，有针对性地举办培训交流讲座，积极建议和倡导更多的高等学校开设相关课程或课题小组。不同于专业的新闻报道，新闻事实核查并不存在单独的专业壁垒，在细节方面会更加强调新闻工作者能力的某个方面，如技术工具的使用、文字表达能力、信息检索及数据处理的能力、视频和图片的软件处理能力、对某个相关领域的知识储备等。因此，通过线下培训是可以实现短期人才养成的。

最后，平台需要持续探索长效运营模式。在这个过程中，平台必须认识到其核心价值在于提供受众无法轻易获取的独特信息。为了实现可持续发展，无论是国际新闻还是其他领域的新闻事实核查平台，未来都将进入常态化发展阶段。由于采用不同主导模式的新闻事实核查平台各有所长，因此各类新闻事实核查平台将在竞争中合作，在融合中发展。现阶段，新闻事实核查平台可以通过持续生产原创内容，培养受众对新闻事实核查的敏感度，进而提高其信息鉴别能力。下一阶段，新闻事实核查平台可以以一种类似"众包"的形式，以网站或移动端的形态，引入用户生成内容，即让用户对自己感兴趣的选题进行自主核查。用户既可以提问，发布一些想要别人回答的问题，也可以对别人发布的新闻线索进行自主核查，不管是核查到最终的结果，还是只能扩展其中一小部分，只要找到一些准确的、客观的信息，经过专业新闻工作者编辑完善后，都可以形成正式的文本，经过审核后再发布到平台上，所有的参与者都可以署名。这不仅可以增加平台的互动性和参与度，还能为专业新闻工作者提供更多真实、客观的信息来源。例如，2017年上线的"微信辟谣助手"小程序整合了腾讯"较真"、江苏网警、人民网、果壳网等800所辟谣机构的信息，是一个不错的尝试。特别是用户点击"与我相关"，即可看见自己读过的文章中有哪些是谣言，这可以有效打击微信上的虚假信息。但在初期由于宣发力度不足，"微信辟谣助手"鲜为人知。在后期的发展中，微信若能在宣发方面给予其更多的投入，就能将其打造为一个专业的综合型新闻事实核查平台。可见平台应加强对技术创新和研发的投入，利用人工智能、大数据等先进技术提高核查效率和准确性。同时，平台还应拓展多元化的内容形式，如视频、音频、图文结合等，以满足不同用户的需求，提升平台的吸引力和竞争力。最后，建立健全的经费保障机制对平台的稳定运营也至关重要。新闻事实核查平台应积极寻求与媒体机构、研究机构等的合作，实现资源共享和互利共赢，在推动新闻事实核查工作普及和应用的同时，共同提升工作质量和影响力。在合作过程中，新闻事实核查平台还应注重社会责任和公信力建设，坚守真实、公正、客观的原则，为社会的和谐发展贡献自己的力量。

参考文献

［1］　王晓培.数字新闻生产的视觉化：技术变迁与文化逻辑 [J]. 新闻界，2022（2）：12-20.

［2］　王晓培.视频化生存：深度媒介化时代的社会重构与反思 [J].青年记者，2022，（19）：19-21.

［3］　李智刚.事实核查：网络时代的舆论校准器——以《澎湃·明查》的新闻实践为例 [J].青年记者，2022（13）：37-39.

［4］　王冠.后真相背景下的国际新闻事实核查研究——以"明查"、"有据"为例 [D].上海：华东师范大学，2022.

［5］　丁梦.国内事实核查平台研究——以腾讯较真为例 [D].武汉：中南民族大学，2021.

［6］　廖小琴.网络舆论——新时期思想政治教育的重要视域 [J].学校党建与思想教育，2003（9）：50-52.

［7］　卢雅君，朱蕾.融媒体时代网民媒介素养引导路径 [J].新闻前哨，2022（22）：70-71.

第六章

多元向上的网络文化逐步形成

互联网基于特有的传播规律形成独特的网络文化。网络文化深刻改变了当代文化的话语体系。互联网文化的传播打破了地域限制，把各种不同文明和城乡各异的文化拉到了一个平台上。互联网文化跨越了城乡地域的差异，不同文化可以彼此碰撞、冲突、融合，犹如万花筒一般丰富多彩。传统意义上的文化概念和价值内涵被不断消解和重构。"造文化"曾经一度成为互联网上的流行话语，只要是新鲜的、好玩的、时尚的、有态度的，统统都是"造文化"。网络文化在演进中，不断创造出新的文化符号，并赋能传统文化，形成新的文化价值。

第一节　向上向善的网络正能量显著提升

互联网让每一位参与其中的人都能自由表达观点、分享兴趣、建立社群、形成精神家园。在互联网上，网络情绪容易被放大，网民非理性表达容易形成社会风险。有效疏导网民情绪，形成向上向善的网络表达氛围，对网络生态建设极为重要。下面分析我国网民意识形态现状。

当下网络已经成为人们获取信息、交流思想、表达意见的重要平台。然而，在互联网上，各种不同的意识形态相互碰撞、交锋，影响着网民的思想观念和行为方式。卢梭在 1762 年出版的《社会契约论》中率先提出了"舆论"一词，将"公众"和"意见"两个词联系起来。后来，随着技术的进步与互联网的发展，学者将网络与舆论联系起来，创造出一个新词"网络舆论"。在传统民意向网络领域延伸的时候，伴随着网络的发展和网民的增加，一定的网络民意形成了。网络舆论是大众利用网络了解国事、充分交流与表达意见、评价国家与社会各方面的活动。它以互联网为媒介，以事物为中心，汇聚了大众的情感、态度、看法和思想，能通过传播产生深远的影响。

从整体上看，我国网民意识形态呈现出多元化、复杂化的特点。在互联网上，各种不同的观点、思想都有其生长的空间。一方面，这反映了我国社会的多元化和开放性；另一方面，也反映了互联网因其开放性所带来的信息泛滥和思想混乱等状况。受到年龄结构、教育程度、地域、职业等多种因素的影响，我国网民意识形态存在明显的差异。年轻人更加注重自我表达和个性展示，更容易接受新鲜事物和新的思想观念。而中年人则更加注重现实生活和稳定的社会秩序，对网络上的言论和思想更多持保留态度。这种差异也反映在各种社交媒体和论坛上，不同的群体有着不同的关注点和话题。但综合来看，社会稳定最为我国网民所看重。

（一）国家统一与民族团结深受认可

我国网民在国家统一与民族团结问题上，表现出了积极、健康、向上的意识形态，这无疑是我国互联网发展的一大亮点。我国网民普遍认同国家统一的重要性，这不仅是中华民族伟大复兴的必然要求，更是维护国家安全和稳定的基石。网民积极支持国家的统一政策，对任何形式的分裂和分离主义持坚决反对态度，并且坚信只有国家统一，才能实现长治久安，让人民过上幸福安康的生活。这种强烈的认同感显示出我国网民强烈的民族自豪感，这种民族自豪感使得网民高度认同民族团结的理念。网民深谙民族团结是各民族共同繁荣的前提，是社会稳定的基础，所以，尊重各民族的宗教信仰、风俗习惯、语言文字，对任何形式的民族歧视和仇恨持坚决反对态度，认为只有民族团结，才能实现各民族的共同发展，才能构建和谐社会。这种对民族团结的坚定支持，无疑加强了我国各民族之间的凝聚力和向心力。虽然我国网民在对待国家统一与民族团结方面表现出强烈的责任感和使命感，但这并不意味着网络意识形态的复杂性可以被忽视。国际争端愈演愈烈的当下，关于我国的不实信息和谣言层出不穷，我国网民应自发参与到国家统一的宣传活动中，通过各种途径传递正能量，引导社会舆论，弘扬爱国主义精神。同时，我国网民也应意识到网络上的信息良莠不齐，必须保持警惕，不被虚假信息所迷惑。在新闻事实核查尚未涵盖全部信息的阶段，积极参与到网络监督中来，对不良信息进行举报和抵制，以实际行动维护网络环境的健康和稳定。

（二）政治制度与市场经济颇受肯定

观察和分析网络上的各种声音可以发现，众多网民对中国的政治制度与市场经济持有高度的肯定态度。在政治制度层面，网民普遍认为，中国的政治体系展现出了卓越的稳定性和高效性，深切感受到了中国政治制度的稳定性和公正性。

网民还高度评价了中国政治制度具有的人民性。近年来，中国政府在民生领域的投入不断增加，教育、医疗、社保等领域的改革取得了显著成果，这增强了网民对中国政治制度的信心。

在市场经济方面，过去几十年间，中国成功实现了从计划经济向市场经济的转型。如今，中国已成为全球第二大经济体，为世界经济增长做出了巨大贡献。这一过程中，中国市场的活力和创新力得到了充分展现。以互联网产业为例，中国在互联网技术的推动下，培育了一批世界级的科技企业和创新平台。这些企业和平台的崛起不仅推动了中国经济的发展，也为全球互联网产业带来了新的机遇。网民对中国互联网产业的快速发展感到自豪，认为这是市场经济体制下创新力量的典型体现。

此外，中国市场经济的发展还体现在对外开放和国际贸易中。中国积极参与全球经济合作和治理体系改革，推动构建开放型世界经济。通过加入世界贸易组织、推进"一带一路"建设等举措，与世界各国的经贸合作不断深化，为全球经济增长注入了新的动力。中国这种积极参与国际经济合作的态度和行动，赢得了国际社会的广泛赞誉，也进一步坚定了我国网民对市场经济的信心。我国网民对我国政治制度与市场经济的肯定，体现了民众对政治制度和市场经济的深刻理解、高度认同。

（三）表达自由与遵守法律法规相协调

目前，随着互联网的普及和社交媒体的发展，网民对于表达自由有了更深刻的理解。他们意识到，表达自由不仅仅是一种权利，更是一种责任和义务；表达自由并不意味着随意发表任何言论，而是需要在尊重他人、遵守法律的前提下进行表达。在互联网上，每个人都有发声的权利，但不可不加节制地发声，并且需要对自己的言论负责，避免使用攻击性、侮辱性或诽谤性的语言。

除了言语上的克制，网民在享受表达自由的同时，也自觉规范自身行为。经过多年的洗礼，我国网民深知网络空间不是法外之地，任何违反法律法规的行为都会受到相应的惩罚。在发表言论时，网民会主动避免做出违法违规行为，如传播谣言、煽动暴力等。网民也会自觉尊重他人的知识产权和隐私权，不盗用他人的作品或泄露他人的隐私信息。

此外，网民还积极参与网络空间的治理和监管。在符合政策法规的要求下，网民利用表达自由的权利，为社会进步和发展贡献力量。他们通过发表观点、提出建议等方式，参与公共事务的讨论和决策。这不仅体现了他们的责任感和使命感，也促进了社会的民主化和进步。通过举报不当言论、参与网络讨论等方式，各界共同维护网络空间的健康与秩序。

我们期待未来更多的网民能够积极参与网络空间的治理和监管。只有每个人都自觉遵守规定、积极参与治理，才能营造一个更加文明、和谐、进步的网络空间。

第二节　家国情怀成为网络文化的主流

近年来，受地缘政治与贸易争端等影响，全球化挑战日益增多，我国成功举办多项国际赛事，在外交等诸多领域取得新成就，依旧行稳致远。改革开放以来，我国经济高速增长，国力日渐强盛，国人变得越来越自信。民间互动日益频繁，在互动中，国人也清醒地认识到我国与其他国家的区别、我国的优势。

一、奥运健儿在巴黎弘扬中华体育精神

体育精神是积极向上的，倡导人们放下偏见，体会世界大同的美好。2024年，巴黎奥运会的口号"奥运更开放"便很好地彰显了体育精神。中国体育代表团在这次奥运会上取得了夏季奥运会境外参赛史上的最好成绩，并连续6届位列残奥会金牌榜、奖牌榜第一。国运兴则体育兴、国家强则体育强。在奥运赛场上，一个又一个可敬、可爱的中华运动健儿，用实际行动让世人感受着中华体育精神强大的感召力。他们在奥运赛场上挥洒青春，打破多项世界纪录，成功地向世界传播了中国文化，他们做出的贡献远超金牌的价值。

二、成功举办大运会、亚运会，在体育赛事中凝聚社会共识

中国成功举办多项大型综合赛事，向世界展示中国风采。中国人热情好客、自信从容，给国际友人留下了深刻印象。

（一）大运会：在蓉城相遇，为国际社会汇聚正能量

成都大运会提供了一个宝贵的机会和平台，让世界各地不同肤色、不同国度、讲不同语言的大学生走到一起，在沟通中开阔视野、增进友谊。人类的未来在年轻人手中，需要创造各种机会让年轻人感受到团结的价值和力量。

成都大运会于 2023 年夏天在成都举行。全球 113 个国家和地区的 6500 多名青年运动员在全部 18 个大项、269 个小项的比赛中，22 次打破了赛会纪录。运动健儿在赛场上取得的好成绩无疑振奋人心，但最让人印象深刻的还是各国大学生运动员在成都这个从容的城市留下了快乐的身影。

在开幕式民乐演出中掀起人浪、在街头巷尾的串串店学猜拳、在批发市场里购买空气炸锅……成都这座宜居的城市在这次大运会中向世界证明了自身的软实力，有条不紊地举办了如此大规模的国际赛事，给国际友人带来了宾至如归的美好体验。有评论称，"大运会上的巨星没那么多、竞技性也没那么强，因此就没那么残酷。让人得以看到大学生最张扬的天性。国籍可以不同，语言可以不通，可以是陌生人，甚至是竞争对手。但凑在一起立刻就能交起朋友来。年轻人不设防的热情，是人心间最好的通行证"。

（二）亚运会"气氛组"频频出圈，在"四海情"中相遇

与成都的随性相比，杭州的亚运会来得更加精致。钱塘江畔，良渚文明与宋韵风雅交相辉映。亚运会不仅是一场高规格的国际赛事，更是一场文化盛宴。

赛场上运动健儿奋勇拼搏，为国争光。中国代表团获得 201 金 111 银 71 铜共 383 枚奖牌成绩，取得亚运会参赛历史最好成绩，同时还有 3 次打破世界纪录、18 次打破亚洲纪录、74 次打破亚运会纪录的亮眼表现。

赛场之外，工作人员台前幕后的辛勤付出为亚运会"气氛组"频频加分，展现了中国当代青年的闪亮风采。开幕式上，中国台北代表团入场时，现场掌声和欢呼声经久不息。中国台北代表团运动员王冠闳、罗嘉翎担任旗手，现场观众热烈的欢呼声让王冠闳直呼"一辈子难忘"。杭州黄龙体育场在赛前和中场环节播放起《沧海一声笑》《男儿当自强》等歌曲；竞技体操比赛前，有观众录下视频称"开场灯光秀'炸裂'""会整活""灯光打得非常有诚意"。黄龙体育中心场馆群

媒体副指挥长徐家伟还记得，观众把足球比赛变成了"演唱会"的现场，大家齐声高唱一些"超燃"的歌曲。他表示："很令人感动，这样的观赛体验也是观众愿意来到黄龙体育中心的原因。"曾为保护同学而身中 8 刀的崔译文已成长为一名人民警察。崔译文在亚运会中担任志愿者服务，是亚运上的"小青荷"。她表示，"希望可以把平安、信念、勇气传递给更多的人"。

（三）体育与文化共同奔赴，展现更多发展可能性

自 2008 年奥运会以来，我国多次承办高规格国际赛事，国人逐渐认识到了体育的综合价值。有分析指出，于个人而言，锻炼身体或观看比赛可以提供充分的情绪价值；于社会而言，大众积极参与运动项目，为建设高质量的幸福社会提供了坚实的群众基础。

举办体育赛事不单纯是为了让运动员在赛场上竞技，还是举办国进行文化输出的难得机会。大运会和亚运会的一票难求，东道主收获的无数"谢谢"和国际奥委会主席巴赫"树立新标杆"的高度评价，让世界感受到中国人民的热情友善、中国城市文明的进步。国际友人对中国的认识更加立体，摆脱了西方媒体报道中的刻板印象。

很多网民表示，对国家交出的体育领域的答卷感到非常满意。网民称，"喜欢那种全民参与的感觉，大家都可以享受到运动的乐趣""中国体育发展得如火如荼，感觉未来充满了无限可能性""看着我国体育事业发展壮大，心里满满都是自豪"。

三、开创中国特色外交新局面，展现大国风范

世界格局依然变幻莫测，波诡云谲。我国始终保持着战略定力，在一次次外交活动中贡献力量，体现了大国应有的责任和担当。从首届中国—中亚峰会到第三届"一带一路"国际合作高峰论坛，从金砖国家领导人第十五次会晤到亚太经合组织第三十次领导人非正式会议，一系列的外交成就一次次地登顶各大平台话题榜榜首。

（一）外交布局取得新进展，展现坚定的中国力量

2024 年，中国与瑙鲁恢复外交关系，中国建交国总数增至 183 个；中俄元首三次会晤，推动中俄全面战略协作持续深化；中欧高层往来和战略沟通更加密切，推动建设更加健康、稳定的中欧关系；中美落实"旧金山愿景"取得新进展，中国和周边国家利益融合更加紧密，友好互信不断深化。

2024 年，"全球南方"力量更加壮大。"全球南方"并非单纯的地理概念或经济概念，而是新兴市场国家和发展中国家基于相似历史境遇、现实发展阶段、共同发展目标、相同政治诉求而形成的身份认同。"全球南方"正从全球治理被动参与者转变为重要推动者。金砖峰会扩容、非盟首次以第二十一个成员的身份参加二十国集团（G20）领导人第十九次峰会是 2024 年度南南合作的亮点。

"全球南方"的崛起带来国际权力结构的重大变化。相较于传统粗放型的投入产出模式，当前"全球南方"的合作更加注重科技创新，并在可再生能源、人工智能、电动车等方面拥有一些全球领先的技术。

中国提出一系列支持"全球南方"合作的倡议举措，用实际行动助力"全球南方"发展振兴，推动建设共同发展的公正世界，点亮全球治理的"南方时刻"。面对"脱钩断链"行径，中国坚定做开放的力量，连续 7 年举办进口博览会、外资准入负面清单持续缩减，为世界各国现代化带来广阔机遇。

（二）人类命运共同体建设扎实推进，提升国民幸福感

2013 年 3 月，习近平主席在莫斯科国际关系学院发表演讲，强调："这个世界，各国相互联系、相互依存的程度空前加深，人类生活在同一个地球村里，生活在历史和现实交汇的同一个时空里，越来越成为你中有我、我中有你的命运共同体。"

国务院新闻办公室发布的《携手构建人类命运共同体：中国的倡议与行动》白皮书，为全面理解人类命运共同体做出了深刻的解读。

构建人类命运共同体符合时代发展进步潮流，回应各国人民普遍诉求，为世界人民带来福祉，对维护世界和平、促进共同发展、推动人类进步具有深远意义。

媒体伴随着数字技术的发展，在文化跨境传播中起到了积极的作用。但发达经济体凭借着资本和技术的优势，在国际舆论场上占据着绝对的话语权，弱势文明处于"失语状态"。而"人类命运共同体"这一理念具有深刻的价值，倡导的是不同文明之间的平等对话，对构建多元化的世界人类文明具有很强的指导意义。

"万物并育而不相害，道并行而不相悖。"构建人类命运共同体已经从中国倡议扩大为国际共识，从美好愿景转化为丰富实践，从理念主张发展为科学体系，成为引领时代前进的光辉旗帜。从双边到多边，从区域到全球，我国同数十个国家和地区构建了多种形式的命运共同体。构建人类命运共同体凸显了历史大势、人心所向。我们要高高举起构建人类命运共同体旗帜，把中国发展和世界发展结合起来，把中国人民和世界人民的根本利益结合起来，针对当今世界面临的一系列重大问题，凝聚起更广泛国际共识，提出更有效解决方案，推动各国携手应对挑战、实现共同繁荣，推动世界走向和平、安全、繁荣、进步的光明前景。

四、文化自信将成为我国社会长期共识

在我国经济相对落后时期，有些国人崇洋媚外，一味否定中华传统文化。但中华文化博大精深，有其独特的美感。随着综合国力的持续上升，国人逐渐认识到了中华文化的价值，对国家的认同感也呈显著上升态势。近些年呈现象级传播的《只此青绿》《唐宫夜宴》《洛神水赋》等文艺作品频频出圈。微短剧《逃出大英博物馆》更是引发网民高度关注。这些文化作品让我们深刻感受到了国人在审美上的回归、对传统文化的欣赏。

（一）深度认可传统文化，滋养内心家国情怀

每年的毕业季，很多在外留学的中国青年，参加毕业典礼时会选

择马面裙这类中国传统服饰。一名在美留学的女孩身着汉服、手持国旗参加毕业典礼引发网民关注。这名留学生表示，"在人生的重要时刻，身穿传统服饰真的很有自豪感"。不只是汉服，还有一些留学生穿上了自己的民族服装参加毕业典礼。来自凉山的女孩沙马帕查身着彝族服装在美国参加毕业典礼。一名在英国留学的女生，身着苗族服装、头戴银饰参加毕业典礼。一名在日本留学的女生，穿上壮族服装参加毕业典礼。一名在泰国留学的大理女生，身着白族服装参加毕业典礼。很多学生表示"以这种方式发扬我们的传统文化，真的让人感觉很骄傲"。

想必这些穿着中国传统服装的学生内心一定有很深的家国情怀，这支撑着他们远在海外仍然不忘传播中华文化。

复旦大学研究生院副院长、社会发展与公共政策学院教授胡安宁从五方面对家国情怀做出解释，即把"家"带回来、把"个体"带回来、把"传统制度"带出去、情怀"客观化"、行动者"具体化"。进一步总结，就是家国情怀是行动者表现出的一种认知倾向，即家与国在超越个体方面达成的正向关联。

有网民戏称，从拒绝到热爱中国传统服饰，是中国人骨子里的"血脉觉醒"。国人对中华文化认同的觉醒体现了一种文化自觉，一种内在的精神力量的产生，体现了对文明进步的强烈向往和不懈追求，是推动文化繁荣发展的思想基础和先决条件。

（二）发达国家滤镜逐渐褪去，辩证接纳东西方文化差异

随着我国国力的提升，人民生活日渐富足，越来越多的国人已经具备了客观看待东西方文化差异的能力。

发达国家丑闻不断。美国"萝莉岛"事件刷新"三观"；美国加利福尼亚州大火损失惨重，营救不力；美国有数万人在枪口下丧命；英国曾经冻死过 5000 人；法国爆发大规模游行示威并发展成暴力事件；难民危机持续冲击欧洲……这些负面事件让国人意识到，褪去滤镜的西方社会并不像西方媒体宣扬的那么美好。但在自顾不暇的同时，西方

国家仍鼓吹"西方新闻观"，对自身存在的"资本媒体""信息垄断"视而不见，反而要求中国提供更多的"新闻自由"和"舆论空间"。西方国家戴着有色眼镜看待中国的发展实践，制造错误的舆论氛围。

但是，随着官方与民间国际交流频次的增多、互联网技术的普及，信息不对称的鸿沟日渐消弭，我国民众已经能够坦然接纳东西方文化的差异，可以辩证看待双方的不同。对于任何外来事物，都要取其精华、去其糟粕。若因为差异性妄自菲薄，则会忽略本国文化的魅力。若过分强调本国文化的优越性，则缺乏理性看待不同文化的视角。国际儒学联合会副会长、山东大学儒学高等研究院院长王学典表示，"世界上有多种文化和文明，都是人类社会的宝贵财富，要理解不同文明之间的差异，欣赏它们形成的多彩之美，这需要既坚持自身文明传统，又对其他文明持开放包容的态度。只有加强国际人文交流合作、开展不同文明对话，才能消除因文化差异带来的隔阂，避免落入文明冲突的陷阱"。

（三）与国家同甘苦共命运，逐步增强文化自信

无论我们经历多少困难，看到的始终是国民在一次次苦难中和国家并肩作战，砥砺奋进。2023 年夏天，涿州地区遭遇洪水，书库遭遇毁灭性打击。在"我为涿州买本书"专场上线之后，多家受灾商家的商品销量在几小时内便突破 2000 单。2025 年初，西藏日喀则发生地震，各方力量紧急驰援灾区，在最短时间内保障了灾区人民的生存。类似"一方有难八方支援"的场景，在我国历史上屡见不鲜。我国的人民是最好的人民，有着与国家同甘苦共命运的天然使命感，也有着乐观自由的心态和昂扬的气势，给中华民族的发展带来了希望。在中国共产党的领导下，我国经济基础大幅增强，已从解决温饱等生存问题转向切实提升国际地位、提高人民生活水平等发展问题。在此过程中，国民已较大幅度提升了文化自信，对国家和文化有着越来越深刻的认同感。我们需在此较好时机，坚持弘扬主旋律与提倡多样化相统一，不断巩固和壮大社会主义主流文化，努力在多元中占主导、在多样中谋共识。现今许多国家都不遗余力地加强建设自己的主流文化。比如，

新加坡为团结国民共同致力于本国发展，以国会法案的形式，确定了以"国家至上、社会为先，家庭为根、社会为本"等为主要内容的共同价值观，并在全社会推行。

当代中国文化正展示出令人振奋、再现辉煌的良好势头。有学者基于当前我国发展态势提出了四点建议。第一，从世界发展大势中把握我国文化发展前景。第二，从中国特色社会主义伟大实践中把握我国文化发展前景。第三，从文化建设自身的良好局面中把握我国文化发展前景。第四，从网络化、信息化的潮流趋势中把握我国文化发展前景。

网络技术催生了多样化的文化样式，谁在网络文化的发展上抢得先机，谁就能占领文化的制高点。只要我们顺应网络化、信息化时代潮流，抓住难得机遇，把互联网作为传播先进文化，提供公共文化服务，丰富精神文化生活的新阵地、新平台，努力建设中国特色网络文化，就一定能够为我国文化发展注入新动力、开辟新领域。

第三节　多元网络文化体现新生代追求

网络文化是跨越城乡限制的文化，网络文化又是跨越身份限制的全民文化。网络文化兴起后，尤其是社交媒体的快速发展，使每个网民都可以参与到"议程设置"之中，这极大调动了文化主体创造的积极性。文化创造的主体回归到大众之中，网络极大地调动起文化主体的自觉，凸显网民个性。物质已无法填补人们的内心世界，精神层面的愉悦受到更多的关注。人们更多思考如何过好与自身能力相匹配的生活，最大程度实现自我价值、获得满足。

一、跳出消费主义窠臼

我国国民心态受经济影响，消费更加趋于理性，不再盲目追求品牌，而是按需买单。人们在不断调整生活步调的过程中，逐步构建了新的消费理念，并开始反思过度消费到底能在多大程度上提升生活质量。"年轻人反向消费""人间清醒式购物"成为人们津津乐道的话题，反映出现代消费者对生活品质的追求和对传统消费观念的挑战。

（一）"Z世代"热衷绿色消费，"精致省"成为新风尚

"Z世代"生活在物质充裕的21世纪，鲜少有生存的烦恼，更注重精神层面的追求，在实现人生价值方面较其他世代有着更为天然的理想主义特征。"Z世代"对生活也有独特的理解，在消费上会更倾向于选择购买可持续使用的商品，不会盲目跟风。有分析指出，"Z世代"当前消费能力虽不及前代，但其消费理念站在社会和文化变革前沿，会影响其他几代消费者的价值体系。同时，他们非常渴望通过消费收获别样体验，积极探索生活的意义。

去农村吃大席，天冷了购买军大衣、花棉袄，去菜市场找老裁缝做旗袍，甚至在夜晚"扫街"，在路边回收废弃家具……年轻人花样省

钱的新闻层出不穷。以前总有人调侃年轻人是"精致穷"，为了表面光鲜过着"月光族"的生活。但现在来看，"精致省"才是新风尚。闲鱼、36氪和后浪研究所联合发布的报告中，"省钱特种兵"名列榜首，排名前十的热词中，"SWAP""拼单搭子""咸鱼地板价"同样榜上有名。其中"SWAP"原意为交换，在网络购物的语境中指的是物品交换。很多网络消费平台因为价格低廉，颇受年轻人追捧。数据显示，某批发采购网站买家会员数已高达2亿人，年交易额8000亿元，年动销商品数1.5亿件。该网站的第一大用户人群是一、二线城市25～35岁的年轻女性，第二大用户人群是一、二线城市25～35岁的年轻男性，60岁以上的用户只占1%。统计数据显示，"双十一"期间，"拼单""搭子"等相关商品的交易量超过60万次，"拼单"商品的浏览量超过一千万人次。年轻人在其中贡献了相当大一部分。当下很多年轻人在省吃俭用这件事情上，较老一辈有过之而无不及。

（二）"国货"、二手商品备受推崇，国民首先追求"性价比"

不仅仅是"Z世代"，其他国民的消费理念都开始回归理性。中华民族勤俭节约的优秀传统美德驱动着国人思考物质本身的含义。在这股风气的带动下，物美价廉的"国货"、二手商品受到了更多的关注。梳理近年的热门新闻发现，"性价比"成为人们购物时首要考虑的因素。蜂花、鸿星尔克、郁美净……各个从小耳熟能详的国货品牌再次在网络上受到追捧。有网民感慨道："用回国货之后，我终于知道父辈的钱是怎么攒下来的了。"年轻人继承了父辈们的消费理念，也推动了国货发展。

与国货热卖类似的是，二手商品也逐渐受到大众认可。多份行业研究报告指出，中国二手交易市场规模已经突破万亿元，有望在2025年超过3万亿元，爱上"旧物"的"80后""90后"乃至于"00后"成为消费主力军。数据显示，2023年第四季度二手手机市场中，二手5G手机的交易量呈现爆发式增长，越来越多的消费者开始认识到二手手机的优势和价值。大宗商品诸如二手车等持续热销。数据显示，

2023 年前 10 个月，我国二手车累计交易量达到 1510.08 万辆，同比增长 13.26%，同比增加了 176.8 万辆，累计交易金额近万亿元。相信随着国人消费理念的逐渐成熟，国货将迎来更大的发展空间。

（三）反消费主义思潮全社会广泛传播

当代消费者正在经历一场转变：不再满足于追随潮流，也不再愿意被资本主义和消费主义裹挟，更加渴求独一无二的消费体验。拥有新事物不再意味着永远、完全满足。在新的时代，国人开始以平等的眼光看待现有的、陈旧的物品，从"喜新厌旧"的观念中跳脱出来。很多人反对盲目消费和冲动消费，在购物时会进行更客观、更冷静的分析，更多地关注产品本身的品质和实用性。

有分析指出，中、美、日三国的消费时代变迁，基本上都会经历三个阶段。第一阶段，经济高速发展、城镇化推进，大众消费品盛行。第二阶段，随着经济的发展，消费者认知提升，面临消费升级，消费开始高端化、品牌化、品质化。第三阶段，当经济增速放缓甚至陷入停滞时，消费行为趋于回归理性，消费者不再盲目追求品牌，而是按需买单。我国由于幅员辽阔、各地区差异较大，无法明确定义当前具体处于哪一阶段。但从众多消费者理性消费的倾向上来看，较多地区已处于第二阶段向第三阶段的转型期，即消费理念进入更加成熟的阶段。

消费理念的转变是与社会发展同步的。我们可以从不同国家历史上社会形态的转变来思考当今我国发展面临的问题。在之后的社会发展中，中国社会或将产生新的消费形态，也会迎来新的消费理念。

二、追求生活工作平衡

勤劳刻苦是刻在中国人基因里的优良品质，但近年来因过度加班造成的身心俱疲、家庭关系失衡，不禁让人反思应该如何处理好工作和生活的关系。时代的列车不分昼夜地前行，人们与其随波逐流，不如调整节奏，找到适合自己的生活状态。于是，生活工作平衡（Work-Life Balance，WLB）成为当下年轻人追求的主基调。

（一）适当除"班味儿"，向往"诗与远方"

在繁重的工作和生活的重担面前，读夜校、逛博物馆、户外运动成为年轻人的新爱好。这些活动让人们摆脱了日常桎梏，成为实现平衡生活工作的利器。

数据显示，2023 年以来，相关平台上有关夜校的搜索量同比增长 980%，相关笔记评价数同比增长 226%。多个报名夜校的年轻人表示，相对低廉的报名费加上优质的课程质量使夜校不仅性价比极高，还能满足年轻人交友的需求。湖北省社会科学院社会学研究所助理研究员叶闽慎认为，夜校在沉寂多年后再次出现且受到年轻人的追捧，至少有以下原因：一是物美价廉，与商业化的培训机构，特别是以白领和中产阶层为主要消费群体的高消费培训课程形成鲜明对比，显示出独特优势；二是上课时间与年轻人的工作时间完美错开、无缝衔接，年轻人白天忙于高强度的工作，夜校学习能帮助年轻人从高强度工作状态中"走出来"，作为一种放松手段，有助于年轻人更好地面对工作与生活。

与夜校走红类似的是博物馆的频频出圈。报告显示，2023 年，某平台上博物馆相关视频播放总量为 513.4 亿次，相当于全国博物馆一年接待观众人次的 66 倍；相关视频累计时长达 24 万小时，在该平台看完所有博物馆内容需要 27 年的时间。博物馆的走红出人意料，但也在情理之中。网络多元开放的基础特征为"Z 世代"提供了海量的学习机会，也造就了他们善于学习的特点。年轻人逛博物馆获得的独特体验随着社交媒体的广泛传播，产生了较大的社会效益。越来越多的人在博物馆里体会到了别样的乐趣。反过来，一些沉寂许久的文物因为其历史价值和美学特质，在线上线下两个圈层获得关注。

夜校和博物馆带来的是精神层面的提升，户外运动则是对身心的重新调整。相关报告显示，2023 年，某平台户外用户日活环比增长超100%，户外运动正成为更多人的新生活方式。除了户外运动，很多人还开启了"户外 +"模式。户外运动与生活、研学、宠物、科技、疗愈、精酿、亲子游等领域结合，产生了更多的可能性。相比 2022 年户外运动的小众化，如今户外运动显现全龄化、日常化的趋势，很多人在户外运动过程中找到了属于自己的乐趣。有网民表示，"在户外圈，一次相遇、一次相助、恰好都喜欢某一项目，就能打开社交的大门""只要我们共用过一个卡式炉，我们就是朋友了"。这种零成本社交之所以形成，一部分原因是户外环境本身就能给人带来松弛感。除了提供运动价值和社交价值，户外还给了人们整理自我情绪的空间。很多人来到户外只为充分感受大自然，从中获得疗愈。

（二）与自身和解，在"漫卷"中实现自洽

现今社会竞争激烈，许多年轻人在"卷不动"与"躺不平"之间纠结徘徊。他们想在激荡的洪流中站稳脚跟，更希望自身价值能随时间提升。除了各种外在支持，年轻人还需要内在的指引。"内卷""佛系"等热词反映着年轻一代的集体焦虑。在成长的过程中，他们尝试从多个角度去观察生命，以不同姿态与自身和解。

我们无法控制周围的环境，无法改变别人，但我们可以改变自己：在努力尝试之后仍未达到目的，便调整自己的心态，逐步接受现实环境，做到自洽。

三、"情绪价值"成为物质过剩时代的全民精神追求

若要问网民最在意什么，"情绪价值"或榜上有名。《咬文嚼字》编辑部发布 2023 年十大流行语，排在第九名的便是"情绪价值"。《咬文嚼字》编辑部解释道，"情绪价值"本为营销学术语，如今演变为对人际关系的描述，指的是一个人影响他人情绪的能力。

"情绪价值"一词火得并不意外。它像一面镜子，折射出社会文化的变迁和集体情绪的偏向，反映了人们越来越重视情绪问题。相关蓝皮书指出，当前我国正处于社会转型期。随着生活和工作节奏加快，社会竞争急速加剧，国民心理压力大大增加，群众心理健康问题凸显。心理健康已成为很多平台网民最关注的内容之一，热度持续不减，讨论话题日益增多。

党的十九大报告指出，中国特色社会主义进入新时代，我国社会

主要矛盾已经转化为人民日益增长的美好生活需要和不平衡不充分的发展之间的矛盾。随着国家的发展和社会的进步，人们对美好生活的定义也有了新的想法，人们对精神层面的良性追求会成为整个社会的长期诉求。

（一）音乐会、戏剧节火爆，畅快分泌多巴胺

在供需两端的共同支持下，"演出经济"的发展势头不减。根据艾媒咨询公布的数据，中国演出市场规模到2026年预计将达到1017.03亿元。中央文化和旅游管理干部学院副研究员孙佳山表示，新一代消费者对观看演出的需求不仅在增加，也更加多元化。年轻人对社交属性、互动属性的需求深刻影响了演出业态的发展。未来的演出市场预计更加火热，更具沉浸感、更加特色化的演出将融合新业态，迎来更好的发展机遇。

某旅游平台发布的首份《年轻人"多巴胺"旅行报告》显示，跟着偶像的脚步走南闯北，成为不少年轻人的旅行"主旋律"。"90后"和"95后"是跟着演唱会去旅行的主力。

敦煌鸣沙山月牙泉核心登山区游客自发亮灯组成浪漫星河的十几秒视频在网络上迅速爆红，"敦煌鸣沙山变星空海洋"的词条登上热搜榜，引起网友极大的兴趣，热度不断上升。在热点流量的加持下，点亮鸣沙山成为景区新晋最火项目，鸣沙山成为网友最期待的甘肃旅行打卡点之一。2023年8月1日至10月10日晚，历时两个多月，鸣沙山举办了67场演唱会，共吸引了近120万游客参与。据不完全统计，活动期间，该网络事件网上相关信息共计4万余条，其中短视频13 355个，各类主流媒体报道转发的相关文章1694篇，累计网上传播量高达37.62亿次。

（二）"特种兵式旅游"流行，用双脚丈量土地

"特种兵式旅游"正在中国年轻人中流行开来。这种旅游方式不同于传统的跟团游或者自由行，更加注重行程的规划和自主性，以快速、高效、挑战极限等特点吸引众多年轻人关注和参与，成为中国"Z世

代"的一种独特的生活方式。"虽然旅途很辛苦，但是那种收获的感觉是无法用言语表达的。"作为"Z 世代"一员的广西青年吴东明曾热衷"特种兵式旅游"，他曾一人一天内沿 G109 国道骑行 1000 余千米，打卡拉萨、念青唐古拉山脉、可可西里无人区、昆仑山脉、格尔木等地。"宁可车轮磨穿，也要把景点看完。"吴东明坦言，"特种兵式旅游"成本较低、时间效率较高，但对体能要求较高，"也只有体能较强的年轻人才有可能支撑下来"。由于强度过高，"特种兵式旅游"削弱了传统旅游所带来的体验感。吴东明也坦言，选择"特种兵式旅游"更多是用更低的成本获得更多的体验，体验的好坏不是年轻人最为关注的方面。

业内人士指出，"特种兵式旅游"迎合了年轻人追求高效、充实生活方式的需求。随着互联网的发展，获取旅游信息和制定行程变得越来越方便，"特种兵式旅游"将成为更多年轻人旅游度假的新选择。南宁师范大学经济与管理学院副教授程皓表示，"热衷体验新的旅游方式是社会进步的表现，反映出年轻人对自由、个性化的追求。青年群体普遍受困于就业和学业压力，而旅游能使其'悬置'压力而专注于旅行本身，获得精神的休息。除此之外，旅游还具有一定的新奇性，使得游客获得新的人生经验和全新知识。青年通过'特种兵式旅游'体验各地人们如何生活，并作为自己生活方式的参照"。

（三）热爱生活，借"非正事"拓展生命宽度

热爱生活是每个年龄段人士的共同追求。不少人拖家带口前往贵州体验当地风土人情，不少人积极参与志愿活动……各个年龄层的人，都在用自己独有的方式体验不同的经历，拓展生命的宽度。无论是全国人民对贵州"村超"的空前关注，还是各地演唱会的持续火爆……这些"非正事"让人们从学习和工作的单一环境中解脱出来，体验身份转变。在短暂的激情释放之后，人们可以更好地回归工作、生活。

第四节　乡村"土味"文化别开生面

伴随着移动互联网设备在乡村地区的普及，短视频等新媒体平台在乡村的影响力愈加广泛，乡村"土味"文化应运而生并蓬勃发展。"土味"一词原本指泥土的气味或质朴的乡土气息，而"土味"文化则是指具有乡土特色的文化。作为一种新兴的网络亚文化，乡村"土味"文化暂无明确的定义。不过，有学者对现阶段的"土味"文化的内涵进行了界定，即以展示乡村日常生活为主要内容，具有浓厚的乡土气息、草根精神和地方特征。

乡村"土味"文化的发展过程经历了从"低俗"到"通俗"的转变。乡村"土味"文化最初是以"我丑故我在"的形象出现的，在这一时期，"土味"语录、"社会摇"、"喊麦"等具有庸俗、无聊特点的内容逐渐出现，并成为"土味"文化的代表形式，其低俗甚至恶俗的审美趣味满足了某些人审丑、猎奇的心理需求，不仅对大众文化素养的提升以及社会文化的发展产生了明显的消极影响，更在无形中塑造了一种以"低俗"为基调的乡村文化刻板印象。但随着互联网环境的进一步优化和监管力度的持续加强，如今的乡村"土味"文化逐步摒弃了低俗化的表演形式，展现出多元化、规范化和审美化的鲜明发展趋势，并稳步向主流文化的领域迈进，为讲好中国乡村故事、传播优质乡村文化提供了崭新的叙事形式和话语表达。

一、互联网推动乡村文化发展

乡村文化作为有别于城市文化的文化类型，是中华文化的根脉。我国乡村熟人社会蕴含淳朴的道德规范，重义守信、孝老爱亲是广大乡村的基本风俗。但以互联网为代表的现代文化大量进入乡村社会，极大冲击着农民的内心世界，影响着他们的文化判断和价值选择。再加上大量农民游走于乡村和城市之间，长期的背井离乡使得他们在主观上盲目舍弃乡村文化，摆脱传统风俗和乡规民约的冲动不断增强，传统农耕文明渐趋边缘化，礼俗秩序面临解构风险，乡村文化的价值体系构建逐步停滞。

我们要在乡村的巨大变迁中，重新梳理和发现乡村文化的精髓，对传承了数千年的农耕文明进行挖掘重塑，实现乡村文化振兴。比如，春节的社火庙会、重阳登高、中秋赏月等民俗活动，皮影戏、扭秧歌、踩高跷、舞龙舞狮等民间文艺，年画、刺绣、竹编等民间传统工艺都是我国农耕文明丰富多彩的体现。互联网既极大改变了乡村文化的面貌，也在乡村文化振兴中起到重要的助推作用。

一是互联网有利于乡村非物质文化遗产传承。非物质文化遗产是乡村文化的根与魂，保护好、利用好乡村的非物质文化遗产能够引领文明乡风、弘扬中华优秀传统文化。不少乡村设立文化节、讲习所、工作坊等传统手段来保护、传承非物质文化遗产，把互联网作为推广传播的重要途径。快手推出"快手非遗带头人计划"，发掘乡村非物质文化遗产代表性传承人，在湖南湘西、贵州雷山、四川凉山选取非遗带头人，全方位支持其发展。据快手统计，秦腔、秧歌、豫剧等非遗内容发布量居于前列，此外，还有火把节、庙会、竹马、象棋、晋剧、玉雕等非遗内容也受到较多关注。

二是互联网助力乡村公共文化空间建设。近几年来，为进一步丰富乡村文化生活，政府组织建设乡村文化活动室、图书室、文化广场等公共文化基础设施，为农民参与公共文化活动创造条件。然而，不少地方反映，一些乡村文化活动室、图书室利用率不高，这不仅是因为提供的图书不贴近农民实际需求，也是因为乡村文化活动室、图书室的方便程度不够高，削弱了农民的参与意愿。针对互联网具有的公共文化空间选择便利化、自主化的特点，一些地方进行了积极探索，建设网上虚拟公共文化空间，形成网上精神家园，受到农民的极大欢迎。

三是互联网推动乡村文化产业发展。我国乡村经济发展不平衡、地域差别较大，不同乡村风貌千差万别、各具特色。在乡村产业振兴的过程中，不少地方探索形成"文化旅游"品牌。乡村游的最大特色不仅在于提供了休闲放松的田园环境，还在于能让游客深入感受当地的饮食服饰、风俗习惯，观看演出节目等。互联网上"网红村庄"的形成，既是网民自发分享、相互点赞的结果，也离不开地方旅游部门借助互联网精心宣传推介的有力推动。以互联网推动乡村文化产业发展，既彰显了乡村文化的生命力，又增加了农民的经济收入。

四是互联网促进城乡文化融合互动。以互联网文化为代表的现代文明的冲击，使农民在城乡文化互动中逐渐形成了文化自觉意识，更加深刻地理解了自身文化的社会基础、独有特色及发展方向，从而能对自身文化形成一种辩证的判断，更好地取其精华、去其糟粕。将现代文明的优点融入乡村文化之中，能找到农耕文明与现代文明新的契合点，使乡村文化得到重塑与发展，从而推动形成现代乡村价值体系。

二、乡村"土味"文化的特征

（一）传播内容：多元化内容强调原生态呈现

乡村"土味"文化的传播内容极为多元，涵盖了生活的方方面面。从日常生活细节，到地方特色风俗习惯，再到民间艺术表演，都成为乡村"土味"文化的传播素材。纵观网络各大主流平台可以发现，当前乡村"土味"文化涵盖的传播内容有乡村生活日常、特色美食、自然风光、文化活动、人际关系等。这些内容既展现了乡村生活的真实面貌，也体现了乡村文化的独特魅力。

乡村"土味"文化在传播过程中非常注重原生态呈现，强调"原汁原味"地展现乡村风貌。它追求的是真实、朴素和自然的表达方式，不刻意追求华丽和精致。在乡村"土味"文化的传播内容中，人们可以看到许多未经修饰、未经加工的原始素材，这些素材往往能够触动人心，引起共鸣。与许多主流文化不同，乡村"土味"文化在传播过程中并不过多强调意义与价值。它更注重的是情感的表达和共鸣，而不是理性的分析和思考。同时，乡村"土味"文化也强调娱乐性和趣味性，通过轻松幽默的方式让人们感受到生活的美好和乐趣。

（二）传播媒介：以短视频平台为"主阵地"

当前，短视频以其短小精悍、易于制作和分享的特点迅速崛起，成为乡村"土味"文化的主要传播媒介，为乡村"土味"文化的创作者提供了广阔的舞台，使得乡村"土味"文化能够迅速在社交媒体上传播。

短视频的创作门槛相对较低，只需一部智能手机和基本的拍摄技能，就能够制作出有趣的"土味"短视频。这种低门槛的创作方式吸引了大量乡村网民参与，形成了乡村"土味"文化创作的庞大群体。在主流短视频平台上，以农业、农村、农民为主题的"三农"短视频内容的受众群体已具备一定规模。《2023抖音三农生态数据报告》显示，2023年，抖音上共有10.2亿个三农视频，获赞530亿次。此外，短视频的随走随拍特性也减少了对拍摄要求的限制，使得乡村"土味"文化更加贴近生活、真实自然。与此同时，短视频作为一种碎片化的娱乐方式，适应了现代生活的快节奏。"土味"短视频通常时长较短，内容紧凑有趣，能够在碎片化时间内吸引用户的注意力。因此，乡村"土味"文化容易被传播和接受，逐渐成为一种流行的文化。

（三）传播路径：反向冲击城市主流并实现海外传播

乡村"土味"文化起源于乡村，通过社交媒体平台和网络视听平台等迅速传播。这些平台为乡村"土味"文化的展示提供了广阔的舞台，使展现乡村生活、地方特色和富有乡土气息的内容快速传播。随着乡村"土味"文化的传播，城乡之间的文化碰撞与融合成为必然趋势。城市网民开始关注并参与乡村"土味"文化传播，促进了城乡文化的互动和融合，这不仅丰富了城市文化的内涵，也提升了乡村文化的价值。

随着全球化的深入，乡村"土味"文化逐渐走出国门，成为中国文化出海的重要力量。"土味"舞蹈、"土味"视频、"土味"小说等具有中国特色的文化内容，在海外社交平台上引发了广泛的关注和讨论。例如，2023年，"科目三"舞蹈、国产电动三轮车等乡村"土味"文化一度在海外社交平台掀起热议，其以独特的视角和表达方式，展现了中国的风土人情和文化特色，增进了国际社会对中国的了解和认同，促进了中外文化的交流和互鉴。

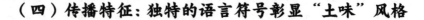

（四）传播特征：独特的语言符号彰显"土味"风格

乡村"土味"文化中最具特色的一个方面便是方言。方言往往带有浓厚的地方色彩，反映了当地人的生活习惯和思维方式。例如，在一些"土味"视频中，表演者会使用当地方言或带有浓重地方口音的普通话，这种独特的语言风格让观众能够迅速识别出乡村"土味"文化。方言的运用不仅使乡村"土味"文化的传播内容更贴近当地民众，也增加了独特性和辨识度。在乡村"土味"文化的传播中，方言成为一种独特的语言符号，彰显着乡村"土味"文化的魅力。

在一些"土味"视频中，表演者常常会使用一些自创的发音和词汇，这些元素也成为乡村"土味"文化的独特语言符号。例如，某些乡村"土味"红人会在视频中使用特殊的发音或创造新的词汇来表达特定的情感或态度。这些自创的发音和词汇不仅增加了视频的趣味性，也让观众在听到时能够立刻联想到乡村"土味"文化。此外，乡村"土味"文化还善于运用社会化语言，即那些广泛流传于社会、具有特定含义和语境的语言。在"土味"视频中运用这些社会化语言，往往能够引发观众的共鸣。依托这些社会化语言，乡村"土味"文化不仅搭建起与观众的深度对话渠道，更让其独特的语言符号特征在传播中不断强化。

三、乡村"土味"文化流行的原因

（一）技术赋能内容生产，城乡"同网同速"起助推作用

互联网技术的迅猛发展极大地降低了内容生产的门槛，每个人都有机会成为内容的生产者。在短视频平台上，普通人可以轻松地分享自己的生活、才艺和创意，而不需要专业的设备和技能，这极大地调动了乡村用户参与创作的积极性，为乡村"土味"文化的流行提供了条件。技术赋能还促进了乡村"土味"文化的创新。在网络平台上，创作者们可以相互学习、交流，借鉴彼此的优点，不断提升自己的创作水平。他们还可以从受众处获得反馈和建议，不断改进自己的作品。

这种互动性和迭代性使得乡村"土味"文化能够不断创新和发展，保持其生命力和吸引力。

此外，城乡"同网同速"的实现，让乡村地区充分享受到了技术发展带来的诸多红利。人民网发布的《中国移动互联网发展报告（2023）》显示，我国农村网络基础设施明显改善，截至2022年底，全国所有地级市城区、县城城区和96%的乡镇镇区已实现5G网络覆盖。相关转变不仅极大地缩小了城乡之间的技术鸿沟，更为乡村"土味"文化的传播与创新注入了新的活力，推动了乡村"土味"文化在网络平台的风靡。互联网技术的普及，不仅让乡村网民能够更便捷地获取信息、享受娱乐，还为他们提供了展示自我、分享生活的平台，为乡村"土味"文化的流行奠定了坚实的基础。

（二）城乡文化碰撞融合，猎奇心理助推乡村"土味"文化传播

乡村"土味"文化是城乡文化碰撞融合的产物，二者之间的差异反映了城乡经济文化等层面存续已久的差序格局。乡村"土味"文化的流行反映了乡村网民在追求物质满足的同时对丰富精神生活的渴望与追求。当前，乡村的物质生活水平显著提升，乡村网民的物质需求得到了不同程度的满足。然而，与物质生活的日益丰富相比，他们的精神生活却显得相对贫瘠。这种精神生活的匮乏，促使他们寻求一种自我表达与认同的方式。乡村"土味"文化便以其幽默、粗犷和接地气的独特风格，吸引了大量乡村网民的关注和传播。通过网络平台，他们将自己的生活片段、情感经历以及对乡土文化的热爱，以"土味"视频、"土味"歌曲等形式展现出来，获得了广泛的共鸣和认可。参与乡村"土味"文化的传播，不仅能让乡村网民展示自我、表达情感，也让他们在互联网上获得了较强的归属感和认同感。

而对城市网民而言，长期以来的"精英"文化让他们逐渐产生审美疲劳，他们对接触新鲜事物的渴望也愈发强烈。乡村"土味"文化的出现，恰到好处地满足了城市网民追求精神刺激和猎奇的心理需求。乡村"土味"文化以其独特、新奇的表达方式，吸引了大量受众的关

注。在快节奏、高压力的生活环境下，人们渴望通过观看视频等方式来放松心情、缓解压力，而乡村"土味"文化中的幽默、夸张等元素，恰好满足了人们的这一需求。人们通过分享、评论和模仿乡村"土味"文化内容，不仅能表达自己的个性和态度，也能引发更广泛的讨论和传播。这种强互动性和易传播性使乡村"土味"文化在短时间内迅速扩散，成为一种流行的文化。

（三）资本加持乡村"土味"文化发展，网络平台助推乡村"土味"文化潮流

资本加持是乡村"土味"文化得以迅速发展的关键因素之一。随着乡村"土味"文化在网络平台上的传播形成规模，一些品牌和企业逐渐关注到这一新兴文化，并纷纷投入资本进行开发，通过"土味"营销的方式，进一步推动了乡村"土味"文化的发展和传播。一些品牌和企业开始尝试将乡村"土味"文化元素融入自己的产品和服务，以吸引消费者的注意力和提高品牌知名度。例如，某饮料品牌推出了具有乡村"土味"特色的包装和广告，将乡村"土味"文化元素与产品特点相结合，吸引了大量消费者的关注和购买。

网络平台的助推为乡村"土味"文化的创作者提供了更多的创作资源和机会，同时也为乡村"土味"文化的传播提供了更广泛的渠道。一方面，网络平台通过算法推荐等方式，将乡村"土味"文化作品推送给更多用户，促进了乡村"土味"文化的广泛传播。另一方面，网络平台为乡村"土味"文化的创作者提供了更多的互动和交流机会。创作者可以在网络平台上发布自己的作品，与其他用户进行互动和交流，分享创作经验和心得。这种互动和交流不仅有助于创作者提升自己的创作水平，也有利于促进乡村"土味"文化在社群中形成传播潮流。

四、乡村"土味"文化的典型案例

（一）乡村"土味"文化活动

（1）"村晚"。"村晚"是由乡村村民自编、自导、自演的乡村文

艺晚会。近年来，"村晚"日益受到瞩目，频频成为热搜焦点。这一传统乡村文化活动，已经由最初的"线下演出"逐渐转变为"云端观赏"，实现了从"年年举办"到"季季亮相"的跨越式发展，成为越来越多人热衷的新民俗。抖音数据显示，2022年12月到2023年12月，平台直播约5000场"村晚"，累计观看人数达2297万，场均观众超4500人。2023年，文化和旅游部决定在全年开展"四季村晚"活动，以丰富乡村精神文化生活，提升乡村文化软实力。春季主会场设在四川省宜宾市，夏季主会场设在云南省丽江市，秋季主会场设在江西省九江市，冬季主会场设在浙江省丽水市和广西壮族自治区柳州市。除了主会场外，还设置了山东省济南市章丘区三涧溪村、西藏自治区拉萨市城关区娘热街道等76个全国"村晚"示范展示点。2023年，全国"村晚"示范展示活动共举办2万余场，参与人次约1.3亿。"村晚"的节目内容丰富，形式多样，主要以乡村创意故事、新年年俗、农业推广、村民互动以及乡村文化和生活展示为主，旨在展现乡村文化的独特魅力和乡村生活的美好。可以说，"村晚"之所以火热，是因为"村味"十足。村民们就是"村晚"舞台上最闪耀的"明星"，他们日常辛勤的生产劳作和丰富多彩的生活片段，构成了最真实、最动人的节目内容。群众自发参与的热情和对乡土文化的深厚热爱，正是"村晚"连续上演精彩好戏的秘诀所在。无论是在线上还是在线下，"村晚"的独特魅力都使其成为乡村"土味"文化传播中的重要形式之一。

（2）"村超"。"村超"即乡村超级联赛，是近年来在乡村地区兴起的一种新型体育文化活动。它不仅是村民展示体育技能、增强体质的平台，更是传播乡村"土味"文化的重要载体。2023年，"村超"的举办达到了一个新的高度。在全国范围内，各地纷纷举办了规模不等的"村超"，吸引了大量村民和游客的参与。其中，一些具有地方特色的"村超"更是成为当地的文化名片，吸引了众多媒体的关注和报道。如贵州省榕江县举办的"和美乡村足球超级联赛"自2023年5月开赛以来，吸引了众多村民和游客的关注。截至2023年12月，贵州"村超"全网平台综合浏览量超480亿次，相关赛事吸引了卡卡、迈克尔·欧文等足球运动员，他们纷纷融入"村超"的火热氛围，足球解说"名嘴"韩乔生还亲临现场为"村超"做精彩解说。在"村超"举办期间，榕江县的旅游收入同比增长了30%，充分展现了"村超"对乡村经济的拉动作用。同时，在社交媒体平台上，关于"村超"的讨论量和分享量也呈现出爆发式增长，进一步提升了"村超"的知名度和影响力。"村超"等乡村赛事之所以能迅速"出圈"，一方面是因为随着物质生活水平的持续提高，农民群众的精神文化需求愈发强烈，他们拥有更多时间、条件去参与和组织大型文体活动，从而满足了日益增长的精神文化需求。另一方面，这些备受瞩目的赛事项目源于民间，承载着深厚的群众基础，是传统文化在新的时代背景下孕育出的崭新文化样式，尽管"土味"十足，但其独特的魅力与活力引发了全社会的广泛关注。

（3）"村 BA"。"村 BA"全称"全国和美乡村篮球大赛"，是由农业农村部农村社会事业促进司、国家体育总局群众体育司指导，中国农民体育协会联合中华全国体育总会群体部主办的一项全国性、群众性的乡村篮球赛事。它以农民为主体组建参赛队伍，赛事组织充分展现乡村特色，坚持呈现农趣农味，成为乡村文化的新名片。"村 BA"的源头可以追溯到贵州省台盘村多年来举办的"草根"篮球赛。自 1936年篮球运动传入贵州地区以来，篮球在乡村地区逐渐普及。2022 年8 月，贵州省"美丽乡村"篮球联赛在台盘村举办，并经由短视频火爆全网，网民们参照"NBA""CBA"的命名规则，称之为"村 BA"。2023 年，"村 BA"赛事规模进一步扩大，逐渐发展为全国性的乡村篮球赛事。与此同时，随着社交媒体的普及和短视频的兴起，"村 BA"得到了更广泛的传播和宣传。网民们通过分享、转发、评论等方式，将"村 BA"的赛事现场、精彩瞬间等传播到全国各地，甚至海外。根据快手的统计数据，"快手村 BA"贵州站直播盛况空前，总观看人次突破 3 亿，相关话题视频的播放量更是高达 4.5 亿次，强势占据站内外多达 161 个热榜席位。贵州省台盘村当地干部介绍，2023 年 3 月25 日至 27 日，在"村 BA"总决赛期间，短短几天内，台盘村涌入2 万余人观看比赛。和"村超"一样，"村 BA"的"出圈"也源于其

"村味"十足，"村 BA"在赛事组织、奖品设置等方面都充满了乡土气息，如黄牛、香猪、猪脚、麻鸭等奖品都是当地的土特产。此外，"村 BA"赛事还融入了民族歌舞表演等乡村文化元素，使得赛事更加丰富多彩，也为观众带来了独特的观赛体验。整体而言，"村 BA"的成功举办，为乡村"土味"文化的传承和发展注入了新的活力。

（二）乡村"土味"文化网红

"陆仙人"，本名陆开港，1999 年出生于广西壮族自治区南宁市横县那阳镇六旺村。他是一位男模特，以其独特的乡村走秀视频和坚持不懈的追梦精神赢得了广大网民的喜爱。"陆仙人"的出圈之路始于他对模特梦想的执着追求。他从小就对电视上的模特走秀产生了浓厚的兴趣，并在家中模仿练习。中学辍学后，他进入工厂打工，但心中的模特梦从未熄灭。他开始在抖音等平台上发布自己利用废旧物品制作的服装和拍摄的走秀视频，这些视频以其独特的风格和创意吸引了众多网民的关注。2019 年，他辞职回到家乡全职拍摄视频，进一步扩大了自己的影响力。同年，他因身披红色毛毯，赤脚"走秀"的视频而冲上热搜，开始进入大众的视线。《南华早报》在国外视频网站上发布了《中国乡村超模》视频，该视频展示了"陆仙人"在乡村田野间走秀的场景，获得了国内外网民的广泛关注。此后，"陆仙人"被称为"乡村超模"，并受邀参加各种时尚活动。2023 年，"陆仙人"先后两次受邀在巴黎时装周的秀场走秀，从乡村舞台走上国际舞台。"陆仙人"的视频与乡村"土味"文化有着密切的关系：他的视频以乡村为背景，展示了乡村的自然风光和人文风情；他利用废旧物品制作服装和道具，实现了对乡村资源的再利用和创新。同时，他的视频也反映了乡村青年对梦想的追求。通过"陆仙人"的视频，我们可以看到乡村"土味"文化的独特魅力和无限可能。他的视频不仅让更多人了解和关注乡村生活，也激发了人们对乡村文化的热爱和尊重。同时，他还为乡村文化的传承和发展贡献了自己的力量。

五、乡村"土味"文化风靡背后的价值反思

（一）把握审"土"尺度，摒弃低俗"土味"之风

乡村"土味"文化在传播过程中，存在一系列不容忽视的问题。首先，低俗内容泛滥。一些创作者为追求点击量和关注度，故意制作包含脏话、暴力、性暗示等低俗元素的视频。这些内容不仅污染了网络环境，也损害了乡村"土味"文化的形象。其次，"审丑"趋势明显。部分创作者追求怪异、荒诞的"审丑"效果，扭曲了大众的审美观念，对社会的审美风气产生了不良影响。最后，更为严重的是，乡村"土味"文化中还存在价值观扭曲的现象，一些视频内容传递拜金主义、享乐主义等消极观念，对年轻人的成长产生了潜在的负面影响。这些问题不仅制约了乡村"土味"文化的健康发展，也对社会文化发展和青少年成长造成了潜在的威胁。

针对乡村"土味"文化传播中出现的低俗、媚俗等乱象，监管部门和平台应当采取一系列措施来加强监管审核，做好"标准制定"，明确"土味"文化并非等同于"丑俗"文化。只有那些达到"审美及格线"或真正展现了一定审美价值的"土味"内容，才具备广泛流行的潜力。监管部门要通过监管手段挖掘和展现乡村"土味"文化中的积极元素，使其摆脱"低俗"和"粗糙"的标签。而平台作为乡村"土味"文化传播的主要载体，绝不能因追求流量红利而对低俗内容睁一只眼闭一只眼，要加强监督检查，切实履行平台责任，确保网络环境健康、文明、有序。

（二）守护原生"土味"，避免过度商业化

随着商业化价值的展现，乡村"土味"文化逐渐被引入市场，成为一种具有商业价值的文化产品。商业化的运作使得乡村"土味"文化在一定程度上得到了更广泛的传播和认知，但同时也带来了一系列负面影响。首先，商业化过度可能导致乡村"土味"文化失真。一些商家为了追求更高的利润，可能会对乡村"土味"文化进行过度包装

和改造，使其失去原有的朴实无华和接地气的特质。这种失真不仅会让乡村"土味"文化失去原有的魅力，还会使得观众对乡村"土味"文化产生错误的认知。其次，商业化过度可能损害乡村"土味"文化的纯粹性。乡村"土味"文化的纯粹性在于其源自乡村、扎根于普通百姓生活的本质。然而，在商业化的过程中，乡村"土味"文化被迫与其他文化元素进行混搭，将会使其失去原有的独特性和地域特色。

乡村"土味"文化作为中国传统乡村文化的独特体现，其原汁原味和地域特色是其核心价值所在。防止乡村"土味"文化过度商业化，需要多方合力。政府部门可以出台相关政策，规范商业行为，为乡村"土味"文化传承与发展提供有力保障。同时，主流媒体可以加强宣传教育，提高公众对乡村"土味"文化核心价值的认识和重视程度。自媒体创作人也应提高警惕，抵制商业化的过度侵蚀，坚守乡村"土味"文化的本真。

（三）主流价值引导，培养优质乡村"土味"文化网红

首先，乡村"土味"文化的后续发展不能过于随意，而应在主流价值的引领下审慎进行。在原汁原味呈现乡村"草根"群体真实生活的同时，应不断深挖与提升乡村"土味"文化的内涵与价值。要帮助乡村"土味"文化的创作者树立正确的价值观，促进他们形成绿色、积极、健康的文化观念。这不仅有助于提升他们的专业素养和责任感，更能激励他们创作出更多具有鲜明乡土特色、内容积极向上、有益身心健康的优秀作品。此外，还应通过主流价值观的浸润，提升广大网民的审美素养，让公众能够辨识并摒弃乡村"土味"文化中的糟粕部分，同时积极追随并弘扬其正面、积极的元素，从而促进乡村"土味"文化向更健康、更富有内涵的方向发展。

其次，持续利用好优质"乡土网红"这一资源。优质"乡土网红"，是指那些深谙农民的喜好、精神文化需求及沟通方式，能够传递正能量并受到广泛关注的网络红人。他们通过自媒体平台分享乡村生活、讲述乡村故事、展示乡村风貌，吸引了大量粉丝的关注。在培养优质

"乡土网红"时，应注重选拔那些真正了解乡村、热爱乡村、愿意为乡村"土味"文化发声的人。同时，为他们提供必要的支持和帮助，比如提供培训机会、搭建展示平台等，让他们能够更好地发挥自己的才能和影响力。目前，全国大部分地区都在着力培养本地"乡土网红"。如重庆启动了"乡土网红"培育工程，第一期工程已培育首批"乡土网红"53名，他们成为助力乡村振兴的网络新引擎，这些网红的粉丝总量从1908万增长至2510万。此外，抖音、快手等平台也纷纷推出三农创作者扶持计划，为优质"乡土网红"提供现金和流量扶持。未来，随着优质"乡土网红"的发展，他们将持续为乡村振兴注入新动能，并进一步推动乡村"土味"文化向主流文化靠拢。

参考文献

［1］ 云杉. 文化自觉 文化自信 文化自强——对繁荣发展中国特色社会主义文化的思考（上）[J]. 红旗文稿，2010（15）: 4-8.

［2］ 阚道远. 西方话语霸权建构的新动向及其政治影响 [J]. 思想理论教育导刊，2018（11）: 87-91.

［3］ 邱运华. 人类命运共同体视野下的文明观 [N]. 中国社会科学报，2024-02-08（1）.

［4］ 贝恩公司. 2023年全球奢侈品行业研究报告（秋季版）[R/OL].（2023-11-23）[2023-10-23].

［5］ 三浦展. 第四消费时代 [M]. 马奈，译. 北京: 东方出版社，2022.

第七章

互联网信息国际传播

在全球化日益加深的当下，国际传播变得更加重要，互联网使得全球范围内的信息传递更加快速和便捷。人们可以通过在线新闻网站、社交媒体等途径获取国际信息，更及时地了解世界各地的政治、经济和社会动态。互联网对国际传播的影响是深远而广泛的。它不仅打破了传统媒体的信息传播格局，丰富了国际传播的内容和形式，增强了国际传播的互动性，还促进了信息传递，并推动了跨文化交流。增强互联网信息国际传播文化影响力是当前的迫切需求，需要采取一系列策略来加强跨文化传播能力，从而确保信息在跨文化传播中更易被理解和接受。在未来，随着互联网技术的不断发展和进一步普及，互联网对国际传播的影响将继续演变。

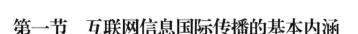

第一节 互联网信息国际传播的基本内涵

在传播学领域，不同的学者从不同角度对国际传播的内涵做出解读，国际传播成为传播学领域中一个备受关注的方向。互联网信息国际传播的内涵、影响、作用在学者的讨论中也不断完善。

一、国际传播的概念、内涵和相关理论

（一）国际传播的概念

国际传播（International Communication）是传播学中的一个概念，也涉及新闻学、社会学、政治学、经济学等领域。国际传播是在民族、国家或其他国际行为主体之间进行的、由政治所规定的、跨文化的信息交流与沟通。国际传播与国家利益相关联，带有明显的政治倾向性。

（二）国际传播的内涵

国际传播的内涵可以分为广义和狭义两种。从广义上看，国际传播是伴随着国家的出现而出现的，它包括国与国之间所有的外交往来行为，例如双边会谈、首脑互访、地区峰会以及其他相关事务等。从狭义上看，伴随着大众传媒的出现及信息全球化的发展，部分国家陆续开设国际广播电台、国际电视台等，向其他国家发送广播电视节目，在大众传播基础上所进行的国与国之间的国际传播逐步兴起。然而，无论是广义的还是狭义的国际传播，都包含由外向内和由内向外两个方向的传播活动，即一方面将国际社会的重要事件和信息传达给本国民众，另一方面将国内政治、经济、社会等各类信息传达给国际社会。

在传播学领域，不同的学者从不同角度对国际传播的内涵做出解读。国际方面，美国传播学者哈罗德·拉斯韦尔（Harold Lasswell）从国际关系和政治的角度来阐释国际传播的内涵，将国际传播定义为"国家之间的信息流动和影响力的传播"。拉斯韦尔提出的传播过程模

式——5W模式，为研究分析国际传播提供了有力工具。加拿大传播学者马歇尔·麦克卢汉（Marshall McLuhan）关注国际传播的文化传播性，强调电子媒体对国际传播的影响，认为全球化的媒介网络将世界变成了一个"地球村"，使信息在国际范围内快速传播，缩小了时空距离，使得全球范围内的人们更容易相互了解和交流。美国传播学者赫伯特·席勒（Herbert Schiller）则强调了国际传播的跨国性和多样性，认为国际传播是跨越国界的，以任何方式、任何渠道传播信息、观念、价值观等的活动。

国内方面，中国新闻教育家刘继南在《国际传播与国家形象——国际关系的新视角》一书中，将国际传播定义为特定的国家或社会集团通过大众传播媒介面向其他国家或地区受众所进行的跨国传播或全球范围传播，是世界各国、各地区政治、经济与文化发展综合实力的一个局部的具体体现。北京大学新闻与传播学院教授程曼丽认为，国际传播是指以民族、国家为主体而进行的跨文化信息交流与沟通。中国传媒大学教授蔡帼芬将国际传播定义为特定的国际社会组织或集团利用大众传播媒介（传统媒介如报纸、期刊等；电子媒介如广播、电视、音像制品、网络等）进行的跨越国家边界、跨越国家传播体制的交流。北京大学新媒体研究院教授关世杰认为，国际传播学是研究通过政府、组织、个人进行的跨越国界传递信息过程的学科。

（三）国际传播相关理论

在全球化日益加深的当下，国际传播变得更加重要，因为不同国家和文化之间的信息流动对促进理解、合作和文化交流至关重要。国际传播相关理论主要有以下几个流派。

（1）传播霸权理论：该理论由意大利思想家安东尼奥·葛兰西（Antonio Gramsci）提出，文化霸权理论起源于对阶级斗争状况的分析，认为一个社会阶层可以通过操纵社会文化，支配或统治整个多元文化社会；统治阶级的世界观会被强制作为统一的社会规范，并被认为是有利于全社会的普遍有效的思想，但实际上只有统治阶级受益。文化霸权理论指出，一个政权的维持，需要政治的强制力加上霸权文化的力量配合。

批评者认为，这一理论过分强调领导权在社会斗争中的重要性。

（2）文化帝国主义理论：该理论由美国传播学者赫伯特·席勒在其著作《大众传播与美利坚帝国》中提出。该理论与传播霸权理论有相似之处，但认为国际传播不仅是西方发达国家对发展中国家的意识形态控制手段，也是西方发达国家对发展中国家的文化侵略方式。西方发达国家通过国际传播，将自己的文化产品和价值观强加给发展中国家，从而导致发展中国家文化的异化和同质化。该理论提出后，引起了国际传播研究界的广泛关注，为理解国际传播的本质、特征和影响提供了重要的理论视角。

（3）全球化理论：全球化理论的提出与全球化进程的加快密切相关。全球化使得各国之间在经济、政治、文化等领域的交流更加频繁，也使得国际传播更加多元化。该理论认为，国际传播是全球化进程中的重要组成部分，促进了各国之间的相互了解和理解，推动了全球化进程。

（4）叙事范式理论：该理论由美国学者沃尔特·费希尔（Walter Fisher）提出，是传播学意义研究的重要成果之一。叙事范式理论认为，国际传播是一种叙事活动。传播者通过选择、编辑和解读信息，构建特定的叙事，从而影响受众的认知和行为。国际传播的叙事具有多样性，不同国家和地区的传播者具有不同的叙事方式及叙事目的。

（5）媒介生态学理论：世界媒体文化研究者、批评家尼尔·波兹曼（Neil Postman）在其著作《娱乐至死》中提出媒介生态学理论。该理论具有重要的现实意义，为理解媒介在社会中的作用、分析和评价媒介传播提供了理论基础。该理论认为，国际传播是一个复杂的媒介生态系统，在这个生态系统中，传播者、受众、媒介、技术等都是相互作用的因素，国际传播的效果受到这些因素的共同影响。

二、互联网信息国际传播的基本知识

（一）互联网信息国际传播的概念

目前，传播学界尚无关于互联网信息国际传播的明确定义。不过，互联网信息国际传播的概念仍然可以从多个维度来理解。从媒介属性上来看，互联网信息国际传播是指通过互联网，将信息、观念、价值观等从一个国家或地区传播到另一个国家或地区的传播活动。这强调了互联网作为传播媒介的重要作用。从文化属性上看，互联网信息国际传播是指通过互联网，在不同文化背景的主体之间的传播活动。互联网信息国际传播涉及多个领域，包括政治、经济、文化、科技等，涵盖了各种形式的信息，如文字、图片、视频等。可以说，互联网信息国际传播不仅是信息的传播，更是文化的交流。

综合来看，互联网信息国际传播是一种基于互联网平台的信息传播活动，它通过多种形式和渠道实现跨越国界的信息流动、交流，对不同文化背景下的主体之间的信息、观念、价值观等进行传播。这种传播具有即时性、交互性和多元性等特征，能够实现信息的实时传递和互动交流，让不同国家、地区的受众共享和参与信息传播活动。同时，互联网的普及和发展使得信息能够快速覆盖全球范围，促进了不同文化之间的交流和理解。

（二）互联网对国际传播的影响

互联网对国际传播具有如下影响。

（1）打破信息传播的边界。互联网打破了传统媒体的信息传播格局，使得信息能够更加快速、便捷地跨越国界传播。这一变化使得全球范围内的受众能够更加容易地获取国际信息，也使得国家之间的信息交流更加频繁和开放。例如，社交媒体的兴起使得个人和组织能够更加容易地发布、分享信息，打破了传统媒体的信息垄断。

（2）丰富国际传播的内容和形式。互联网的多元性特点，使得国际传播的内容和形式更加丰富。除了传统媒体传播的新闻报道、影视作品等，互联网还提供了博客、直播等多种传播形式，为国际传播提供了新的平台和载体。例如，在体育赛事中，网络直播让人们可以身临其境地感受赛事的激情，为国际传播增添了新的活力。

（3）增强国际传播的互动性。互联网的互动性特点，使得国际传播也具有互动性。人们可以通过互联网发表评论、分享信息，与其他受众进行互动。这有助于增进人们之间的相互了解，增强国际传播的效果。例如，在社交媒体上，人们可以就热点事件发表自己的观点，与其他网民进行讨论，从而促进不同文化之间的理解和交流。

（4）加速信息传递。互联网使得全球范围内的信息传递更加快速和便捷。人们可以通过在线新闻网站、社交媒体等途径获取国际信息，更及时地了解世界各地的政治、经济和社会动态。例如，微博、X（原Twitter）等社交媒体在新闻传播中扮演着重要角色，许多重大事件的报道和传播都源于社交媒体。

（5）推动文化交流。互联网为全球范围内的文化交流和传播提供了平台。人们可以通过在线音乐、电影、游戏等媒介了解不同国家和地区的文化，促进相互理解。例如，全球视频共享平台 YouTube 让世界各地的创作者都能够展示自己的作品，并吸引具有不同文化背景的观众。

总之，互联网对国际传播的影响是深远而广泛的。它不仅打破了传统媒体的信息传播格局，丰富了国际传播的内容和形式，增强了国际传播的互动性，还促进了信息传递，并推动了跨文化交流。在未来，随着互联网技术的不断发展和进一步普及，互联网对国际传播的影响将继续演变。

（三）互联网信息国际传播效果的影响因素

1. 技术因素

（1）网络基础设施的建设。不同国家和地区的网络基础设施发展水平存在差异，这直接影响互联网信息的传播速度和覆盖范围。基础设施完善的国家能够更快地接收到信息，并且能够在更广泛的范围内传播信息。例如，一些发达国家因其良好的网络基础设施，能够更快地将新闻报道传播给全球受众。ITU 于 2024 年发布的报告《衡量数字发展：2024 年事实与数字》显示，互联网的使用仍然与一个国家的发展水平紧密相关，高收入国家与低收入国家之间顽固的数字鸿沟依然存在。

（2）移动技术的普及。移动技术的普及使得互联网不再局限于固定场所，人们可以随时随地接入互联网。这极大地扩大了互联网的覆盖范围，让更多的人能够获取和传播信息。移动技术的普及改变了人们获取信息的方式。过去，人们主要通过报纸、电视和广播等传统媒体获取信息。现在，人们可以通过智能手机、平板计算机等移动设备随时随地获取信息。此外，移动技术的普及还加快了互联网信息国际传播的速度。近年来，5G 技术的发展使互联网信息国际传播具有更高的数据传输速度和更低的时延，通过 5G 技术，超高清的视频直播成为可能，国际新闻机构可以利用这种技术进行全球范围内的高质量实时报道。《爱立信移动报告 2024》预测，2027 年，5G 将成为主要的移动接入技术；2030 年，全球 5G 用户预计达到 63 亿，占所有移动用户的 67%。随着移动技术的进一步普及，人们将能够更容易地参与国际对话、分享观点和获取新闻。

（3）互联网技术的进步。随着互联网技术的不断进步，信息传播的方式和手段也在不断变化。新的技术（如云计算、大数据、人工智能等）的应用，能够提高信息传播的精准度和效率。例如，虚拟现实和增强现实技术为用户提供沉浸式体验，拓展了传播方式。人工智能技术可以用于内容生成、翻译和个性化推荐等方面，大大提高了互联网信息国际传播的效率和效果。而云计算和边缘计算等技术可以提供强大的数据处理和分析能力，使信息能够更快地被处理和传播。新闻机构可以利用云计算技术进行大规模的数据分析和可视化，提供更加深入和全面的报道。

2. 经济因素

（1）经济发展水平与互联网普及率。经济发展水平较高的国家和地区，互联网基础设施建设较好，互联网普及率高，网速快，网络质量好，这使得这些国家和地区的人民更容易获取、传播信息。互联网接入成本是影响互联网信息国际传播效果的重要因素。互联网接入成本越低，人们越容易上网获取和传播信息。ITU 于 2024 年发布的报告《2023 年 ICT 服务可负担性》显示，全球固定宽带价格和质量差距依然存在，负担能力仍然是实现普遍连接的重要障碍，用户的固定宽带使用成本在国民总收入中的占比约为 1%，而在低收入经济体中，这一占比高达 31.3%。值得注意的是，2023 年，我国固定宽带服务成本在月人均国民总收入中的占比从 2021 年的 0.5% 进一步降低至 0.42%，通信费用负担进一步降低，远低于全球平均水平。

（2）经济全球化与跨境信息流动。随着经济全球化的推进，跨境贸易和投资活动不断增加，这促进了不同国家和地区之间的信息交流。这种信息流动的增加使得互联网信息国际传播的内容更加丰富多样，受众更加广泛。随着经济全球化的深入，互联网产业也在全球范围内迅速发展。各大互联网公司纷纷拓展海外市场，推动互联网信息国际传播的渠道和平台不断增多。跨国公司通过广告和市场推广活动，不断推动信息在全球范围内的传播。这些广告和推广活动不仅有助于提高品牌知名度和销售额，还促进了文化的交流和信息的传播。与此同时，随着跨境电子商务的兴起，不同国家和地区的消费者可以直接在网上购买全球各地的商品。这种商业模式的变革不仅促进了商品和服务的流通，也推动了信息的跨国传播。

（3）经济发展与信息消费。随着经济的发展，人们的消费模式也在发生变化，信息消费的比重逐渐增加，这为互联网信息国际传播提供了更广阔的市场和更多的受众。传统媒体的信息传播渠道相对有限，主要是报纸、电视、广播等。而互联网信息消费渠道更加多样化，包括网站、社交媒体、自媒体、搜索引擎等。例如，在发达国家，新闻、娱乐、教育等领域的在线服务消费需求更大，这为互联网信息国际传播提供了更多机会。此外，传统媒体的信息传播方式以单向传播为主，受众只能被动地接收信息。而随着信息消费模式的转变，人们对信息的需求更加个性化，更倾向于选择符合自己兴趣和需求的定制化服务。这种趋势促使互联网信息国际传播更加注重细分市场和个性化内容，以满足不同受众的需求。

3. 文化因素

（1）语言和文化差异。语言是文化的重要组成部分，也是信息传播的关键要素。互联网信息国际传播需要克服语言障碍，确保信息的准确传达。翻译不仅仅是文字的转换，还需要考虑不同语言之间的文化内涵和表达习惯。在互联网信息国际传播中，语言和文化符号的差

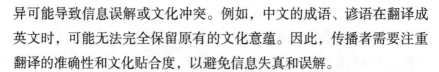

异可能导致信息误解或文化冲突。例如，中文的成语、谚语在翻译成英文时，可能无法完全保留原有的文化意蕴。因此，传播者需要注重翻译的准确性和文化贴合度，以避免信息失真和误解。

（2）文化背景等的差异。不同国家和地区的文化背景、价值观、社会习俗等存在差异，这可能导致受众对同一信息产生不同的认知和理解。受众所处的文化环境决定了其价值观和行为规范，进而影响其对信息的选择和接收。在互联网信息国际传播中，受众可能更倾向于选择与自身文化背景、价值观等相符的信息。因此，在互联网信息国际传播中，传播者需要充分考虑目标受众的文化背景和认知习惯，以避免信息误读和文化冲突。

（3）媒介偏好与信息接收方式。不同文化背景的受众可能对媒介有不同的偏好。例如，中国用户更倾向于使用微信和微博等社交媒体平台，这些平台在国内拥有庞大的用户群体。因此，通过这些平台进行国际信息传播，尤其是通过专注于发布国际新闻的账号，能够更有效地触达中国受众。相反，在美国，社交媒体平台如 Facebook、X 和 Instagram 更为流行，因此在这些平台上进行国际信息传播能更有效触达美国受众。不同的人有不同的信息接收方式，这会影响他们对信息的理解。有些人喜欢主动获取信息，有些人喜欢被动获取信息。主动获取信息的人会积极地寻找自己感兴趣的信息，而被动获取信息的人则会等待信息自己找上门来。信息接收方式还会影响人们对信息的关注程度和记忆程度。

三、互联网信息国际传播主体、受众和渠道

（一）互联网信息国际传播的主体

互联网信息国际传播的主体是多元化的，包括政府机构、新闻机构、企业、非政府组织和民间组织以及个人用户。这些主体通过不同的渠道和方式向国内外公众传播信息，对国际舆论和国际关系产生重要影响。

（1）政府机构。政府机构通过官方网站、社交媒体、新闻发布会

等渠道发布信息，向国内外公众传播政府的政策、主张和立场，宣传本国的政策、价值观和历史文化等。例如，我国外交部、教育部等政府机构会通过官方网站、社交媒体等渠道发布信息，并与其他国家和地区的相应机构进行交流合作。

（2）新闻机构。新闻机构通过报纸、电视、广播、网络等渠道报道国际新闻，向公众传播信息。例如，新华社、路透社、美联社等通过官方网站、社交媒体等渠道发布新闻报道，并与其他国家和地区的新闻机构进行交流合作。

（3）企业。企业通过官方网站、社交媒体、广告等渠道宣传自己的产品和服务，向国内外消费者传播信息。例如，苹果、谷歌、微软等跨国企业通过官方网站、社交媒体等渠道发布产品信息、传播企业文化等。

（4）非政府组织和民间组织。非政府组织和民间组织通过官方网站、社交媒体、活动等渠道传播自己的理念和主张，向国内外公众传播信息。例如，世界卫生组织、世界气象组织等通过官方网站、社交媒体等渠道发布信息，与其他国家和地区的非政府组织、民间组织进行交流合作。

（5）个人用户。个人用户通过互联网进行国际传播，分享自己的观点、经历、创作等。他们通过个人网站、博客、社交媒体等渠道发表自己的观点和看法，向国内外公众传播信息。例如，博客作者、视频创作者、社交媒体用户等通过个人主页、社交媒体等渠道发布信息，与其他国家和地区的个人用户进行交流合作。

（二）互联网信息国际传播的受众

互联网信息国际传播的受众可以按照多种方式进行分类，以下是一些常见的分类方式。

（1）按人口统计学特征（如年龄、性别、职业、地域、教育水平等）进行分类。例如，按照地域，可以将受众分为国内受众和国际受众。国内受众是指本国范围内的受众，他们主要关注本国的信息，对国际信息的需求相对较小。国际受众则是指不同国家和地区的受众，他们关注全球范围内的信息，对国际信息的需求较大。这种分类方式可以帮助传播者更好地了解不同类型受众的需求和特点，以便提供更有针对性的信息和服务。

（2）按接触媒介的频率，可以将受众分为稳定受众和不稳定受众。稳定受众是指长期、频繁接触某种媒介的受众，他们对该媒介的忠诚度较高，是媒介争取的重要对象。而不稳定受众则是指偶尔或临时接触某种媒介的受众，他们的忠诚度较低，容易受到其他媒介的吸引而流失。

（3）按信息需求的类型，可以将受众分为一般受众和特殊受众。一般受众是指对一般信息感兴趣的受众，他们使用网络媒体主要是为了获取新闻、娱乐等信息。特殊受众是指对特定领域或主题感兴趣的受众，如科技爱好者、体育迷、游戏玩家等，他们更倾向于关注与自己兴趣相关的信息。

（4）按接触媒介的方式，可以将受众分为现实受众和潜在受众。现实受众是指已经在使用某种媒介的受众，他们对该媒介产生了一定的认知和信任。潜在受众则是指尚未使用某种媒介的受众，他们是媒介争取的对象，传播者需要采取有效的传播策略来吸引他们。

（5）按媒介使用偏好，可以将受众分为社交媒体受众、新闻 App 受众、视频网站受众、搜索引擎受众、电子商务平台受众、垂直网站受众等。互联网用户在媒介使用上的偏好多种多样，不同的用户有不同的偏好和需求。了解用户的偏好和需求，可以帮助传播者更好地制定传播策略，提供更有针对性的信息和服务，从而更好地满足受众的需求，提高信息传播的效果。

（三）互联网信息国际传播的渠道

随着互联网的不断发展，互联网信息国际传播的渠道也在不断变化，以下是几种常见的传播渠道。

1.新闻网站

许多新闻网站提供多语言服务，面向全球用户发布新闻、评论、分析等文章。

2. 社交媒体

通过社交媒体，传播者可以向全球受众传播信息，并与受众互动。Facebook、X、Instagram 等社交媒体平台上的信息可以迅速地传播到全球各地，影响各国的舆论和公众认知。

3. 电子邮件

电子邮件作为传统的信息传播渠道，仍然具有一定的重要性，尤其是在专业领域和商业交流中。通过向目标受众发送电子邮件，传播者可以传递信息、宣传品牌、推广产品等。这种渠道在国际传播中也被广泛应用。

4. 视频平台

YouTube、TikTok 等视频平台可以发布各种类型的视频内容，包括纪录片、短视频等。

5. 网络论坛

通过网络论坛，传播者可以面向全球受众发表观点和看法，传播信息。例如，在红迪社区、Quora 等网络论坛上，用户可以发布信息和观点，与全球其他用户交流和讨论。

6. 即时通信软件

即时通信软件可以用来发布国际新闻和信息，包括政治、经济、文化等方面的内容。通过即时发布新闻和信息，传播者可以让全球用户及时了解国际事件和动态。此外，通过即时通信软件建立跨国通信群组，邀请来自不同国家和地区的参与者加入，传播者可以方便快捷地进行跨文化交流，提升互联网信息国际传播的效率和效果。

第二节　互联网信息国际传播的新特点及案例分析

互联网的发展是一场革命性的技术飞跃，它极大地改变了信息传播的方式和速度。互联网以其全球性、交互性、多媒体的特点，打破了时间和空间的限制，使信息传播更为快速、便捷、高效。与此同时，互联网促成了各种新媒体的崛起，使得信息传播的形式更为多样化，内容更具创意和个性化。此外，互联网还促进了全球化进程，加强了各国之间的联系与交流，使得不同文化、不同思想观念能够相互交融、碰撞。总之，互联网的发展不仅深刻地影响了人们的日常生活和工作方式，也对全球经济、政治、文化产生了深远的影响；它改变了世界，让信息传递更加自由、开放和多元，赋予国际传播更多新的特征。

一、互联网信息国际传播的新特点

（一）多元化传播主体

传统的国际传播主要由政府、媒体等机构主导，而互联网的出现几乎让任何人都可以通过网络平台发布信息，个人、企业等多元化的传播主体越来越多地参与到国际传播中，这些主体通过各种渠道和方式，向世界传递自己的声音。ITU 发布的《衡量数字发展：2024 年事实与数字》报告预计当年全球网民数量达 55 亿人，占世界人口的68%。就我国网民规模来看，中国互联网络信息中心 2024 年发布的第 54 次《中国互联网络发展状况统计报告》显示，截至 2024 年 6 月，我国网民规模近 11 亿人。作为互联网信息国际传播的新主体，普通网民发挥的传播作用越来越不容忽视，互联网的及时性、交互性让网民参与到信息国际传播和讨论中，形成更加开放的传播环境。总之，与以往相比，互联网的发展促使国际传播的主体更加多元，促进了更广泛的参与，提供了更丰富的信息来源。

（二）全球化传播视野

当前的国际传播更加注重全球视野，强调跨越国界、跨越政体、跨越语言、跨越文化的传播，具体体现在以下几个方面。一是信息传播范围的全球化。互联网打破了地理限制，使得信息能够迅速传播到全球各地。例如，一些国际性的新闻网站或社交媒体平台，如英国广播公司、美国有线电视新闻网、Facebook 和 X，其用户来自世界各地。二是信息交互的全球化。互联网使得全球范围内的用户能够实时互动，这种跨文化的交流不仅有助于信息的传播，还能够促进文化交流和相互理解。三是信息内容的全球化。网络信息的内容涵盖了全球范围内的各种主题和话题。从国际政治、经济、文化到科技、娱乐、体育等各个领域，网络信息都呈现出多样化和全球化的特点。

（三）数字化传播手段

移动互联网的普及使得人们可以随时随地获取和传播信息，这极大地促进了互联网信息国际传播的数字化。近年来，国际移动互联网基数持续稳步增长，全球移动通信系统协会发布的报告《移动互联网连接状况 2024》显示，截至 2023 年底，全球使用移动互联网的人数增至 46 亿人，约占全球人口的 57%。社交媒体、短视频、直播等新媒体形态为国际传播提供了更快速、更广泛的传播渠道。尤其是伴随着新媒体技术的发展，视觉传播在国际传播中扮演着越来越重要的角色。例如，短视频平台 TikTok 在许多国家中成为主流媒体，通过短视频的形式传递各种信息。这种形式的信息传播具有直观、生动的特点，更容易被人们接受。牛津大学路透社新闻研究所 2023 年 6 月发布的《2023 年全球数字新闻调查报告》显示，Facebook 对新闻业的影响力正在下降，它正面临着来自 YouTube 等成熟网络和 TikTok 等短视频平台的新挑战。未来，互联网信息国际传播的数字化手段将不断发展和演进，为受众提供更多样化的选择和更丰富的体验。

（四）智能化技术应用

互联网通信技术的迭代发展，正深刻地改变着互联网信息国际传播的方式和特点，提高了互联网信息国际传播的效率和可信度。第一，5G、6G 以及卫星通信技术为互联网信息国际传播提供了更加强大的技术支持。例如，在 2023 年 8 月 28 日的北京冬奥会开幕式上，5G 技术为全球观众带来了高清、流畅的直播体验。第二，人工智能技术通过自动化内容生产、个性化推荐、跨语言交流以及增强现实与虚拟现实等技术，深刻改变了互联网信息国际传播的方式和特点。它提高了信息采集、生产和传播的效率，实现了精准传播，打破了语言障碍，丰富了信息传播的形式和内容，提升了用户体验。例如，人工智能技术可以根据用户的兴趣、偏好等因素，为其推送更加精准和个性化的内容，提升互联网信息国际传播的针对性和用户体验。人工智能技术还可以结合增强现实和虚拟现实技术，为用户提供更具沉浸式的体验，使互联网信息国际传播更加生动和有趣。第三，区块链技术的应用使互联网信息国际传播更加安全和透明。区块链是一种分布式数据库，具有不可篡改、透明可追溯等特点。这使得互联网信息国际传播者可以更加安全地存储和传输信息，同时受众也可以更加透明地查看和验证信息。美国《纽约时报》就曾推出名为"新闻出处追溯"的项目，采用区块链技术打击假新闻。

（五）个性化内容增加

在网络时代，信息来源已不再限于传统媒体或政府，用户生成内容逐渐成为互联网信息国际传播中的重要组成部分。社交媒体平台是用户生成内容的主要来源之一，用户在这些平台上发布文字、图片和视频等内容，这些用户生成内容可以通过转发、点赞、评论等方式传播给更广泛的受众，参与到互联网信息国际传播中。用户生成内容为信息传播提供了更多视角，一些社交媒体平台上的热门事件，如 X 上的话题或 YouTube 上的视频，也会成为互联网信息国际传播的内容。总之，通过社交媒体平台、短视频平台以及论坛、博客和问答平台等渠道，用户可以自己创作和发布内容，与其他用户进行互动，参与互联网信息国际传播。互联网用户既是信息的创造者，也是信息的传播者，这种多重属性深刻地改变了互联网信息国际传播的格局。

二、2023年互联网信息国际传播典型案例分析

（一）杭州亚运会：智数手段强化国际传播效能，多元叙事打开国际对话新格局

2023年9月23日至10月8日，第19届亚运会在浙江省杭州市成功举办。杭州亚运会，是中国继1990年北京亚运会、2010年广州亚运会之后，第三次举办的亚洲最高规格的国际综合性体育赛事。这一盛事不仅是中国体育事业发展的重要里程碑，更是展现中国新时代国家形象和文化的国际舞台。杭州亚运会作为一个承载了多重意义的国际传播平台，为中国和亚洲其他国家之间的交流搭建了桥梁。

从国际传播的角度来看，杭州亚运会不仅是一次体育盛宴，更是一次文化交流和价值共享的机会。它向世界展示了中国的文化底蕴、科技实力和社会发展成果，同时也加强了中国与亚洲其他国家的友好关系和互信合作。杭州亚运会是一次重要的国际传播盛会，为中国赢得了国际赞誉，也为未来成功举办类似的体育盛事提供了如下宝贵经验。

一是多元化传播主体满足分众传播需求，矩阵化传播渠道助推"声音"海外落地。杭州亚运会的传播主体多元，各个主体从不同角度报道和传播了杭州亚运会的相关信息，共同构建了一个全方位、多层次的传播网络，为国内外受众提供了及时、准确、全面的亚运会信息。国内主流媒体方面，人民日报社、新华社和中央广播电视总台是亚运会报道的主力军，它们基于自身的对外平台和技术力量，通过各种形式的报道，向国内外传播亚运会的盛况，相关报道获得国际媒体的转载。美国有线电视新闻网、澳大利亚广播公司、日本《读卖新闻》、日本共同社等境外媒体也纷纷给予高度关注。此外，参加杭州亚运会的运动员及志愿者也积极发声，分享他们在杭州亚运会上的表现和收获，向国际传播他们参加杭州亚运会期间的见闻。

在传播渠道上，此次杭州亚运会国际传播形成了较为成熟的传播矩阵。杭州第 19 届亚运会官网是最重要的亚运会信息发布平台之一，在该网站上可以查找到关于亚运会的各种官方信息。主流媒体依托其权威性，在新闻网站上发布的一篇篇关于杭州亚运会的报道，提升了杭州亚运会在国内外的影响力和知名度。如亚运会开幕式前一天，新华社对国际奥委会主席巴赫的独家专访被法新社、亚奥理事会官方网站等 50 家海外媒体和体育组织网站转载引用，充分体现了主流媒体对外传播的权威性。此外，社交平台和短视频平台上的传播内容也对宣传杭州亚运会形成有力支撑，如在 TikTok、X、YouTube、Instagram 等境外社交媒体平台上，关于杭州亚运会开幕式、闭幕式以及精彩赛况的短视频皆获得较高的播放量。此外，国际体育网站、论坛也成为杭州亚运会国际传播的重要渠道之一。此次杭州亚运会上，电子竞技项目首次成为比赛项目，相关赛事情况吸引了国际电竞爱好者的关注，如在韩国知名电竞论坛 PGR21、FMKorea 上，不少网民就亚运会的电竞赛事展开热烈讨论，这也在一定程度上提升了杭州亚运会的海外影响力。

二是智数化传播提升沉浸式体验，视觉化表达强化内容吸引力。充分发挥数智传播优势是杭州亚运会对外传播的一大显著特征，多种技术的综合运用为全球受众提供了沉浸式观会体验。以开幕式为例，通过运用 IMAX、数控球装置、三维动画等技术，杭州亚运会不仅提升了现场观众的知觉体验，也让线上受众身临其境，更有效地向全球受众传递了现场感受。此外，杭州亚运会还借助云计算、云存储等技术，首次实现云转播，在云上传输最大 60 路高清和超高清信号，总时长超过 5000 小时。中央广播电视总台使用 8K 技术进行实况转播，直播观看量累计达 7.2 亿次。此外，杭州亚运会还发布了"亚运会元宇宙"平台，通过人工智能、数字孪生、虚拟现实等技术，打造城市文旅、亚运场馆、个人藏馆等空间，为受众提供"沉浸、精彩、互动"的体验。

在智数技术的赋能下，视觉传播的效果大大丰盈，传播内容的吸引力进一步增强。杭州亚运会开幕式上，在备受关注的点燃主火炬环节，在虚拟现实特效的助力下，运动员汪顺与"数字火炬手"一起点燃主火炬"钱江潮涌"，数实融合的点火仪式惊艳世界，也展现了中国科技强国的硬核实力。闭幕式上，杭州亚运会使用了历史上第一块数控草坪，数控草坪与表演节目互相配合，人像合一，为受众带来精彩的视觉体验。科技创新和数字智能的利用，让杭州亚运会充满科技元素，也展示了中国的综合实力，凸显中国式现代化的智能化发展成果。

三是柔性化叙事跨越意识形态阻碍，趣缘化议题增进全球化交往。杭州亚运会作为重要赛事，本身就是自带热度的媒介事件，为在国际传播中更有效地传播中国理念，全方位展示中国形象，传播主体采用更贴近生活、更轻松有趣的柔性化叙事，以此跨越意识形态和文化差异障碍。主流媒体与民间媒体合力，在赛事、开幕式、城市服务等重大公共议题方面建立起共识空间，推动多元话题的展开，在跨文化交流中表达自己的见解，展现中国作为礼仪之邦的文明大国风范。在国际报道上，传播主体也实现了从"我"到"我们"的转变，不仅关注中国受众，也报道世界受众感兴趣的议题。例如，在亚运会比赛期间，新华社对其他国家和地区运动员保持了一定的报道比例。在各种形式的对外报道中，涉及其他国家和地区运动员、教练员及官员的占比超过 1/3。

此外，杭州亚运会期间，传播主体在议程设置上，以海外用户的兴趣点为出发点，通过互动交流和分享，更好地实现了趣缘群体传播和精准传播。例如，杭州都市快报国际传播中心在对杭州亚运会进行宣传报道时，策划推出的每日金牌榜在 Facebook 成功"出圈"。该团队运营的杭州市官方海外社交账号"Hangzhoufeel"从海外受众的兴趣出发，每天安排不同时间段的奖牌榜上首页推送，以此激发受众阅读兴趣。蒙古选手获得摔跤金牌，摔跤是蒙古的传统项目，该账号推送的相关文章调动了蒙古网民的兴趣，收获海量关注，阅读量高达 58.5万次。在杭州亚运会开幕前夕，中国国际电视台在 Facebook、TikTok等境外社交媒体平台发起"挑战传奇 #LikeAChamp"全球网络互动活动，相关活动吸引了大量海外网友的参与，阅览量超过 35 亿次。该活动跨越了语言和地域的沟壑，让全世界不同肤色、不同文化背景的年轻人，以社交媒体为舞台，感受杭州亚运会的热烈气氛，在全球范围内放大了中国文化的传播量级。

（二）《逃出大英博物馆》：年轻化表达契合现代审美，共情式传播增强情感共鸣

2023 年 8 月，英国大英博物馆被传多件文物藏品丢失，该博物馆董事会主席乔治·奥斯本（George Osborne）8 月 26 日向媒体证实，丢失的馆藏文物大约有 2000 件。该丑闻一经曝出便引发多国抗议，苏丹、埃及、尼日利亚和希腊等国对大英博物馆发起声讨，呼吁其归还从他国掠夺的文物。我国官方媒体《环球时报》也发表评论文章，要求大英博物馆把非法获取的文物归还中国，相关话题"请大英博物馆无偿归还中国文物"冲上微博热搜榜首位。在这一背景之下，微短剧《逃出大英博物馆》于 8 月 30 日正式上线并走红网络。

微短剧《逃出大英博物馆》共 3 集，以中国文物为背景，讲述了大英博物馆中的一盏中华缠枝纹薄胎玉壶，化身成一个可爱的女孩从博物馆出逃，遇到了一位在海外工作的中国媒体人，请求其帮助自己逃回中国的故事。该微短剧一经播出，就在网络上引发了广泛的关注和热议。截至 2024 年 2 月，该微短剧在哔哩哔哩播放超 3400 万次，在抖音播放超过 4.8 亿次，在小红书上的浏览量超 2.3 亿次。该微短剧还得到新华社、央视网、《光明日报》等官方媒体的大力支持。官方媒体的点评都高度赞扬了该微短剧的创意和制作水平，认为它不仅是一部优秀的艺术作品，更是对文化遗产保护发出的积极呼吁。

与此同时，该微短剧还引发了外媒的高度关注，如英国广播公司、英国《独立报》、英国《每日电讯报》连连发文报道，关注该微短剧在中国互联网中引发要求大英博物馆归还文物的呼声。美国有线电视新闻网、雅虎新闻网、新加坡《海峡时报》等其他国际媒体也纷纷对该微短剧进行了报道和评论。该微短剧还吸引了国际艺术类垂直网站的关注，艺术品网站的典型代表"Artnet"、英国艺术刊物《艺术新闻报》也对该微短剧发表评论文章。在境外社交媒体平台和短视频平台上，该微短剧引发了来自不同国家和地区网民的热议，如在 TikTok 上，有印度尼西亚网民称"我喜欢这个！想出这个主意的人真是太棒了！"，

还有丹麦网民称"大英博物馆正在出售它们并盗用金钱，这就是我的理论"。作为一部优秀的微短剧，《逃出大英博物馆》火爆"出圈"并传播海外，其背后的传播特点和传播策略值得关注。

从接受美学的角度来看，当代年轻受众更倾向于喜欢具备"可爱"特质的微短剧作品。这主要源于接受美学中的一个重要概念——"期待视野"，这可以理解为受众具有一种潜在的审美期待。对年轻受众来说，他们的"期待视野"往往更倾向于轻松、有趣、富有情感共鸣的内容。微短剧作品通常以轻松幽默的方式呈现故事情节，人物形象鲜明可爱，情感表达真挚动人。这些特点都符合年轻受众的"期待视野"。《逃出大英博物馆》中的文物角色形象可爱，冒险旅程充满趣味和惊喜，很容易引发全球年轻受众的共鸣和喜爱。此外，这种"可爱"特质可以体现在角色形象、剧情设置、视觉效果等多个方面，让年轻受众在观看过程中感受到愉悦和满足。对当代年轻受众而言，"接近"是"接受"的前提，从接受美学的角度来看，他们更容易被可爱、疗愈、有趣的特质所打动。《逃出大英博物馆》中，"小玉壶"的服装和妆面都很贴合当代青年群体的审美风格，更容易迎合他们的审美趣味。

此外，拟人化表达将情感具象化，普适性情感表达引发国际受众共情。《逃出大英博物馆》通过拟人化的表达手法，成功地将文物的情感和价值具象化呈现出来，引发了观众对文物和文化传承的关注与思考。在角色设定上，主角"小玉壶"被赋予了人类的情感和行动力，这种拟人化的设定使得原本静态、无生命的文物变得生动起来，更容易引发受众的共鸣和情感投射。在情感表达上，该微短剧通过拟人化的手法，营造了文物浓浓的思乡之情，将文物对归属的渴望以及对文化传承的坚守等复杂情感具象化表达出来，如"小玉壶"称"我不知道怎样找到回家的路"，用拟人化的叙事描述了遗落海外文物的处境，将具有相同文化归属的中国受众及同样面临文物遗落海外问题的国际受众聚合到一起，引发不同文化、不同地域受众的共情。

共情传播是指共同或相似情绪、情感的形成过程和传递、扩散过程。在国际传播中，共情传播是指通过调动传播者与受众的情感联结，拉近传播者与受众的心理距离，继而使受众产生共情共鸣，从而达到更有效的传播效果。近年来，互联网内容在吸引受众时，对共情要素的使用显得尤为重要，新闻报道、国际传播也在不断引入共情传播策略，以实现更好的跨文化传播效果。而从传播形式上看，微短剧的叙事性及视觉效果等因素相结合，能更有效地驱动共情传播。受众与微短剧中的人物、场景共情，产生分享欲望，从而推动剧中内容在国际互联网上广泛传播。《逃出大英博物馆》正是巧妙地运用了共情的力量，向受众传达了文物的漂泊感以及渴望"回家"的归属感。这种具有普适性的、能被全人类共同理解的情感也有助于将《逃出大英博物馆》这类作品推向海外。在境外社交媒体上，大量受众转发该微短剧，展开话题讨论，并在分享过程中将自己的情感传递给其他人，进一步增强了共情传播的效果。

（三）舞蹈"科目三"火爆海外：短视频赋能加持，模因传播裂变全网

2023年下半年，舞蹈"科目三"火爆网络，有趣的动作搭配动感十足的背景音乐，迅速引发了众多网民的模仿。在抖音上，仅"科目三舞蹈"这一个话题，到2024年元旦就有高达460亿次的视频播放量。

"科目三"出现在网上最早可以追溯到2022年4月，但由于当时的配乐偏"小清新"风格，相关内容并未引发热议。2023年11月，有人给"科目三"配上DJ版的《一笑江湖》，二者产生奇妙的化学反应，相关视频热度不断上涨，火遍全网。11月中旬，海底捞员工跳"科目三"的相关视频在网络爆红，引发舆论热烈讨论，助推该舞蹈的网络热度持续上升。12月初，"科目三"的热潮吹向海外，一些国际知名人士纷纷在社交媒体上分享自己的"科目三"舞蹈视频，并得到了大量的转发和点赞。在TikTok、YouTube等海外社交媒体平台上，标签为"kemusan""科目三"的视频浏览量已超百万次。"科目三"的"出圈""出海"使其成为互联网信息国际传播最生动的案例之一，如下所蕴含的传播特点值得关注。

一是高度匹配平台传播规律，掌握流量密码引人"上头"。每种媒介都有与之匹配的内容形式，而"科目三"这样的内容形式与互联网

短视频正是"天生一对"。舞蹈是一种极具表现力和感染力的艺术形式，其动作和节奏的变化非常丰富，能够给观众带来强烈的视觉冲击和情感体验。短视频平台上的舞蹈内容通常比较短小精悍，易于传播和分享。借助短视频平台，"科目三"不仅向他人传播了肢体语言，还传递了舞蹈背后的丰富情感，将线上"同频"变成线下"同在"。

二是易模仿性撬动模因传播，"名人效应"扩大传播范围。模因传播是指模仿导致的大规模传播行为。背景音乐统一且感染力强，舞蹈动作简单有趣易模仿，让"科目三"更加具备成为"网络模因"的特质，更易大规模复制与裂变式传播。无论是"草根"网民还是专业人士，都能舞动出独特的韵味，相关舞蹈视频具有很强的可看性。"科目三"的易复制性令其能够进行"病毒式"传播，从而引发一定程度的大众狂欢，走向世界，成为全球网络的社交符号。在境外社交媒体平台上，"科目三"有对应的英文名称，即"kemusan"与"subject3"，这表明科目三在海外网络平台实现了广泛的流行与传播。中国传媒大学传播研究院教授赵如涵称，"科目三"带着全球网络文化"基因"，易复制且可传播性强，大家可以根据自己的文化环境进行改编，既能吸纳流行元素，又有自己的创新，因此得以在世界传播。此外，"科目三"的火爆也归功于一些知名人士的推广和参与。俄罗斯皇家芭蕾舞团在表演完《天鹅湖》谢幕时，全体演员跳起了"科目三"，相关视频在 Facebook、X、TikTok 等境外社交媒体平台上引发热议，境外网民表示"芭蕾舞也逃不过科目三""无所不在的科目三"，还有中国网民称"这波文化输出是没想到的"。

三是快乐基因提高情绪价值，无特定文化限制，更易跨越国界。自带快乐基因是"科目三"的走红密码，其略带"魔性"的舞步让表演者充满动感，也让视频观看者感到轻松愉悦，为每个与之相关的个体提供了情绪价值，大大满足了受众的情感需求。复旦大学传播与国家治理研究中心主任、新闻学院教授张志安称，"科目三"的"土味"与"魔性"、简单和欢乐的情绪价值，是其成为爆款的重要因素。尽管存在文化和语言差异，但"科目三"这一网络狂欢带来的归属感、模仿挑战带来的仪式感，让全球青年在释放热情、迸发情绪时找到共同之处，实现情感上的同频共振。

　　与此同时，无特定文化限制和不具政治色彩，让"科目三"更容易引发世界共鸣。尽管"科目三"发源于中国，背景音乐《一笑江湖》也具有中国特色，但基本的舞步和迪斯科节奏这两部分符合世界通行的要求，因而容易跨越国界。此外，"科目三"在海外的传播也并非简单的复制粘贴，而是吸收了各地的流行元素，并进行了改编和创新。海外网友的"再创作"，让"科目三"释放出更大的活力，成为民间互联网内容跨文化传播和互动实践的生动案例。

第三节　互联网信息国际传播面临的挑战与应对策略

当前互联网信息国际传播面临多方面挑战，如信息过载和虚假信息、文化差异和价值观冲突、算法偏见和信息茧房、网络主权和数据安全、技术鸿沟和数字不平等，等等，传播者需要利用多元化传播渠道，增强跨文化传播能力，加强技术研发和引用，防范和治理虚假信息，维护互联网信息主权，更有效地实现互联网信息国际传播。

一、互联网信息国际传播面临的挑战

（一）信息过载和虚假信息

互联网的出现使得信息生产和传播的门槛大大降低，每个人都可以成为信息的发布者，这带来了信息量的爆炸式增长，信息过载问题愈发凸显。信息过载可以理解为受众在特定时间内接收处理的信息超过了个人的处理能力，这种"过载"并非只是数量上的超载，还包括信息质量良莠不齐、同质化严重等问题。以社交媒体为例，全球媒体监测机构 Meltwater 和社交媒体创意营销机构 We are Social 合作发布的《2024 年数字全球概览报告》显示，2024 年全球社交媒体活跃用户数量已突破 50 亿人。每个个体都可以作为自媒体参与信息制造和传播。海量信息借助社交媒体从四面八方向受众涌来，泛滥的信息让受众的注意力更容易被分散，认知更易产生混乱，受众无法有效辨别信息的真伪，从而更容易陷入信息焦虑及选择困难之中。这种信息过载不仅浪费了受众的时间和精力，还可能导致受众在处理互联网信息时产生焦虑和挫败感。

互联网信息的爆炸式增长除了带来信息过载的问题，还助长了虚假信息的传播。在互联网时代，信息传播方式发生了根本性的变化，传统意义上的"把关人"对信息的控制力减弱。在海量的信息中，虚假信息往往能够以迅雷不及掩耳之势在网络中迅速传播，误导大量受众，给互联网信息国际传播带来巨大挑战。世界经济论坛发布的《2024年全球风险报告》警示，信息错误和虚假信息是其后两年全球面临的最大风险。在互联网信息国际传播中，当受众被大量虚假信息包围时，他们很难找到真实准确的信息，虚假信息的泛滥不仅损害了信息的真实性和公信力，还可能对国际关系、社会稳定和公众认知产生深远的不良影响。更具挑战性的是，人工智能技术的发展正为虚假信息的产生提供新路径，生成式人工智能技术耦合虚假信息不仅加速了虚假信息数量的增长，还加大了受众识别虚假信息的难度。

（二）文化差异和价值观冲突

受地域、历史、风俗、宗教等多重因素的影响，不同国家和地区之间存在文化差异，这对互联网信息国际传播造成一定障碍。首先是语言障碍。不同国家和地区使用不同的语言，使信息的直接传播受到限制。例如，尽管英语在许多国家被广泛使用，但仍然存在大量的非英语用户，他们可能无法理解或接收以英语为主要语言的信息。即使使用共同的语言，不同地区的口音、词汇和表达方式也可能导致误解。其次，文化差异还会导致受众对信息的理解和接受程度产生偏差。每种文化都有其独特的文化符号，这种文化符号只有在特定的语境和文化背景中才能呈现其完整的意义。而在互联网信息国际传播中，文化差异造成的语境缺失给国际受众理解跨文化信息的内涵带来挑战。

文化差异还带来了价值观冲突。不同国家和地区之间存在着不同的价值观，这种差异可能会导致受众对信息的评价和判断不同。人们对信息的接受程度受到其所处文化的价值观的影响。价值观冲突加深了受众对信息的过滤和筛选。如果信息与接收者的价值观相悖，那么接收者可能拒绝、抵制接收信息。这种情况在涉及敏感话题、宗教信仰或政治立场的信息传播中尤为显著，可能引发文化冲突，甚至影响国际关系。当两个国家和地区的价值观差异较大时，可能会导致互联网信息国际传播的接受度和影响力降低。另外，互联网信息国际传播的全球性质使信息可以迅速传播到世界各地，但也使文化之间的价值观冲突更为显著。社交媒体等平台成为信息传播的主要渠道，但也容易成为文化差异和价值观冲突的高发地。信息的迅速传播虽然为文化交流提供了机会，但也加剧了文化冲突。

（三）算法偏见和信息茧房

在互联网时代，算法被广泛应用于信息推荐、内容过滤、搜索引擎等各个环节。由于算法设计、数据来源和训练过程中的偏见，算法可能会产生不公平、不准确的推荐结果，从而影响互联网信息国际传播的效果。首先，算法偏见可能导致信息过滤的不平等。当算法受到特定文化、地域或群体偏见的影响时，它可能会倾向于推荐某些特定类型的信息，而忽略其他类型的信息。当算法更倾向于向用户推荐与其已有观点相符的信息时，用户可能陷入信息"过滤泡泡"中，只看到与自己立场一致的内容，而忽略了其他观点。这会加剧思想的碎片化，降低人们对多元观点的理解和接受程度，特别是在互联网信息国际传播中，可能导致对其他文化和观点的偏见。其次，算法偏见可能影响信息的传播速度和范围。当算法倾向于推荐某些热门或流行的内容时，这些信息可能会迅速传播开来，一些具有深度或独特性的内容则可能被埋没。这种"热门效应"可能导致信息传播的不平衡和单一化，限制用户对不同文化、观点的接触和理解。

算法制造的"信息茧房"让受众只接触到那些符合自己现有观点和偏好的信息，而屏蔽或忽略那些与自己观点和偏好相左的信息。在算法的推荐下，信息茧房降低了受众主动进行信息搜寻、寻找新视角的欲望，受众在不知不觉中被剥夺了解更广阔世界、倾听更多元声音的机会，从而放大个人偏见，难以获得全面、客观的信息。此外，信息茧房还可能加剧社会极端化，尤其是社交媒体平台的封闭性推动了信息茧房的形成，人们倾向于与志同道合的人交往，从而进一步强化了自己的观点和偏好。当个体仅与同一观点的信息互动时，他们可能更容易受到极端化观点的影响。在国际传播中，这可能导致对其他国家和文化的过度极端化认知，增加文化对立和国际冲突的风险。

（四）网络主权和数据安全

当前，网络空间已经成为国家主权的重要组成部分，然而，互联网信息国际传播往往涉及跨国境的信息流动，这可能导致国家主权和信息安全受到威胁。例如，外部势力可能通过网络攻击、信息窃取等手段，对国家的关键基础设施进行破坏，从而危及国家的安全和稳定。其次，互联网信息国际传播促进了不同文化之间的交流，但也可能导致文化侵略和文化同质化。一些国家可能利用其在互联网信息国际传播中的优势地位，向其他国家传播自己的文化和价值观，从而削弱其他国家的文化多样性。此外，互联网信息国际传播需要借助各种技术手段来实现，如网络协议、加密技术、数据挖掘等。然而，这些技术的发展、应用往往受到技术实力和技术标准的限制。一些国家可能由于技术落后或缺乏技术标准而难以有效参与互联网信息国际传播，从而在网络主权方面处于劣势地位。

互联网信息国际传播日益频繁，也对数据安全造成压力。互联网信息国际传播中，大量数据跨越国境流动，导致数据隐私安全风险增加。例如，个人信息、商业秘密等敏感数据可能会被泄露，导致个人隐私受到侵犯。2024 年 1 月，网络安全公司 Security Discovery 和 CyberNews 的研究人员发现了一个至少包含 260 亿条数据记录的超级巨型数据泄露库，其中包含来自 MySpace、X、LinkedIn 等多个互联网平台的用户数据。其次，数据收集和处理的不透明性加剧了隐私泄露的风险。互联网企业在收集和处理用户数据时往往缺乏透明度，用户往往不清楚自己的数据是如何被收集、存储和使用的。这种不透明性为用户的数据隐私安全带来了潜在的风险。此外，不同国家和地区在数据隐私保护方面可能存在差异，这可能导致互联网企业在处理跨境数据时面临法律冲突和合规风险。同时，一些国家和地区的数据隐私法律、政策可能不够完善，无法有效保护用户的隐私权。

（五）技术鸿沟和数字不平等

网络通信技术的发展推动了互联网信息国际传播，然而，由于不同地区、群体之间在科技发展和信息获取方面存在差距，技术的快速发展也加深加宽了不同地区、群体之间的数字鸿沟。2023 年 5 月，联合国秘书长古特雷斯在"世界电信和信息社会日"强调："技术是推动最不发达国家实现可持续发展的重要力量，但同时必须正视技术带来的危险，让技术成为缩小而不是加深鸿沟的工具。"

首先，技术鸿沟导致信息不对称。发达国家拥有先进的科技基础设施和高速互联网，能够更迅速、更广泛地获取和传播信息。相比之下，一些发展中国家由于技术水平滞后，信息获取的渠道受限，信息传播不均衡。其次，技术鸿沟加强信息霸权。拥有先进技术的国家更容易垄断信息传播渠道，掌握话语权，变成信息的主导者。这种信息霸权不仅会加大发达国家与发展中国家之间的力量对比，还可能导致信息传播的单一化，削弱多元文化的表达和传播。

在数字化时代，信息的传播和消费更加集中在少数几个平台上，这些平台往往受制于发达国家。这使得全球范围内的文化多样性受到威胁，因为少数主导性平台更倾向于推广主流文化，而忽略或边缘化其他文化。

二、互联网信息国际传播策略分析

（一）利用多元化传播渠道

多元化传播渠道是提升互联网信息国际传播效果的关键因素，通过各种传播渠道，信息可以被更广泛、更深入地传达给全球受众。多元化的传播渠道不仅能够覆盖更广泛的受众群体，还能使信息根据目标受众的特点和需求进行精准传播，从而提高传播效果。要充分发挥多元传播渠道的优势，需从策略和渠道选择、拓展上进行深入考量。一是整合多种传播渠道，形成传播合力。例如，可以同时利用社交媒体、新闻网站、博客、论坛等多种渠道进行信息传播，在不同渠道上发布内容，扩大信息的覆盖面，提升传播效果。同时，不同渠道之间的互动和配合也能够提升信息的传播效果。二是利用新兴传播渠道吸引年轻受众。年轻受众是互联网信息国际传播的重要目标群体。他们活跃于各种新兴传播渠道，如短视频平台、社交媒体等。因此，利用新兴传播渠道吸引年轻受众是提升互联网信息国际传播效果的关键。传播者可以制作符合年轻受众口味的短视频内容，或者在社交媒体上开展有趣的互动活动，吸引年轻受众的关注和参与。三是建立多媒体合作机制，拓展传播渠道。与其他媒体机构或国际组织建立多媒体合作机制，是拓展传播渠道的有效途径。通过合作，各方可以共享资源、互通有无，提高信息传播的效果和影响力。例如，与国外的新闻机构合作，共同报道国际事件；或者与国际组织合作，开展公益性质的传播活动。

（二）强化跨文化传播能力

增强互联网信息的跨文化传播能力是当前信息传播领域的迫切需求。在全球化背景下，各种文化因素交汇，因此，为了确保信息的顺利传达和避免文化冲突，传播者需要采取一系列策略来增强互联网信息的跨文化传播能力。一是深入了解目标受众的文化。每一种文化都有其独特的价值观、信仰、习俗和沟通方式，为了增强互联网信息的跨文化传播能力，首先需要深入研究目标受众的文化背景，包括了解他们的语言习惯、社交礼仪、媒体使用习惯等，从而确保互联网信息在跨文化传播中更易被理解和接受。此外，尊重文化差异在互联网信息国际传播中也至关重要，要尽量使用普遍可接受的文化符号，避免使用可能引起误解或冒犯接收者的言语和图像，从而确保信息传达的方式和内容与目标受众的文化背景相协调。二是提供多语种支持。语言是文化传播的重要工具。为了确保信息能够覆盖更广泛的受众，提供多语种支持至关重要。多语言版本的信息可以更好地覆盖不同语言社群，确保信息传递的精准性和有效性。提供多语种支持时要考虑不同的语境和语言习惯，避免因语言差异而引发误解。三是增强互联网信息国际传播的互动性和参与性。借助互动性强的传播平台，鼓励国际受众参与，分享不同国家和地区的文化视角及反馈，不仅可以促进信息传播的双向流动，还有助于建立更紧密的文化联系，减少互联网信息国际传播中的文化隔阂。

（三）加强技术研发和应用

当前，新技术新应用层出不穷，迅速迭代。借助新技术对提升互联网信息国际传播效果至关重要。首先，人工智能和大数据分析在提升互联网信息国际传播效果方面具有巨大潜力。例如，通过对用户行为、兴趣偏好等数据的挖掘和分析，社交媒体平台可以不断优化算法，更精准地定位目标受众，实现个性化内容推送。传播者可以通过了解社交媒体平台的运作规律，更有针对性地制定传播策略，确保信息能够在目标受众中更广泛地传播。另外，利用人工智能的自然语言处理技术，可以精准翻译并适配不同语言受众的表达习惯与文化背景，确保信息能够广泛传播。其次，虚拟现实和增强现实技术为互联网信息国际传播提供了全新的呈现方式。通过这些技术，可以为受众提供沉浸式的体验，使受众更加深入地了解信息。例如，在报道杭州亚运会等国际盛会时，可以利用虚拟现实技术，让受众身临其境地感受现场氛围，增强传播效果。除此之外，还可以整合多种技术，实现多媒体融合传播。例如，可以将文字、图片、视频、音频等多种元素融合在一起，制作多媒体互动报道；或者利用社交媒体平台的功能，实现信息的裂变式传播。这种多媒体融合传播的方式能够丰富信息的内涵和表现形式，提升受众的体验和参与度。

（四）防范和治理虚假信息

在互联网信息国际传播中，虚假信息的泛滥对社会和个体都可能造成严重的负面影响。为了确保传播效果，应有效防范和治理虚假信息。首先，强化法律和法规框架是关键的一步。国际社会需要加强合作，制定并严格实施针对虚假信息的法律法规。这些法律法规应明确虚假信息的定义、判定标准以及相应的处罚措施，以提高传播者抵制传播虚假信息的法律责任意识。国际社会可以通过建立信息共享机制，合作打击虚假信息源头，共同制定规范和标准，加强协调，形成全球性的虚假信息治理网络。其次，可以利用先进技术加强对虚假信息的识别和过滤。人工智能、大数据等技术可以快速而准确地辨别虚假信息的传播路径和特征，帮助阻断其传播。信息传播平台应积极投入研发和应用这些技术，提高虚假信息过滤的效果。再次，加强对信息传播平台的管理和监管。平台需要建立更加严格的内容审核机制，对上传的信息进行实时监控和审核，确保发布的内容真实、可信。最后，建立透明的信息传播机制，让用户了解信息的来源和质量，提高信息的透明度。此外，还需要通过教育和宣传，提高受众对虚假信息的辨别能力，使他们能够更理性地对待信息，不轻信不实信息。

（五）维护互联网信息主权

面对技术鸿沟和数字不平等，在互联网信息国际传播过程中，维护互联网信息主权显得尤为重要。一是各国应加大投入，加强信息通信基础设施的建设，确保所有人群都能够接入互联网，获取和使用信息。特别是发展中国家应提升网络覆盖率和质量，为民众提供稳定、高速的互联网服务，打好维护互联网信息主权的基础。二是政府、学校和社会组织应共同努力，提供数字技能培训，提高公众的数字素养。通过教育，公众能够更好地理解和利用互联网信息，增强对互联网信息的判断力和鉴别力，从而更有效地维护互联网信息主权。三是保护个人隐私和数据安全。各国应制定和完善相关法律法规，加强个人隐私保护和数据安全监管，防止个人信息被滥用和泄露。只有确保个人信息安全，人们才能更加信任和使用互联网，从而更好地维护互联网信息主权。此外，面对数字鸿沟和数字不平等，国际合作至关重要。各国应共同努力，分享经验和技术，推动全球范围内的数字基础设施建设、数字教育普及和数字包容性发展，缩小彼此间的数字差距，共同维护互联网信息主权。

参考文献

［1］ 刘继南 . 国际传播与国家形象 [M]. 北京 : 北京广播学院出版社，2002.

［2］ 程曼丽 . 信息全球化时代的国际传播 [J]. 国际新闻界，2000（4）: 5.

［3］ 蔡帼芬 . 国际传播与对外宣传 [M]. 北京 : 北京广播学院出版社，2000.

［4］ 关世杰 . 国际传播学 [M]. 北京 : 北京大学出版社，2004.

［5］ 中国互联网络信息中心 . 第 53 次《中国互联网络发展状况统计报告》[R].（2024-03-22）［2025-03-09］.

第八章

未成年人网络保护

互联网新技术新应用的迅猛发展，为我们的生活带来了极大的便利，同时也为未成年人网络保护带来了一系列新的风险。不良信息风险可能误导未成年人，导致他们形成错误的世界观和价值观。网络欺凌、网络暴力给未成年人心理造成巨大的伤害。未成年人网络保护问题已成为全球关注焦点。各国密集出台相关法律法规和政策举措，进一步加强对未成年人网络环境的监管和保护。2024年1月1日，我国首部专门性的未成年人网络保护综合立法——《未成年人网络保护条例》正式施行，未成年人网络保护工作正在稳步扎实推进。

第一节　保护未成年人健康上网迫在眉睫

随着互联网技术的飞速发展和智能设备的广泛普及，网络已经深入渗透未成年人的日常生活，成为他们获取信息、交流互动、学习娱乐的重要平台。共青团中央维护青少年权益部联合中国互联网络信息中心、中国青少年新媒体协会，于 2023 年 12 月发布的《第 5 次全国未成年人互联网使用情况调查报告》显示，我国未成年网民规模不断扩大，2022 年未成年网民规模已增长到 1.93 亿人，未成年人互联网普及率增长到 97.2%。中国互联网络信息中心发布的第 53 次《中国互联网络发展状况统计报告》显示，截至 2023 年 12 月，我国网民规模达 10.92 亿人。其中，10 岁以下网民和 10～19 岁网民占比分别为 3.8% 和 14.7%，青少年网民数量超 2 亿人。互联网是未成年人汲取知识的重要媒介，也是未成年人实现身心发展的关键平台。但与此同时，未成年人由于在认知能力、辨别能力及自控能力等方面存在弱点，在日益复杂的网络环境中，面临不良内容、网络霸凌、网络沉迷、网络诈骗等诸多风险。保障未成年人在网络空间的合法权益，仍然需要政、企、校、家等全社会的共同努力。

一、未成年人使用网络面临的风险

（一）不良内容：有害虚假信息扭曲未成年人价值观

首先，网络上存在的色情、暴力、恐怖等不良内容，可能会对未成年人的心理健康产生负面影响。未成年人容易受到这些内容的诱惑，导致产生性观念错误、暴力倾向增加、恐惧心理加重等问题。为躲避监管部门的高压严打，近年来，暴力、色情等不良内容出现隐形、变异等情况，如利用谐音词、变体字以及表情符号，在网络空间中向未成年人隐匿传播色情低俗、赌博迷信等不良内容；通过视频剪辑、二次创作、动漫故事改编，集中且隐蔽地展示涉及未成年人的血腥暴力等画面；借助外链、弹窗、二维码等进行色情引流；甚至部分儿童智能设备自带的程序及第三方 App 中暗含涉黄涉暴内容。此外，人工智能等新技术新应用的快速发展进一步加剧了不良内容在传播中的隐蔽性。例如，此前曾有媒体曝光，网购平台有店铺出售"AI 换脸""一键换装"等应用工具，可以用来生成低俗的人物形象，甚至还能生成未成年人形象。而提供相关技术或服务的商家，通常都会通过隐藏的地址、微信私聊、下载独立 App 等方式逃避监管，未成年人在下载相关软件时，无须进行身份识别，输入关键词找到相应渠道便可轻易操作。

其次，网络中存在的虚假信息会给未成年人带来风险。未成年人的认知水平还比较低，他们容易被不实信息误导，形成错误的价值观和世界观。例如，短视频平台中充斥着大量与校园主题相关的视频，部分视频以夸张的手法丑化校园及老师形象，煽动师生矛盾，以吸引流量；还有视频刻意渲染家长对孩子过分要求或过度控制的刻板印象，恶意编造并传播虚假的家庭矛盾。虚假信息中的这些偏激言论，可能导致未成年人对学校和社会产生负面看法，进而扭曲其价值观。

此外，网络中的"审丑文化"也对未成年人的美育发展造成负面影响。一方面，由于缺乏辨别能力，未成年人更容易被各类"网络烂梗"裹挟，"鸡你太美""你这个老六"等网络恶俗用语，给未成年人的成长带来许多负面影响。青少年们不仅在日常交流中不能"好好说话"，许多"网络烂梗"甚至还会出现在作业和试卷中。另一方面，一些网络红人为博流量，通过虚假的摆拍和表演，鼓吹"霸凌风""家暴妆"等扭曲的审美观念，对未成年人的心理健康造成负面影响，引发未成年人的自卑、焦虑等情绪问题，甚至导致未成年人行为偏激或极端。例如，部分未成年人为追求网络中鼓吹的"白幼瘦"畸形审美，通过极端方式如节食、整容等来达到这些标准，身心健康受到极大伤害。

（二）网络欺凌："饭圈文化"滋生霸凌和骚扰

近年来，依托互联网平台，娱乐产业、粉丝经济蓬勃发展，与之相伴而生的"饭圈文化"在部分青少年群体中愈发活跃，但也因此滋生了一系列网络欺凌现象，未成年人被利用或诱导在网络平台上进行辱骂、欺凌等现象时有发生。一些未成年人会使用"网络烂梗"对他人进行侮辱谩骂，甚至由此衍生出一种名为"厕所文化"的新型网络暴力。"网络厕所"的载体分为"BOT"账号、贴吧、群组等。一些未成年人会通过匿名投稿、隔空喊话等方式，针对特定群体或个人进行言语贬低、人身攻击等。此外，还有一些未成年人会对他人进行"人肉搜索"，恶意传播泄露他人隐私，诋毁、造谣他人等。

在"饭圈文化"中，一些粉丝可能对偶像产生过度崇拜和依赖，进而产生极端行为。不同明星的粉丝之间可能因为种种原因形成对立和互相攻击。这种互相攻击可能从线上发展到线下，甚至引发群体事件。例如，在第29届上海电视节白玉兰奖公布入围名单后，某电视剧演员王某获得最佳男主角提名，而另一演员王某某未获提名。这一结果引发了王某某粉丝的强烈不满和热议，部分粉丝在网络上声讨，涌进该电视剧演员王某、导演姚某某以及相关出品方的微博下谩骂，导致事态逐渐失控。在争议中，不仅王某本人受到波及，其家人也未能幸免，这种无差别的攻击行为不仅伤害了被攻击者，也败坏了整个社会的道德风气。此外，"饭圈文化"等歪风正吹向其他圈层，如体育圈中乒乓球、排球、跳水等项目就是典型的"重灾区"，不少运动员都深受其扰。

"饭圈文化"导致网络欺凌问题发生的原因多样。一是群体认同与对立。"饭圈文化"中，粉丝群体往往形成强烈的认同感和归属感，但同时，不同粉丝群体之间也可能因为偶像间的竞争而产生对立情绪。这种对立情绪在网络环境中容易被放大，导致未成年粉丝间的网络欺凌行为。二是竞争与攀比。"饭圈文化"中，粉丝之间常常存在竞争和攀比心理，如应援打榜、刷量控评等。这种竞争和攀比不仅增加了未成年粉丝的经济负担，还可能导致一些未成年粉丝采用不正当手段对他人进行攻击和诋毁，从而引发网络欺凌。三是网络环境的匿名性与责任缺失。网络环境的匿名性使得一些未成年粉丝在表达观点时缺乏责任感，容易出现言辞激烈、恶意攻击的情况。同时，一些未成年粉丝在"饭圈文化"中受到群体情绪的影响，更容易产生过激行为。总之，

"饭圈文化"加剧了未成年人面临的网络欺凌风险，这对他们的心理健康、社交、学习和成长造成长期影响，需持续加强对网络欺凌的监管和治理。

（三）网络沉迷：从网游成瘾到短视频成瘾

网络沉迷，特别是网游成瘾和短视频成瘾，已成为当今社会不容忽视的问题，对未成年人的身心健康、学业发展以及社会交往能力均产生了深远的负面影响。首先，网游成瘾已成为未成年人网络沉迷的重要表现之一。网游成瘾的未成年人会花费大量时间在网络游戏上，往往超过正常的学习和休息时间，甚至牺牲睡眠时间来满足玩游戏的欲望。一旦不能上网游戏，未成年人可能会出现烦躁不安、焦虑、易怒等不良情绪，同时与家人、朋友的关系逐渐疏远，导致现实社交退缩和冲突。

近年来，在监管政策的引导下，网络游戏服务提供者纷纷上线了防沉迷系统，一定程度上限制了未成年人沉迷网游。不过，最新数据显示，未成年人正从网游成瘾转变为短视频成瘾。中国社会科学院新闻与传播研究所联合社会科学文献出版社于2023年9月发布的《青少年蓝皮书：中国未成年人互联网运用报告（2023）》显示，未成年人用网的目的集中在娱乐和学习上，短视频类应用、网站最受未成年人欢迎。《第5次全国未成年人互联网使用情况调查报告》显示，我国未成年短视频用户规模超1亿，经常看短视频的未成年网民比例从2018年的40.5%增长至2022年的54.1%。其中11.9%的未成年用户在工作日平均每天观看短视频超过2小时、7.2%的未成年用户在节假日每天观看短视频超过5小时；77.5%的家长表示担心孩子看短视频上瘾。相关调查表明，家长和社会正在从担忧未成年人网游成瘾，逐步转变为担忧未成年人短视频成瘾。

相比于网络游戏，短视频对时间和空间的要求更低，随时随地都可以"刷"短视频。另外，短视频的针对性更强，极易形成"信息茧房"。由于缺乏分辨力和自控力，未成年用户更易受到短视频平台算法的操控，从而花费过多的时间观看五花八门的短视频内容。此外，由未成年人的网游充值、直播打赏等行为引发的纠纷频频发生。2024 年 5 月，北京互联网法院发布的《未成年人网络司法保护白皮书》显示，由未成年人非理性消费所引发的游戏、直播充值、打赏退费纠纷案件数量逐年上升。北京互联网法院 2023 年受理的未成年人起诉某公司要求退还充值款项的网络服务合同纠纷为 43 件。2024 年一季度，以该公司为被告的立案申请数量急速增长至 296 件。

（四）网络诈骗：未成年人成为网络诈骗的狩猎目标

当前，网络诈骗案件在全球范围内呈现出快速增长的趋势，而未成年人作为网民的重要群体之一，也成为网络诈骗分子的重点目标。他们利用未成年人好奇心强、辨别能力较弱等特点，通过各种手段进行诈骗，给未成年人的财产安全和身心健康带来了极大的危害。

有些不法分子利用未成年人的追星心理和对热门演唱会门票的渴望，以"内部人员含泪转让""独家渠道获取"等虚假名义，在网络上发布虚假售卖信息，诱骗未成年人购买。

有些不法分子则以"免费游戏装备"、"投票返现"、"盲盒抽取"和"粉丝抽奖"等名义，在各大社交媒体平台上发布虚假信息，诱骗未成年人进行转账汇款，从而达到非法牟利的目的。自 2023 年下半年至当年年底，全国各地公安、政法系统政务账号已累计发布超过 50 起涉及《蛋仔派对》游戏"赠送皮肤、道具"的诈骗案例。其中，广东东莞一名年仅 13 岁的男孩不幸被骗走了高达 36 万余元的巨款。据一位办案民警透露，自 2023 年下半年以来，涉及网络游戏的未成年人被骗案件呈现出显著增长的趋势，受害者的年龄层逐渐下移至更低水平，且这类案件在中小学寒假期间尤为高发。

此外，还有不法分子利用未成年人的好奇心和缺乏经验，通过各种方式诱骗他们提供社交账号、支付密码等敏感信息，进而进行网络诈骗活动。这些骗子通常会伪装成游戏好友、明星粉丝等身份，以赠送皮肤、道具、领福利为诱饵，引诱未成年人上钩。一旦获得相应敏感信息，骗子就能轻易盗取账户资金、进行非法交易，甚至冒用身份进行更严重的犯罪活动。

（五）网络侵害：隔空猥亵等新型犯罪侵害未成年人身心

近年来，网络空间出现一种名为"隔空猥亵"的侵害未成年人的新型犯罪形式，给未成年人的健康成长带来了严重的威胁。

与传统性侵不同，隔空猥亵不直接涉及身体接触，但同样给未成年人带来极大的身心伤害。隔空猥亵往往发生在虚拟空间，不法分子通过网络聊天工具与未成年人建立联系，进行诱骗和胁迫。由于网络环境的特殊性，这种犯罪行为很难被及时发现和制止，导致危害范围广泛。隔空猥亵不仅侵犯了未成年人的隐私权，还可能导致他们产生自卑、抑郁等心理问题，甚至引发自杀等极端行为。此外，由于隔空猥亵具有隐蔽性，犯罪行为往往持续时间较长，有些犯罪行为的持续时间甚至长达数年之久。这不仅给被侵害的未成年人带来长期的身心痛苦，还可能影响他们的成长。总之，隔空猥亵是一种极其严重的违法犯罪行为，必须引起全社会的高度关注和严厉打击。

二、未成年人网络保护存在的不足和面临的挑战

（一）对农村儿童、住校生等特定群体的保护需提升针对性

当前，农村儿童特别是留守儿童的网络安全问题越来越突出，亟须社会各方持续关注。《第5次全国未成年人互联网使用情况调查报告》显示，当前，农村未成年人把手机作为上网设备、用手机玩游戏的比例均高于城镇未成年人，其安全防范意识与城镇未成年人相比仍有较大差距。武汉大学中国乡村治理研究中心 2023 年初发布的研究报告《农村留守儿童手机沉迷问题调查与对策建议》显示，40% 的留守儿童有专属手机，50% 的留守儿童使用长辈的手机，近七成家长认为孩子出现手机沉迷趋势，21.3% 的家长认为孩子严重沉迷手机。更严重的是，农村地区沉迷网络的现象呈现低龄化趋势。武汉大学中国乡村治理研究中心的课题组调研发现，在部分农村地区，四五岁的儿童

也会"刷"短视频,并且能独立下载和操作网络游戏。此外,由于缺乏科学引导,农村儿童难以接触到高质量的网络教育内容,更容易受到网络负面信息的影响。部分家长为奖励孩子而购买手机,但缺乏有效监管,导致孩子过度沉迷网络。网络中的许多不良内容也在潜移默化中影响农村未成年人的"三观",农村家长对孩子的网络保护意识和保护能力较弱,往往只能眼看着自家孩子沉迷在手机中而无计可施。

除了农村儿童,住校未成年人群体的网络安全问题也值得关注。住校生由于长时间与家庭分离,往往更易面临孤独、焦虑等心理健康问题,网络成为他们寻求慰藉和认同的重要途径。他们可能通过手机与家人保持联系、获取信息、娱乐等,但同时也容易沉迷网络,影响学习和生活。《第 5 次全国未成年人互联网使用情况调查报告》显示,与跟父母双亲、父母一方或亲属同住的未成年人相比,住校未成年人对网络感到非常依赖和比较依赖的比例高出 12%~16%。住校生在校期间,学校虽然有一定的监管责任,但往往难以监管学生的所有网络使用行为。尤其是节假日和休息时间,学生使用手机上网的时间更长,但监管力度相对较小。上述报告还显示,与跟父母双亲、父母一方或亲属同住的未成年人相比,住校未成年人节假日使用手机时长超过 5 小时的比例高出 14%~17%。

(二)平台保护未成年人网络安全相关举措仍存漏洞待完善

目前,国内主要社交、短视频、手游平台已纷纷推出"防沉迷系统"或"青少年模式",旨在限制青少年参与聊天、游戏、抽奖、直播的时间和范围。然而,在实际应用中,这些系统或模式往往存在失灵的情况。例如,有关调查报告显示,30% 的未成年人认为"防沉迷系统"用处不大,这反映出该系统在限制未成年人上网时间方面的效果并不理想。此外,部分平台的"防沉迷系统"需要家长主动开启,或要求未成年人主动在平台实名认证,这使得部分未成年人有机可乘,他们可以通过使用家长的身份信息来绕过系统的限制。此外,一些主流社交网络虽然要求上传个人数据,但只要输入虚假的出生日期,就可以轻松绕过限制。南财合规科技研究院发布的报告《20款手游未成年人保护机制测评（2024）》显示，其测评的9款游戏没有实名认证弹窗，未成年人可通过已注册的成年人手机信息无审核直接进入游戏。

除了"防沉迷系统"失灵，充值漏洞也是一个不容忽视的问题。一些游戏平台允许玩家充值购买游戏道具或升级账号，这吸引了大量未成年人的参与。然而，缺乏足够的自我控制能力，未成年人往往会过度充值。更为严重的是，一些不法分子利用未成年人对游戏的热爱和追求，诱导他们进行虚假交易，给未成年人及其家庭带来巨大损失。北京互联网法院发布的《未成年人网络司法保护白皮书》称，部分网络游戏存在诱导高额充值的情况，还有部分网络平台将打赏与社交绑定，诱导未成年用户大额消费。此外，中消协发布的《中国消费者权益保护状况年度报告（2023）》也显示，未成年人常常利用免密支付系统便捷地进行大额充值，而其家长因为举证困难而无法成功退费。

（三）新技术、新应用和新设备为未成年人网络保护带来新挑战

随着科技的快速发展，新技术、新应用和新设备为我们的生活带来了极大的便利，但同时也为未成年人网络保护带来了一系列新的风险。生成式人工智能等新技术的快速发展，给未成年人网络保护带来前所未有的挑战。首先是不良信息风险，生成式人工智能可能产生大量虚假信息，这些信息可能误导未成年人，导致他们形成错误的世界观和价值观。未成年人使用生成式人工智能进行学习和研究时，可能会受到不准确甚至误导性的信息影响。其次，生成式人工智能还可能被用于网络欺凌。一些不法分子可能利用这种技术制造虚假的言论或信息，对未成年人进行诽谤、侮辱或威胁，从而给他们的心理造成巨大的伤害。与此同时，相较于以往，新技术的快速迭代还导致监管举措存在滞后性，如近期各地公安部门提醒，部分未成年人的手机安装有密聊社交软件，诈骗分子会使用此类软件联系未成年人，让未成年人帮助其进行信息网络犯罪。这类软件多具有"阅后即焚"的功能，处于监管的"灰色地带"，能帮助犯罪分子销毁证据。

除了新技术，智能手机、智能音箱、早教学习机等新型智能设备如今已广泛融入未成年人的日常生活中。然而，这些设备上琳琅满目的应用程序和吸引眼球的游戏往往隐藏着消费陷阱及安全隐患，使未成年人在享受科技带来的乐趣时，面临潜在的风险。一是接触不良内容的风险。此前，就有某主流品牌儿童平板计算机被曝光其应用商店中的部分 App 含有色情、血腥、暴力等不良内容。二是隐私泄露的风险。智能手表等智能设备通常具有定位功能，可以实时追踪用户的位置信息。这虽然为家长提供了便利，但同时也增加了未成年人隐私泄露的风险。一些不法分子可能利用这些信息进行非法活动，如绑架、诈骗等。三是部分儿童智能设备在设计和功能上存在明显的安全隐患。如此前媒体曝光，某品牌智能手表中的 App 支付功能无须输入密码验证，极易导致未经授权的消费行为。

（四）未成年人自身及家庭和学校方的网络素养仍有待提升

伴随我国数字化教育的加快推进，未成年人的网络素养正稳步提升，然而面对不断变化的网络风险，培养未成年人网络素养的步伐仍待加快。许多未成年人在面对网络世界时，缺乏足够的辨识能力和自控力，往往容易沉迷于网络游戏、社交媒体等虚拟世界，而忽略了现实生活中的人际交往和学业发展。此外，一些未成年人在网络上的言行举止也显得不够成熟和理智，常常因为一时的冲动而发表不当言论或参与网络欺凌等。这些现象都反映出未成年人在网络素养方面的不足，需要进一步加强教育和引导。

除了未成年人，家庭和学校方的网络素养也亟须进一步提升。在家庭方面，家庭在网络素养教育方面的作用尚未得到充分发挥。一些家长对网络的认识和了解本就有限，他们难以有效地指导孩子正确使用网络。此外，一些家长溺爱孩子，对孩子在网络上的行为不加限制，甚至纵容孩子沉迷网络游戏等虚拟世界。在 2024 年 5 月举办的《互联网平台青少年模式测评报告》发布会暨研讨会上，中国青少年研究中心研究员孙宏艳表示，家庭关系和氛围会对孩子们的用网习惯产生影响，在管理青少年用网方面，许多家长未能完全履行好监督职责。在学校方面，虽然近年来学校对网络素养教育的重视程度有所提高，但在实际操作中仍存在一些问题。一方面，学校的网络素养教育往往停留在表面，缺乏深入和系统的教学内容。另一方面，学校的网络素养教育缺乏与家庭网络素养教育的有效衔接。学校和家庭是孩子成长过程中的两个重要环境，二者应该相互支持、相互配合。然而，在实际操作中，学校和家庭往往缺乏有效的沟通和协作，导致网络素养教育难以形成合力。

第二节 国外主要国家及网络平台未成年人保护举措

随着互联网新技术、新应用的迅猛发展，未成年人网络保护问题已成为全球关注焦点。各国密集出台相关法律法规和政策举措，进一步加强对未成年人网络环境的监管和保护。同时，TikTok、Instagram等青少年聚集的全球主要社交媒体平台也采取多种措施保护未成年人免受网络伤害。

一、法律法规及政策举措

（一）收紧未成年人的智能设备及网络平台使用权限

一是针对未成年人使用智能设备，限制使用场景和使用年龄。在限制使用场景方面，自2023年联合国教科文组织在《全球教育监测报告》中建议全球禁止学生在学校使用智能手机以来，2024年，多国密集制定法律规章限制手机进入教室，校园手机使用管理趋于严格，以避免对教学活动造成干扰。2024年1月和9月，荷兰先后对中学和小学课堂实施智能手机禁令。2024年2月，英国政府出台指导意见，支持学校完全禁止学生在学校使用手机，包括禁止带手机到学校、到校后将手机交给老师、到校后将手机锁到指定地点、学生可以自己保管手机但手机必须处于关闭状态且不得使用。2024年4月，意大利参议院批准法案，禁止学生在校园使用智能手机、平板计算机等电子产品。希腊从2024年9月11日起在学校禁用手机，违规学生可能会面临停学等严厉惩罚。俄罗斯从2024年9月1日起在中小学校禁用包括智能手机在内的通信工具。自2025年1月起，法国小学和初中的学生在进入学校时，必须将智能手机存放进专用储物柜。在年龄限制方面，2024年4月，法国总统马克龙委托的一个小组建议，禁止11岁以下儿童使用手机，禁止13岁以下儿童使用可上网的手机。

二是针对未成年人注册社交媒体账号，设置年龄限制。针对社交媒体使用低龄化趋势不断加剧，给未成年人身心健康造成显著负面影响，不少国家出台法律，对社交媒体平台用户实施严格的年龄限制。2024 年 11 月，澳大利亚联邦议会参议院通过《2024 网络安全（社交媒体最低年龄）修正案》，禁止澳大利亚 16 岁以下未成年人使用 Facebook、X 等社交媒体平台，未能采取合理措施阻止 16 岁以下未成年人使用其功能的社交媒体平台，将面临最高达 5000 万澳元（约合人民币 2.35 亿元）的罚款。该法律从 2025 年 1 月起试行，11 月生效实施，适用范围是"有年龄限制的社交媒体平台"，不包括以网络游戏、通信、教育、健康支持等为主要用途的网站和应用。2024 年 3 月，美国佛罗里达州出台一项法案，禁止 14 岁以下的儿童拥有自己的社交媒体账号；在得到父母同意的情况下，14 岁和 15 岁的孩子可以注册账号。社交媒体平台每次违规可能面临最高 5 万美元的罚款。该法案在 2025 年 1 月生效。美联社称这是美国迄今最严厉的限制未成年人使用社交媒体平台的法律之一。此外，欧洲多国也正在考虑制定相关法律和举措。例如，2024 年 6 月，西班牙政府提出一项法案草案，拟禁止 16 岁以下青少年访问社交网络；2024 年 10 月，挪威政府建议将允许儿童使用社交媒体的年龄从目前的 13 岁提高到 15 岁，以加强对未成年人使用社交媒体的限制；2024 年 11 月，英国科技大臣表示，英国政府正在考虑禁止 16 岁以下儿童使用社交媒体，以保护儿童和青少年的网络安全。

（二）阻止有害网络内容危害未成年人

未成年人自控力和辨识力较弱，极易受到各类不良和有害信息的影响甚至侵蚀。近两年，欧美国家出台多部专门法律，严格约束有害内容向未成年网民传播。一是严格要求社交媒体平台阻断有害内容向未成年人传播。在欧洲，2023 年 10 月，英国《在线安全法案》获批正式成为法律，规定科技企业必须阻止儿童看到对他们有害的内容，包括霸凌、宣扬自残等。2024 年 1 月，意大利通信管理局执行新规，要求在线视频共享平台删除宣扬种族、性别和民族仇恨等的有害内容，以保护该国未成年人和消费者。在美洲，2024 年 2 月，加拿大政府发布《网络危害法案》，要求互联网公司在 24 小时内删除涉及欺凌、暴力和仇恨等的有害内容。该法案要求在线平台对儿童采取特殊保护，例如家长控制功能、针对儿童的内容警告标签或自动禁用某些功能等。在亚洲，2024 年 11 月，印度电子和信息技术部根据印度《信息技术法》，颁布《信息技术（中介指南和数字媒体伦理规范）规则》，明确社交媒体平台应当迅速清理涉及在线游戏及其潜在危害（如儿童成瘾）的内容，且需承担明确的责任，确保不传播、展示或存储任何违法信息。此外，针对生成式人工智能带来的新问题，欧盟委员会于 2024 年 2 月宣布将更新现有法律，把人工智能生成的图像和其他形式的描述儿童性虐待的深度伪造行为定为犯罪。二是严格限制未成年人使用算法推荐功能。2024 年 6 月，美国纽约州通过立法，要求 TikTok、Instagram 等社交媒体平台对 18 岁以下用户限制开放功能，禁用内容推送算法。2024 年 7 月，美国参议院通过《儿童网络安全法案》，要求社交媒体平台给青少年选择权，允许他们退出算法推荐功能。三是严格限制对未成年人定向投放广告。2024 年 2 月，欧盟《数字服务法》正式生效，旨在保护用户免受非法商品和内容的侵害，该法案规定全面禁止基于个人资料或个人数据对未成年人定向投放广告。2024 年 7 月，美国参议院还通过了《儿童和青少年在线隐私保护法案》（COPPA 2.0），禁止向未成年人投放定向广告。

（三）加强对互联网巨头的监管力度

一是强化监管审查。2023 年 8 月，欧盟委员会依据其《数字服务法》，规定 Facebook、TikTok 等大型网络平台必须自证清白，并接受欧盟委员会对其系统进行相应审查，以保证其产品不会给青少年带来伤害。2024 年 5 月，欧盟委员会根据《数字服务法》在未成年人保护等方面的规定，启动对 Meta 的调查程序。欧盟委员会认为 Meta 旗下的社交媒体平台 Facebook 和 Instagram 的算法、界面设计等存在风险，系统可能会利用未成年人的弱点和缺乏经验等特点，导致未成年人使用成瘾。二是启动行政诉讼。2023 年 10 月，美国 10 多个州的司法部联合在加利福尼亚州起诉 Meta，指控其为了利益无视青少年用户的身心健康，在社交产品对青少年的可能危害方面误导公众，通过算法技术引诱青少年沉迷社交网站，从而加重了青少年的心理健康危机。Meta 还面临着来自教育工作者的诉讼。从 2023 年开始，全美各地已经有超过 200 个学区委员会联合起诉 Meta、Snapchat 和 TikTok 等社交媒体公司，指控这些互联网巨头设计了令学生高度成瘾的社交产品，给学生的心理健康带来严重危害。

（四）强化未成年人个人信息保护

一是强化收集未成年人个人数据的知情同意权。美国《儿童和青少年在线隐私保护法案》禁止在未经同意的情况下收集未成年人的数据，要求面向 13 岁以下儿童或收集 13 岁以下儿童信息的网站和服务必须首先获得其父母同意。二是畅通未成年人申请删除其个人信息的渠道。美国《儿童和青少年在线隐私保护法案》允许父母和孩子选择从社交媒体平台上删除他们的信息。2024 年 2 月，巴西参议院批准一项法案，要求互联网平台在收到投诉后立即删除侵犯未成年人权利的内容，包括涉及暴力、种族主义等的内容，违反者最高可被处以 5000 万巴西雷亚尔（约合人民币 6159 万元）的罚款，罚款将用于相关保护政策的落实及基金建设。三是督促网络平台强化未成年人个人信息保护。2023 年 7 月 18 日，新加坡发布《个人信息保护法案关于儿童个人信息的咨询指南（草案）》，其适用于可能被儿童访问或事实上被儿童访问的产品或服务的组织，要求这些组织采取额外措施保护儿童个人数据。美国《儿童网络安全法案》要求社交媒体平台必须采取严格措施保护未成年人，包括阻止成年用户在网上联系青少年，限制青少年用户泄露他们的位置和其他信息。

二、网络平台举措

（一）强化账号注册年龄限制和打击年龄欺诈

一是强化账号注册的年龄限制。TikTok 于 2024 年 11 月更新的"监护人指南"称，TikTok 仅供年满 13 岁（这一限制条件在韩国或印度尼西亚为年满 14 岁）的用户使用。除年龄限制，年纪较轻的用户在 TikTok 上也不允许主持"LIVE"直播或使用私信等有特定年龄限制的功能。如果某位 TikTok 用户被判定实际年龄小于 13 岁，TikTok 将停用其账号。此外，X、Facebook 也均将允许注册账号的最低年龄设为 13 岁。二是利用人工智能手段识别和打击年龄欺诈。2024 年底前，TikTok 将试行基于机器学习的自动系统，以打击年龄欺诈行为。Meta 已采用"自证+AI"组合年龄验证手段。如果未成年用户试图更改年龄，平台会要求上传自拍视频和身份证，或者要求其他好友验证该用户的年龄。Meta 还将 AI 技术运用到年龄验证中。如果新用户选择注册为成年用户，而在日常互动中其好友提到其实际年龄，如"祝你 14 岁生日快乐"，平台 AI 算法就会自动识别并判别用户年龄，要求用户上传视频和身份证进行双重验证。

（二）强化隐私设置和账号安全

一是控制未成年人账号可见范围。2024 年 1 月，Meta 宣布针对旗下平台 Instagram 和 Facebook Messenger 推出一系列新措施，进一步加强对未成年人的线上安全保护，包括 16 岁以下（在部分国家和地区为 18 岁以下）的未成年人将默认无法接收陌生人发送的私信，也不能被他们拉入群聊，这旨在减少未成年人与潜在的网络诱骗者接触的机会。2024 年 9 月，Instagram 全面升级针对未成年人账号的保护措施，将原来规定的将 13～16 岁未成年用户账号默认设置为"私密"，升级为将所有 18 岁以下用户账号默认设置为"私密"，普通账号无法搜索或者看到未成年人私密账号，也无法向此类账号发送私信。同时，未成年人私密账号发布的内容不会出现在 Instagram 的"发现"页面，从而减少他们暴露于陌生人面前和遇到潜在危险的可能。二是加强未成年人账号的好友管理。Snapchat 于 2024 年 6 月宣布推出新功能，包括"扩展应用内警告""增强好友保护""简化位置共享""屏蔽改进"，以加强真实的好友关系。其中，"扩展应用内警告"是指当未成年人收到来自非共同好友或联系人的消息时，系统会弹出风险警告；"增强好友保护"是指，除非青少年与对方有多个共同联系人，否则"快速添加"或"搜索"页中将不会呈现他们的账号；"简化位置共享"可以让Snapchat用户更容易自定义哪些好友可以看到他们的位置，简便地查看与他们共享位置的好友、更新位置设置，并从地图上删除自己的位置；"屏蔽改进"是指屏蔽一个用户的同时，屏蔽来自同一设备上创建的其他账号的好友申请。

（三）优化信息推荐算法和部分功能的使用

一是优化向未成年人推送的内容。根据 Instagram 升级后的规定，Instagram 将对成年用户和未成年用户实施不同的兴趣推荐机制，两个用户群看到的内容和信息流也会存在显著差别。Instagram 上的未成年用户可以通过平台筛选过的兴趣词，自主选择他们希望看到的内容。TikTok 于 2024 年 4 月发布的社区自律公约《未成年安全与福祉》称，只有年满 16 岁的用户发布的内容才能被呈现在"为您推荐"页面上。二是限制部分可能对未成年人产生负面作用的功能向未成年人开放。针对青少年因使用 TikTok 的"美颜滤镜"而可能产生焦虑和自卑情绪的情况，2024 年 11 月，TikTok 宣布将在其后几周对未成年人使用"美颜滤镜"进行严格限制，未来 18 岁以下的用户将无法使用"美颜滤镜"放大眼睛、丰唇或美化肤色。三是禁止面向未成年人投放个性化广告。YouTube 禁止对"儿童专属"内容投放个性化广告，YouTubeKids 禁止推送个性化广告。X 平台禁止向未成年人投放酒精饮料、武器、烟草、减肥产品和服务等的广告内容。2024 年 6 月，TikTok 针对未成年用户实施新的广告限制，广告商只能使用语言、设备、地域等宽泛的定位选项来向未成年人投放广告。

第三节　我国未成年人网络保护工作积极推进

为推进未成年人网络保护工作，我国逐步构建起多角度、多层次的未成年人网络保护法律制度，建立健全网络暴力预警机制，引导全社会协同发力，维护未成年人用网安全。

一、未成年人网络保护起新航，夯实网络空间制度保障

互联网时代是言论自由、表达自由的时代，互联网移动终端大规模的使用极大降低了人们获取信息的成本和门槛，也使意见表达、个性发声有了更快捷的方式和更广阔的平台。但是，网络信息纷繁复杂、暗流涌动，虚假信息充斥其中，未成年人心智尚不成熟，极易被不法分子迷惑，被不良信息侵害，面临人身和财产等方面的诸多威胁。最高人民检察院 2023 年 6 月 1 日发布的报告显示，从 2020 年至 2022 年检察机关受理审查逮捕、审查起诉未成年犯罪嫌疑人的情况来看，未成年人犯罪数量总体呈上升趋势，低龄未成年人犯罪占比上升，未成年人涉嫌帮助信息网络犯罪活动罪人数明显上升。

为推动法律法规走深走实，我国逐步构建起多角度、多层次的未成年人网络保护制度。《网络安全法》《中华人民共和国个人信息保护法》等法律从宏观层面明确对未成年人的合法权益进行保护。《中华人民共和国未成年人保护法》（以下简称《未成年人保护法》）搭建了家庭保护、学校保护、社会保护、网络保护、政府保护、司法保护等基本未成年人保护框架。在此基础之上，国务院 2023 年 10 月 24 日公布《未成年人网络保护条例》（以下简称《条例》）于 2024 年 1 月 1 日起施行。《条例》在充分细化《未成年人保护法》这一上位法的同时，突出对未成年人进行网络保护，聚焦当下未成年人网络保护工作的难点、痛点和堵点，从网络素养促进、网络信息内容规范、个人信息网络保护、网络沉迷防治等几大方面着手，有针对性地从制度上解决问题，

255

标志着我国未成年人网络保护制度开启新篇章。

《条例》充分压实主体责任，与其他相关法律法规完美衔接：规定智能终端产品制造者、未成年人用户数量巨大或者对未成年人群体有显著影响的平台在未成年人网络保护中的具体义务；明确规定国家新闻出版、电影部门和国务院教育、电信、公安、民政、文化和旅游、卫生健康、市场监督管理、广播电视等有关部门依据各自职责做好未成年人网络保护工作；实现与《中华人民共和国刑法》《中华人民共和国治安管理处罚法》等的衔接，明确违反《条例》规定、侵犯未成年人合法权益行为的法律责任。《条例》聚焦网络素养提升，加强网络信息内容规范：明确国务院教育部门会同国家网信部门制定未成年人网络素养测评指标，规定未成年人的监护人有加强家庭家教家风建设的义务，实现对未成年人网络行为的教育和引导；明确阐述利于未成年人健康成长的网络信息范围，明确危害和可能影响未成年人身心健康的内容。《条例》防止网络沉迷，提高可操作性：有针对性地规定提供网络游戏、网络直播、网络音视频、网络社交等网络服务的不同类型的平台在防沉迷方面的共性要求，同时针对每一平台的不同特点给出个性化规定。

此外，《2021 年全国未成年人互联网使用情况研究报告》数据显示，虽然 98.7% 的家长认为"青少年模式"在帮助未成年人减少网络依赖和网络不良信息影响方面发挥了较为积极的作用。但是，认为现有"青少年模式"存在不足的家长亦有 96.9%。他们中的绝大多数人认为目前的"青少年模式"的甄别机制不完善、身份识别不够精准、实名认证不够严格，仍具有一定的改进空间。国家互联网信息办公室2023 年 8 月 2 日公布《移动互联网未成年人模式建设指南（征求意见稿）》，提出全面升级"青少年模式"为"未成年人模式"，推动模式覆盖范围由 App 扩大到移动智能终端、应用商店，为未成年人营造安全健康的网络环境。该指南充分体现了"优发展，强保护"的原则，有望加速内容产业分级分类，逐步落实未成年人网络保护监管。

二、剑指网络暴力信息治理，保护未成年人有法可依

基于信息技术的飞速发展，网络成为人们日常沟通交流必不可少

的桥梁。由于无须"面对面"交流，躲在电子显示屏后的"键盘侠"便"横空出世"，抱着"无从考证""法不责众"的侥幸心理，肆意在网上谩骂、攻击、造谣，致使部分受害者"社会性死亡"，严重情况下患上精神类疾病甚至自杀，造成恶劣社会影响。例如，河北刘某某寻亲事件、粉色头发女孩因网络暴力自杀等典型网暴案件触目惊心。

2022 年 11 月 4 日，中央网信办印发《关于切实加强网络暴力治理的通知》。该规范性文件要求网站平台建立健全网暴预警预防机制，包括内容识别预警、网暴技术建模、舆情应急响应；为最大限度保护当事人，设置一键防护功能和快速举报通道；加强对重点板块的管理，严防网暴信息传播扩散。为了在更广泛的层面凝聚多方社会共识，更加重视网络暴力治理，让遏制网络暴力上升到更高的制度层面，2023 年 7 月 7 日，国家互联网信息办公室发布《网络暴力信息治理规定（征求意见稿）》（以下简称《规定》）。《规定》定义了什么是网络暴力信息，明晰了其概念。在网络暴力信息处置方面，《规定》按照《关于切实加强网络暴力治理的通知》的要求，进一步细化处置细节，更直接地规定阻断传播网络暴力信息的方式和手段，如对于通过评论、回复、留言、弹幕、点赞等方式发布、传播的网络暴力信息，都应采取屏蔽、断开链接、限制传播等措施及时处置，并强化直播和短视频内容审核，处置含有网络暴力信息的短视频。在保护机制方面，《规定》提出，网络信息服务提供者发现网络暴力当事人涉及未成年人、老年人等群体，应当及时协助当事人启动一键保护。针对网络信息服务提供者发起、组织网络暴力或借网络暴力事件实施恶意营销炒作等行为，应当依法从严从重处罚。网络信息服务提供者违反规定，应当按照《网络安全法》《个人信息保护法》等法律和相关行政法规的规定予以处罚，并未增设新的罪名，与其他法律法规相协调。

近年来，我国侮辱、诽谤刑事案件增长明显，其中不少为网络侮辱、诽谤案件，与此同时，作出有罪判决的比例却很低。案件数量大幅增长、有罪判决极少的巨大反差，一方面与自诉人在确认网络暴力侵害人、收集证据等方面存在现实困难有关，另一方面也与侮辱、诽谤刑事案件的公诉标准缺乏细化指引、"门槛过高"有关。为进一步解决上述困境，明确法律适用标准，畅通刑事追诉程序，最高人民法院、最高人民检察院、公安部于 2023 年 9 月 20 日印发《关于依法惩治网络暴力违法犯罪的指导意见》（以下简称《指导意见》）。《指导意见》在实操层面厘清了不同情况下的法律适用问题。对于网络上公然侮辱他人或者捏造事实诽谤他人，情节严重的，以侮辱罪、诽谤罪定罪处罚。其次，组织"人肉搜索"，违法收集并向不特定多数人发布公民个人信息，情节严重的，以侵犯公民个人信息罪定罪处罚。再次，对借网络暴力事件实施的恶意营销炒作行为，可以适用非法利用信息网络罪。最后，对所发现的网络暴力信息不依法履行信息网络安全管理义务的行为，还可以适用拒不履行信息网络安全管理义务罪。此外，为解决受害人固定证据困难或者证据缺乏证明力等不利情形，《指导意见》明确规定了公安机关协助取证情形，检察院提起公诉的条件以及网络侮辱、诽谤案自诉转公诉的衔接程序。《指导意见》为受害人捍卫自身权益提出了切实可行的维权路径，也向全社会表达了对网络暴力"零容忍"的决心。

三、全社会协同发力维护未成年人用网安全

（一）完善法治保障，优化未成年人上网环境

近年来，我国已有至少 20 部法律法规及政策文件明确涉及"未成年人网络保护"相关内容。2024 年 1 月 1 日，我国首部专门性的未成年人网络保护综合立法——《未成年人网络保护条例》正式施行。2024 年 5 月 28 日，中国互联网协会发布《未成年人网络游戏服务消费管理要求（征求意见稿）》团体标准，这是我国首个针对游戏行业未成年人消费管理的完整规范，旨在妥善解决未成年人游戏消费退费纠纷等问题。通过完善法律规范，我国有效地整治了网络空间中的乱象，为未成年人的健康成长营造了一个更为清朗、健康的网络环境。接下来，仍需持续从法制角度深化未成年人网络保护工作。首先，必须定期对既有政策法规的网络治理效果进行周期性评估，确保它们能够随着新现象、新问题和新技术的更迭而得到及时、有效的更新和完善。

其次，未成年人网络保护的工作应当迈入精细化治理的新阶段。针对特定群体、特定领域和特定场景，要采取更精准、有效的政策措施，最大限度地保障未成年人在网络空间中的权益，为他们提供一个安全、健康、和谐的成长环境。

（二）压实平台责任，落实实名制和内容监管

在保护未成年人网络安全方面，平台应发挥至关重要的作用，它们不仅是信息传播的主要渠道，更是构筑未成年人健康网络空间的关键力量。首先，平台应加强对用户身份信息的审核和验证，确保实名制的有效实施。这意味着平台不仅要收集用户的身份信息，还要通过技术手段对这些信息进行核实，防止用户冒用他人身份或提供虚假信息。同时，平台也应建立严格的用户信息保护机制，确保用户信息的安全。其次，平台应提高内容监管的精准度和效率。随着技术的不断发展，平台应利用先进的算法和人工智能技术，对用户发布的内容进行更准确的识别和过滤。这包括对文本、图片、视频等多种类型的内容进行实时监控，及时发现并处理涉及未成年人隐私和不良信息的内容。同时，平台也应加强对用户的教育引导，提高用户对不良信息的辨识能力和抵制意识；强化优质内容供给，积极制作和传播有益于未成年人成长的网络文化产品。此外，平台还应加强与相关部门的合作，共同打击网络违法违规行为。通过与政府、行业协会等的紧密合作，平台可以获取更多的信息和资源支持，提高内容监管的针对性和有效性。同时，平台还应积极响应相关部门的号召和要求，共同推进网络空间的治理和净化。

（三）推动家校联动，合力提升网络素养水平

数字化时代，未成年人的网络素养已成为其全面发展的重要组成部分。家庭和学校作为未成年人成长的主要场所，应当共同发力，携手提升未成年人的网络素养水平。家庭应帮助未成年人养成良好的网络使用习惯。家长应以身作则，合理、安全地使用网络，避免沉迷于网络娱乐或过度依赖社交媒体。家长应教育孩子如何保护个人隐私，

避免在网络中泄露个人信息。家长应积极参与孩子的网络活动，与孩子共同学习网络知识和技能。学校应将网络素养教育纳入课程体系，通过专门的课程和活动，向学生传授网络安全知识、网络道德规范等。这些课程和活动应结合实际案例，使学生更加深入地了解网络世界的复杂性。此外，学校还应加强师资队伍建设，提高教师的网络素养水平，同时加强对校园网络的监管和管理，确保学生能够安全、健康地使用校园网络。家庭和学校应建立有效的沟通机制，定期交流学生在网络使用方面的情况，还可以共同制定网络行为规范，明确学生在家庭和学校中的网络行为准则。这有助于学生养成良好的网络行为习惯，提高网络素养水平。

（四）利用科技优势，研发安全上网技术工具

面对新技术、新应用对未成年人网络安全造成的新风险，一个重要的破题思路就是"用魔法打败魔法"。在当今数字化快速发展的时代，利用科技优势提升未成年人网络安全保护水平显得尤为迫切和重要。首先，可以借助智能识别技术持续优化内容审核，采用先进的图像识别、自然语言处理等技术，对网络平台上的内容进行智能识别。这些技术能够自动检测并过滤掉涉及暴力、色情、欺凌等不适合未成年人浏览的内容，从而保护他们免受不良信息的侵害。大数据分析技术则可以对针对未成年人的网络犯罪活动进行深度挖掘和分析。其次，还可以借助新技术研发网络防护新工具，如开发针对未成年人的网络安全教育应用，通过互动游戏、动画等形式，向未成年人传授网络安全知识和技能；推广家庭网络安全设备，如智能路由器、智能防火墙等，帮助家长对家庭网络环境进行监控和管理，限制未成年人访问不良网站或应用；研发专门针对未成年人的网络保护软件，帮助未成年人更好地管理自己的网络行为，避免受到不良信息的侵害等。

参考文献

［1］　戈夫曼 . 日常生活中的自我呈现 [M]. 冯钢，译 . 北京：北京大学出版社，2008.

［2］　高寒凝 . 数码复制时代的亲密关系：从网络直播到 ChatGPT[J]. 广州大学学报（社会科学版），2023，22（5）：60-69.

［3］　麦克唐纳 . 后真相时代 [M]. 刘清山，译 . 北京：民主与建设出版社，2019.

［4］　廖小琴 . 网络舆论——新时期思想政治教育的重要视域 [J]. 学校党建与思想教育（高教版），2003（9）：50-52.

［5］　于素梅，王晓燕 . 以青春活力促进世界和平与发展 [N]. 中国教育报，2023-08-19（3）.